LA BOÎTE À OUTILS DU PROFESSEUR

ENSEIGNER À L'ÉCOLE PRIMAIRE

Karine Bonnal

Professeur des écoles, docteur en sciences du langage, elle est formatrice à l'ESPÉ de Toulouse en Master enseignement.

Annie Balay

Professeur certifiés Hors Classe honoraire en économie gestion, elle était formatrice à l'ESPÉ de Toulouse en Master enseignement

Agnes Morcillo

Maître de conférences en psychologie à l'ESPÉ de Toulouse, elle est responsable d'UE en Master enseignement.

Claire Durand

Professeur agrégée honoraire d'EPS, elle forme des professeurs des écoles et des professeurs de lycée et de collège.

Laurette Uréna

Professeur des écoles, maîtresse formatrice et conseillère pédagogique généraliste en Ariège.

DUNOD

Concept de couverture : Hokus Pokus Créations

Mise en page : Belle Page

11 rue Paul-Bert, 92240 Malakoff
www.dunod.com

ISBN 978-2-10-074701-6

Avant-propos

« L'ouvrier qui veut bien faire son travail doit commencer par aiguiser ses instruments »
CONFUCIUS

« Enseigner est un métier qui s'apprend, en formation initiale bien sûr, mais aussi tout au long de la vie [...] dans un processus subtil de développement progressif et intégré de savoirs, de savoir-faire et de savoir être. » Florence Robine, directrice générale de l'enseignement scolaire.
Le référentiel de compétences professionnelles des métiers du professorat et de l'éducation en a donné le cadre, la feuille de route pour tous les enseignants. La boite à outils du professeur des écoles souhaite être davantage un guide pratique, qui sans prétendre être exhaustif, vous donnera quelques clés sur les conduites à tenir ou les incontournables de ce beau métier.

Qui est concerné ?

Cet ouvrage s'adresse avant tout aux professeurs des écoles : ceux qui démarrent dans le métier ou qui ne sont encore que candidats au concours du CRPE, mais aussi tous ceux déjà aguerris au métier mais qui restent curieux et avides de connaissances pour améliorer leur pratique de classe. Enfin, cet ouvrage peut aussi intéresser toute personne qui est en relation avec l'école primaire afin de mieux comprendre ce que l'école attend des enseignants (formateurs, parents, partenaires associatifs...).

Quels contenus ?

Débutant ou chevronné, un enseignant peut se trouver démuni devant une nouvelle classe ou devant une classe dite « difficile ». Ce livre recèle plus de 62 outils et exemples qui sont autant de réponses concrètes pour l'accompagner dans sa classe au quotidien et tout au long de l'année scolaire. Toutefois, ces outils ne sont pas des modèles mais des leviers pour aider l'enseignant à réfléchir sur sa pratique et à l'adapter en fonction de son propre contexte.

Quel usage ?

L'ouvrage peut être abordé de plusieurs manières :

- dans l'ordre des dossiers, par exemple dans le cadre de la préparation aux concours ou en début de carrière ;
- dans un ordre dicté par le besoin de trouver rapidement des solutions aux divers problèmes rencontrés dans sa pratique de classe ou dans son métier d'enseignant.

L'expérience des auteures

Les auteures de ce manuel ont toutes eu une large expérience de la formation et de l'accompagnement d'étudiants en master et de professeurs débutants. Anciens professeurs des écoles, conseillers pédagogiques, formateurs ou chefs de projets, elles ont aussi eu à cœur de faire appel à la communauté éducative, au niveau de l'école ou dans un réseau d'enseignants, pour partager et échanger leurs convictions et leurs doutes, leurs lectures, des aides et des conseils.

Pour rédiger ce manuel, les auteures ont aussi fait appel à leurs réseaux qui ont bien volontiers accepté de faire profiter de leur « expérience ». (Merci à Laurence, Sophie, Josiane, Franck...)

Quelle organisation ?

Cet ouvrage s'organise en douze dossiers pour :

- être «prêt» le jour de la rentrée scolaire ;
- préparer et organiser les temps d'apprentissages, gérer sa classe ;
- soigner son environnement ;
- travailler en équipe ou en mode projet ;
- savoir faire preuve de créativité, d'initiative, mettre en œuvre la résolution de problèmes ou la prise de risques tout en se conformant à l'arsenal réglementaire et éthique indispensable à l'exercice de ce métier au sein de l'école de la République ;
- s'interroger sur sa pratique professionnelle ou sa carrière.

Sommaire

La Boîte à outils,
Mode d'emploi

Comment utiliser les QR codes de ce livre ?

1. Téléchargez un lecteur de QR code gratuit et ouvrez l'application de votre smartphone.
2. Photographiez le QR code avec votre mobile.
3. Découvrez les contenus interactifs sur votre smartphone.

Si vous n'avez pas de smartphone, saisissez l'URL indiquée sous le QR code dans la barre d'adresse de votre navigateur Internet

Les outils sont classés par dossier

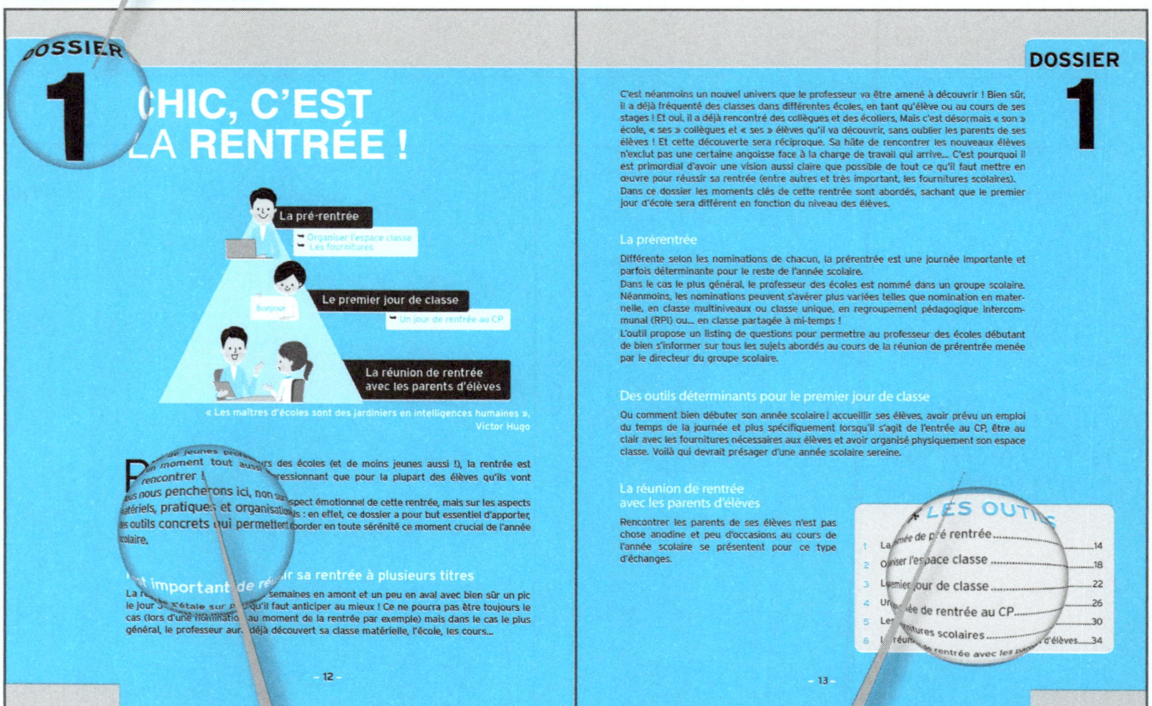

Une introduction à la thématique

Un menu déroulant des outils

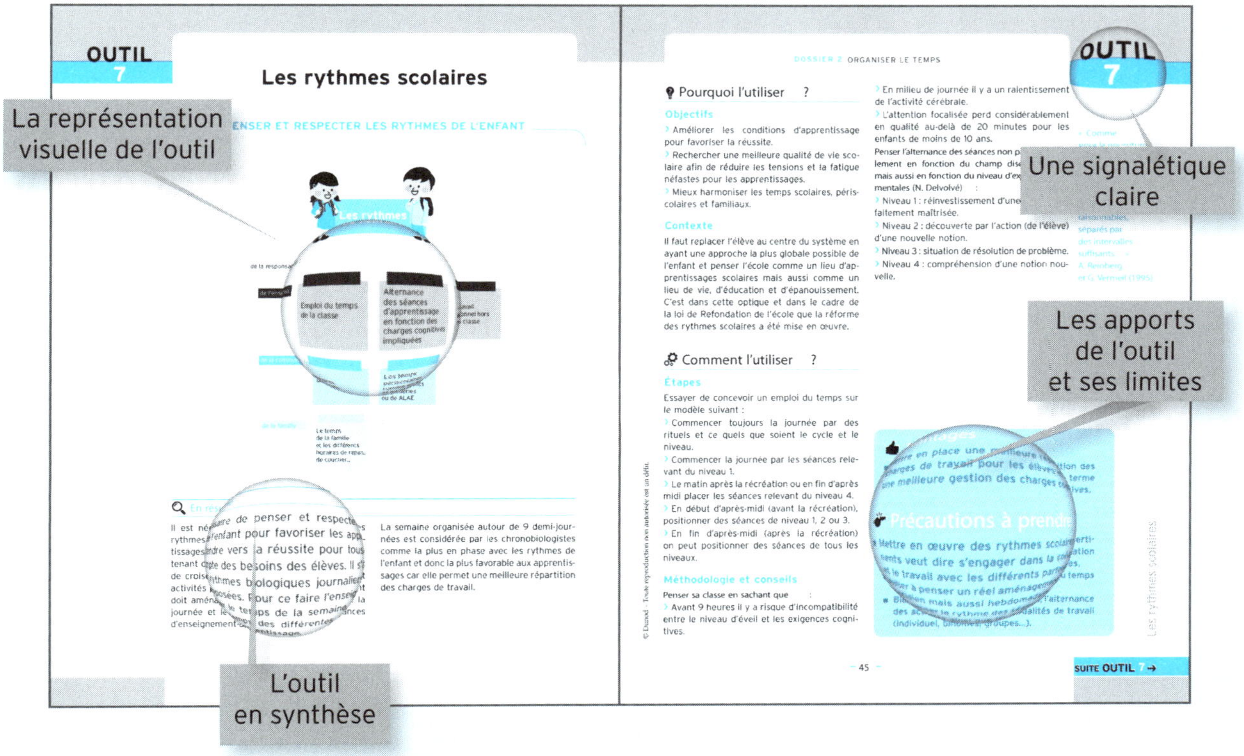

OUTIL 7
Les rythmes scolaires
La représentation visuelle de l'outil
Une signalétique claire
Les apports de l'outil et ses limites
L'outil en synthèse
DOSSIER 2 ORGANISER LE TEMPS
Pourquoi l'utiliser ?
Comment l'utiliser ?
Précautions à prendre
Les rythmes scolaires
45
SUITE OUTIL 7

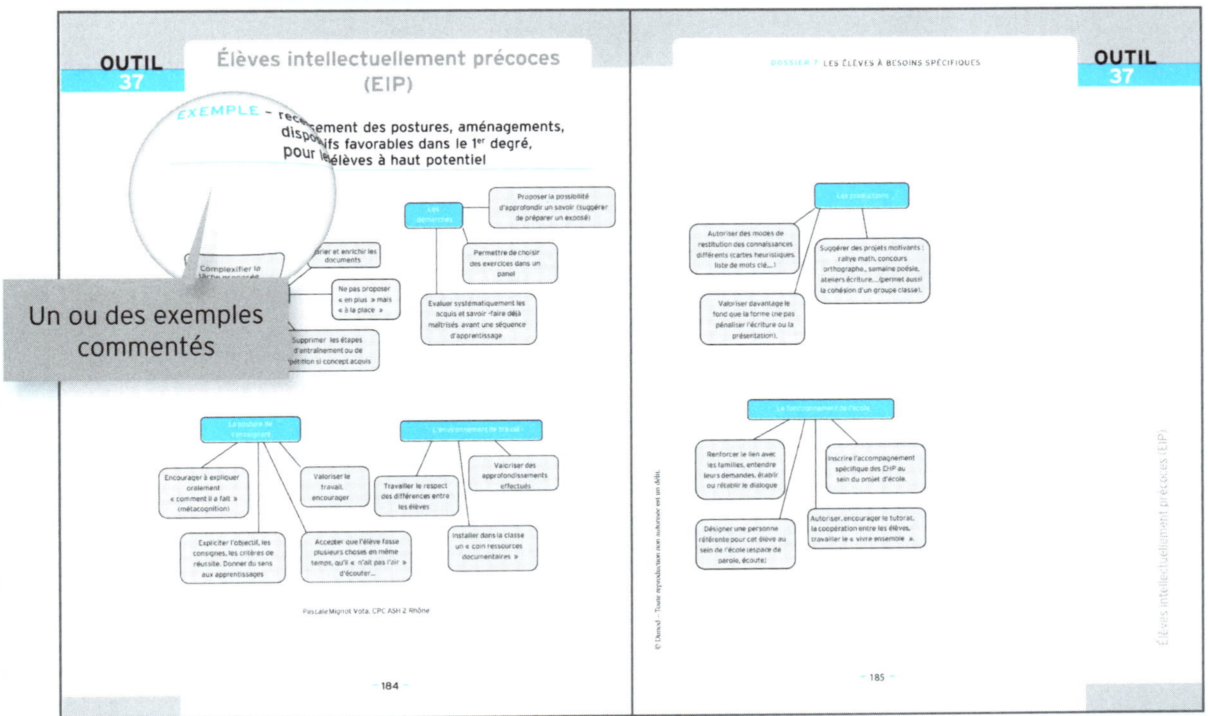

OUTIL 37
Élèves intellectuellement précoces (EIP)
EXEMPLE - recensement des postures, aménagements, dispositifs favorables dans le 1er degré, pour les élèves à haut potentiel
Un ou des exemples commentés
DOSSIER 7 LES ÉLÈVES À BESOINS SPÉCIFIQUES
Pascale Mignot Vota, CPC ASH 2 Rhône
184
185

DOSSIER

1 CHIC, C'EST LA RENTRÉE !

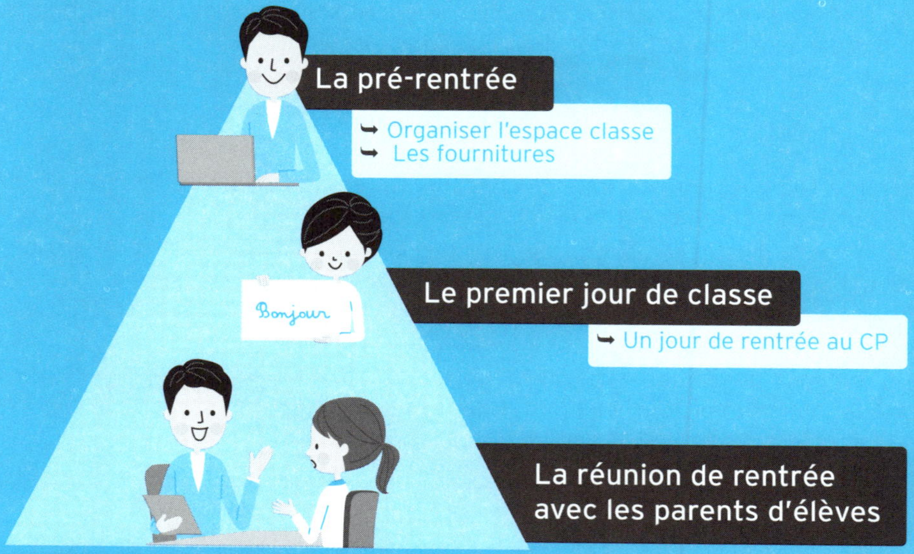

« Les maîtres d'écoles sont des jardiniers en intelligences humaines », Victor Hugo

Pour de jeunes professeurs des écoles (et de moins jeunes aussi !), la rentrée est un moment tout aussi impressionnant que pour la plupart des élèves qu'ils vont rencontrer !

Nous nous pencherons ici, non sur l'aspect émotionnel de cette rentrée, mais sur les aspects matériels, pratiques et organisationnels : en effet, ce dossier a pour but essentiel d'apporter, des outils concrets qui permettent d'aborder en toute sérénité ce moment crucial de l'année scolaire.

Il est important de réussir sa rentrée à plusieurs titres

La rentrée s'étale sur plusieurs semaines en amont et un peu en aval avec bien sûr un pic le jour J ! C'est un moment qu'il faut anticiper au mieux ! Ce ne pourra pas être toujours le cas (lors d'une nomination au moment de la rentrée par exemple) mais dans le cas le plus général, le professeur aura déjà découvert sa classe matérielle, l'école, les cours...

C'est néanmoins un nouvel univers que le professeur va être amené à découvrir ! Bien sûr, il a déjà fréquenté des classes dans différentes écoles, en tant qu'élève ou au cours de ses stages ! Et oui, il a déjà rencontré des collègues et des écoliers, Mais c'est désormais « son » école, « ses » collègues et « ses » élèves qu'il va découvrir, sans oublier les parents de ses élèves ! Et cette découverte sera réciproque. Sa hâte de rencontrer les nouveaux élèves n'exclut pas une certaine angoisse face à la charge de travail qui arrive... C'est pourquoi il est primordial d'avoir une vision aussi claire que possible de tout ce qu'il faut mettre en œuvre pour réussir sa rentrée (entre autres et très important, les fournitures scolaires).

Dans ce dossier les moments clés de cette rentrée sont abordés, sachant que le premier jour d'école sera différent en fonction du niveau des élèves.

La prérentrée

Différente selon les nominations de chacun, la prérentrée est une journée importante et parfois déterminante pour le reste de l'année scolaire.

Dans le cas le plus général, le professeur des écoles est nommé dans un groupe scolaire. Néanmoins, les nominations peuvent s'avérer plus variées telles que nomination en maternelle, en classe multiniveaux ou classe unique, en regroupement pédagogique intercommunal (RPI) ou... en classe partagée à mi-temps !

L'outil propose un listing de questions pour permettre au professeur des écoles débutant de bien s'informer sur tous les sujets abordés au cours de la réunion de prérentrée menée par le directeur du groupe scolaire.

Des outils déterminants pour le premier jour de classe

Ou comment bien débuter son année scolaire! accueillir ses élèves, avoir prévu un emploi du temps de la journée et plus spécifiquement lorsqu'il s'agit de l'entrée au CP, être au clair avec les fournitures nécessaires aux élèves et avoir organisé physiquement son espace classe. Voilà qui devrait présager d'une année scolaire sereine.

La réunion de rentrée avec les parents d'élèves

Rencontrer les parents de ses élèves n'est pas chose anodine et peu d'occasions au cours de l'année scolaire se présentent pour ce type d'échanges.

LES OUTILS

OUTIL 1

La Journée de prérentrée

TRAVAIL PARTAGÉ NE TUE PAS !

Vie de l'équipe pédagogique

- Présentation de l'école, son environnement
- Organisation du service des enseignants, des ATSEM
- Accueil des nouveaux collègues (l'équipe éducative, ATSEM, EVS)
- Détermination des dates des réunions institutionnelles obligatoires (conseil des maîtres etc.)

Aspects pédagogiques

- Information sur les modifications pédagogiques en cours - Axes prioritaires de l'année scolaire donnés par l'IEN de circonscription
- Projet d'école
- Présentation du dispositif des évaluations nationales en cours

Aspects administratifs

- Rappel des procédures d'urgence et présentation du PPMS, rappel des règles de sécurité à l'intérieur de l'école et en sorties
- Présentation du règlement intérieur et harmonisation des règles de vie
- Distribution des documents administratifs en direction des enseignants et des familles

Aspects logistiques

- Organisation de la journée de rentrée
- Présentation de l'école , son environnement et ses personnels
- Information du fonctionnement pratique de l'école : clés...
- Rappel de l'organisation de l'école : services de cour, planning des salles et équipements en commun, relations avec les services périscolaires (cantine, accueil périscolaire)

En résumé

La journée de prérentrée lance l'année scolaire et détermine les lignes directrices du travail de l'école. Le directeur organise cette journée avec l'accord de ses collègues. Il va essayer d'apporter un maximum d'informations générales sur le fonctionnement de l'école, administrativement et pédagogiquement.

Il faut s'informer et s'entendre sur l'**organisation pédagogique** : les enseignants se concertent sur les dispositions à prendre en commun, présentent aux nouveaux venus les décisions d'équipe prises avant les vacances et concernant les divers choix pédagogiques. est l'occasion idéale d'accueillir le ou les nouveaux venus dans l'équipe ! Mais il faut aussi s'occuper des **dispositions administratives et matérielles** : s'occuper de l'intendance : gommes, crayons, cahiers, livres... Tout doit être prêt avant le jour J.

Pourquoi l'utiliser ?

Objectifs

› Prendre contact et s'intégrer dans l'équipe.

› Poser et se poser de nombreuses questions, sans rien oublier : le lendemain, les élèves seront dans la classe.

› Être au plus près du terrain pour assurer sereinement son rôle d'enseignant.

Contexte

Cette journée de prérentrée est très courte et le plus gros du travail pédagogique préparatoire a été fait en amont. Néanmoins cette journée s'avère indispensable. Elle permet de se renseigner un maximum sur les questions administratives et logistiques, pour mieux se consacrer à son cœur de métier : l'enseignement. Être disponible sans parasites pour enseigner est essentiel.

Comment l'utiliser ?

Étapes

› Se poser et poser les questions de manière pragmatique sur :

- la vie de l'équipe pédagogique ;
- les aspects pédagogiques ;
- les aspects administratifs ;
- les aspects logistiques.

Pour cela, se référer à la check-list donnée dans l'exemple qui suit et se constituer un cahier (ou un dossier sur l'ordinateur) dédié à ce type de questions sur lequel on pourra se reporter rapidement chaque fois que nécessaire. A ces questions pourront s'ajouter d'autres thématiques qui peuvent apparaître avant ou le jour de la prérentrée. Noter soigneusement les réponses obtenues dans votre dossier de prérentrée.

› Noter (ou coller) les numéros de téléphone ou les adresses de courriel dans le cadre des points personnels afin de ne pas avoir à les chercher quand l'urgence s'en fait sentir : n° de l'ALAE, du restaurant scolaire...

› Compléter ensuite par les renseignements sur vos élèves.

Méthodologie et conseils

Cet outil est destiné aux jeunes enseignants mais aussi aux « enseignants » en général. En effet, même un enseignant expérimenté peut se trouver démuni lors d'un changement d'école ou de circonscription.

C'est le lieu de faire le point, de s'assurer que l'on est prêt à accueillir ses élèves, qu'on a bien tous les éléments pour informer les auxiliaires de vie scolaire (AVS) si c'est nécessaire, de rappeler le rôle des agents territoriaux des écoles maternelles (ATSEM).

Collecter le maximum de renseignements lors de la prérentrée est important, surtout si l'on débute dans la carrière ou dans une nouvelle école, mais aussi tout au long de l'année scolaire lorsqu'il est utile de se rappeler des règles, des fonctionnements des détails administratifs qu'on aurait oubliés.

Utiliser un trieur peut s'avérer pertinent, tous les renseignements données oralement pendant la réunion y seront classés et d'autres pourront y être ajoutés au cours de l'année.

« Et l'été déjà mort n'a pas pris une ride quand l'automne a soufflé dans sa trompette d'or ! » Marcel Pagnol, *La gloire de mon père*

Avantages

- Bien préparer sa rentrée permettra d'oublier le moins de questions possible et d'aborder le jour de la rentrée plus sereinement.
- Avoir listé et classé tous les renseignements nécessaires permet de les retrouver rapidement le moment voulu.

Précautions à prendre

- Ne pas se priver de poser des questions personnelles qui sont nécessaires à des cas particuliers.
- De nombreux sigles sont utilisés ce jour-là. Ne pas hésiter à les faire expliciter.

SUITE OUTIL 1 →

La Journée de prérentrée

EXEMPLE - une liste de renseignements à réunir à la fin de la journée de prérentrée

Sur la vie de l'équipe pédagogique

- Situation de l'école dans la commune, dans la circonscription.
- Contraintes particulières : Réseau d'éducation prioritaire...
- Jours et horaires des APC (Activités Pédagogiques Complémentaires), de l'accompagnement éducatif.
- Jours et horaires des Activités Périscolaires Municipales.
- Dates et lieux des réunions pédagogiques obligatoires : conseils de maîtres, de cycle, conseils d'école, animations pédagogiques de circonscription...
- Surveillance des entrées et récréations ? Circulation dans l'école ? Sorties ? Garderies ?
- Associations, OCCE (Office central de la coopération à l'école).
- Comment circule l'information dans l'école ? avec les familles ? (circulaires, réunions et conseils divers...).
- Aspects Sécurité (alerte incendie, plan d'évacuation, accidents).
- Règlement intérieur : à lire en détail.
- Des intervenants extérieurs (EPS, musique...) existent-ils dans l'école ?

Sur les aspects pédagogiques

- Prise en compte du projet d'école et de son avenant en cours.
- Prise en compte des axes pédagogiques mis en place sur la circonscription par l'IEN.
- Les évaluations nationales : quel dispositif est appliqué dans l'école ?
- Les échanges de services (lorsque par exemple vous allez dans la classe d'un collègue pour faire anglais pendant que celui-ci fait sciences dans la vôtre).
- Existence (ou non) d'un site Internet ou d'un blog de l'école ?
- Des sorties piscine sont-elles déjà programmées ? À quel moment de l'année ?
- D'autres sorties auront-elles lieu de manière régulière sur une période (ski par exemple) ?
- Sorties spécifiques en lien avec les programmes de la classe (sortie au musée, au cinéma, etc.) ? Sont-elles envisageables ? Pour quel budget ?
- On a prévu dans l'équipe de cycle une classe verte. Combien d'accompagnateurs prévoir pour des élèves de CE2 (ou de CM1 ou de CM2) ? Combien de parents accompagnateurs et comment sont-ils choisis ? (tirage au sort, désignation, parents élus au conseil d'école).

Sur les aspects administratifs

- Horaires d'entrée et de sortie, horaires des récréations.
- Contraintes particulières ? plusieurs services de cantine, ramassage scolaire...
- Possibilité ou non de rester dans la salle de classe après les heures scolaires.
- Absence ou retard de façon imprévue, que faire ?
- Congé de maladie. Qui informer ? Comment ? Avec quel document ?
- Autonome de Solidarité. De quoi s'agit-il ? Pour quoi faire ?
- Un incident ou un accident survient en classe ou en récréation. Quelle conduite tenir ? Qui informer en premier ?
- Les réunions institutionnelles. Y assister est-ce une obligation ?
- Année d'inspection. Quels documents seront à fournir ? Des documents particuliers seront-ils à compléter ? Quelles sont les modalités d'inspection dans la circonscription ?

Sur les aspects logistiques

- Ouverture et fermeture des salles de classe ? Qui possède les clefs à part le maître ?
- Qui s'occupe du ménage et quand ?
- Salles ou gymnase à partager entre collègues, salle d'arts visuels, de sciences, etc.
- Utilisation ou non de l'ensemble des murs pour les affichages ?
- Matériel des élèves : quel est-il ? de quel budget dispose chaque classe ? Y a-t-il une liste type à proposer aux parents ?
- Photocopieuse : Où et quand l'utiliser ? De quelle quantité de papier dispose-t-on par classe et pour l'année ?
- La classe dispose-t-elle d'un vidéoprojecteur ? D'un TBI ? À qui s'adresser en cas de problème technique ?

OUTIL 2

Organiser l'espace classe

SE POSER LES BONNES QUESTIONS POUR TIRER LE MEILLEUR PARTI DES LOCAUX SCOLAIRES

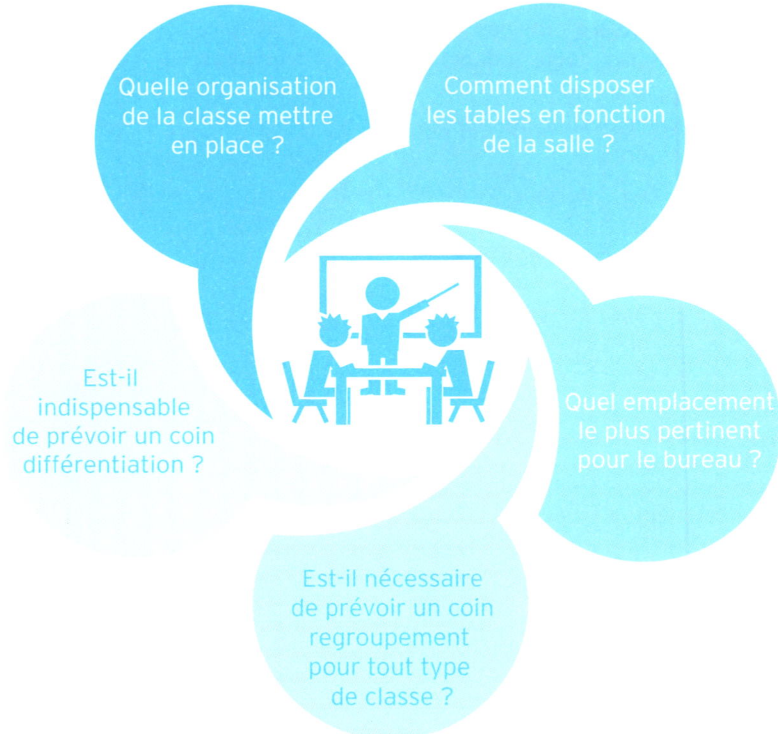

En résumé

Les différentes architectures des classes vont influencer nécessairement les différentes organisations envisagées. Disposer les tables n'est pas toujours chose facile au regard de la conformation de la pièce. Il faut garder à l'esprit que les élèves doivent se situer face au tableau ! Dans une classe en longueur une disposition frontale peut être la seule possible néanmoins elle est à éviter pour les CP et les CE1.

Pour ce qui est du bureau, il n'est pas indispensable à l'acte d'enseigner mais pour autant il ne serait pas judicieux de le supprimer. Son positionnement sera en fonction de la conformation de la pièce, du moment qu'il n'entrave en rien la visibilité et les déplacements.

De la maternellejusqu'au CE1, il sera pertinent d'installer un « coin regroupement ». Pour le cycle 3, on peut imaginer que ce soit moins utile néanmoins, si la surface et la disposition de la pièce le permettent, pourquoi pas ?

Le « coin différenciation » est, lui, indispensable tant au cycle 2 qu'au cycle 3. Il permet de regrouper des élèves qui ont besoin d'aide dans certaines disciplines, mais aussi d'isoler des élèves lorsque c'est nécessaire (élèves sanctionnés, atelier de « délestage » ou de recherche...).

Pourquoi l'utiliser ?

Objectifs

› Préparer un espace bien lisible pour les élèves, structurant, agréable, voire confortable.

› Gérer au mieux les espaces « difficiles », en apportant les solutions les mieux adaptées possibles.

› Se donner par une bonne gestion de l'espace un gain de temps considérable.

Contexte

Il s'agit d'organiser aussi soigneusement que possible un lieu d'activité agréable pour toute l'année scolaire, lieu qui aura été pensé par le ou les enseignants de manière à y accueillir au mieux les élèves, en tenant compte de leur âge et la sécurité.

Cet outil s'utilise avant la rentrée. Il peut également être utile à la modification des lieux en cours d'année, en particulier pour les CP et CE1 où les élèves évoluent vite. Il permettra d'installer le mobilier rapidement en fonction du niveau de classe et de tirer le meilleur parti des surfaces disponibles tant horizontales que verticales.

D'autre part, il sera plus commode pour un remplaçant de se retrouver dans une classe où tout est bien organisé.

› **Prendre en compte le niveau de la classe :** maternelle, classe unique, classe multiniveaux, cycle 2 ou cycle 3.

Méthodologie et conseils

Cet outil s'adresse à l'enseignant de la classe et ses collègues de cycle, mais aussi aux personnels tels que les ATSEM en Maternelle ou les AVS aux cycles 2 et 3. Il se veut une aide pour ceux qui n'ont pas la chance de voir leur classe en juin.

Il est à mettre en placeavant la rentrée, si possible quelques jours avant sinon, le jour de la prérentrée sachant qu'il ne sera alors possible de faire que des ajustements et non une grande « réorganisation ».

Autant que faire se peut, un maître doit pouvoir prendre possession de sa classe dès qu'il connaît son affectation. Sans cela, il est en effet difficile de prendre du temps pour réfléchir à l'organisation de la salle de classe en un jour.

« La salle de classe est le principal lieu de vie, avec des aires diversifiées, des murs porteurs d'affichages, des tableaux, un mobilier adapté. »
Canopé.fr, *tenue de classe*

Comment l'utiliser ?

Étapes

› **Identifier la conformation de la salle :** carrée, allongée, avec peu ou beaucoup de fenêtres, avec un sol carrelé ou du plancher, avec des murs peints, la place des tableaux (verts ou blancs) les panneaux (ou pas) d'affichage.

› **Lister les divers matériels :** meubles tels que tables, chaises, rangements, étagères, bibliothèques, tableaux sur pied (TBI), coins en maternelle, coins destinés aux sciences et à l'informatique et éventuellement bureau.

Avantages

- Se mettre en phase matériellement avec le lieu.
- Organiser la classe en fonction des projets mis en place dans le projet d'école.

Précautions à prendre

- La disposition frontale n'est pas pertinente pour une classe de CP.
- On peut disposer ses tables alignées ou en îlot mais les élèves doivent toujours pouvoir regarder le tableau sans aucune gêne.
- Le maître doit pouvoir voir tous ses élèves à quelque endroit de la classe, plus particulièrement dans les « coins » en maternelle ou le lieu de regroupement.

SUITE OUTIL 2 →

Organiser l'espace classe

EXEMPLE - les quatre dispositions dites « classiques » d'une classe

Quelques préalables

1. La conformation de la salle dans le groupe scolaire : murs, portes et fenêtres, ceci étant bien évidemment non modifiable.

2. Le matériel qui s'y trouve. Tables et chaises, bureau, tableau(x) (voir Outil 28), meubles de rangement, panneaux d'affichage (ou pas), coin TUIC ou éventuellement Classe virtuelle et TBI. Il va falloir « jongler » avec ces incontournables pour rendre l'espace classe lisible mais aussi agréable voire confortable.

3. Les divers éléments à prendre en compte

› Il est bien entendu que toute classe sera différemment aménagée suivant le niveau.

- Pour les classes maternelles à cours unique, on trouvera une évolution importante de la petite à la grande section (voir Outil 18).
- Pour les classes uniques maternelles ou classes uniques tout court, on pourra envisager aussi des organisations spécifiques. (voir Outil 18).

› Le « bureau du maître » n'est pas forcément un outil de la pédagogie ni un outil d'apprentissage pour les élèves. Cependant, il a sa place dans la classe. Le placer de manière à ce que le maître, quand il l'utilise, puisse avoir tous ses élèves sous les yeux.

Les meubles de rangement sont importants mais ne doivent pas prendre trop de place. Plaquer les meubles hauts contre un mur dans un endroit qui n'amputera pas l'espace « affichage ». Des meubles de rangement bas pourront servir à délimiter des « coins ».

› Si cela s'avère possible et ne va pas à l'encontre de la sécurité des élèves, un meuble destiné uniquement au rangement pourra trouver sa place dans le couloir. De la place se trouvera ainsi disponible pour les affichages.

› Les affichages permanents ou temporaires sont indispensables.

› Le tableau blanc interactif peut se déplacer dans la classe. Cependant, le « coin » TUIC, à cause des divers branchements effectués lors de son installation ne pourra, lui, être déplacé de façon simple. Il faudra donc en accepter l'emplacement.

› Enfin, tables et chaises devront respecter l'âge et la taille des élèves de façon à ce que tous puissent travailler confortablement.

Attention, certaines mairies n'apprécient pas forcément les punaises ou les pâtes fixantes sur les murs fraîchement repeints. Se renseigner soigneusement avant auprès du directeur.

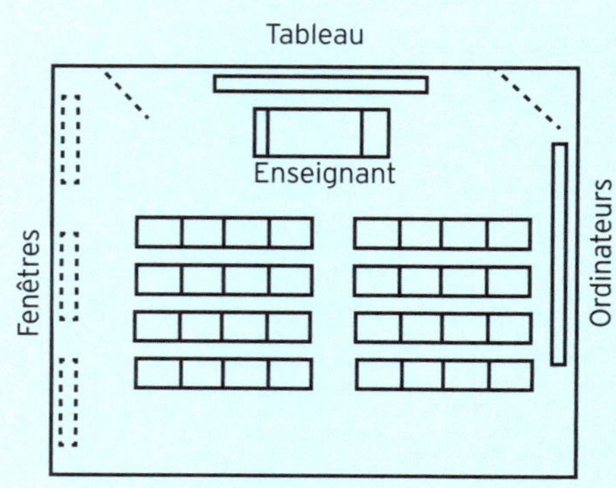

Aménagement de type frontal

Cet aménagement peut effectivement s'envisager. Mais essentiellement au Cycle 3 car les élèves pourront manipuler chaises et tables afin de travailler en groupe. De même cet aménagement peut être judicieux pour une classe large mais peu profonde. Les élèves seront obligatoirement face au tableau.

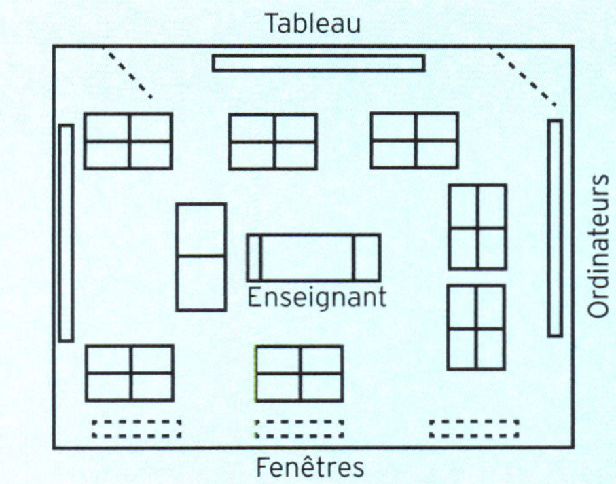

Aménagement en « îlots »

Cet aménagement possède de nombreux avantages, tels que faciliter le travail de groupe, mais aussi de rendre bien lisible l'îlot différenciation, ou de pouvoir pratiquer un tutorat entre pairs sans révolutionner la salle. **Attention** cependant à l'utilisation du tableau.
Cet aménagement ne convient pas à toutes les formes de classes.

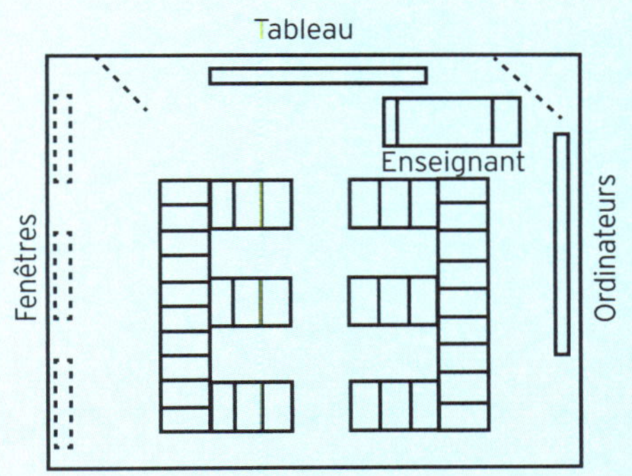

Aménagement en « U »

Attention à la vision du tableau pour tous les élèves.
Cet aménagement, sans entraver la circulation des élèves et du maître, a le mérite de laisser de la place pour profiter des espaces entre mur et tables.

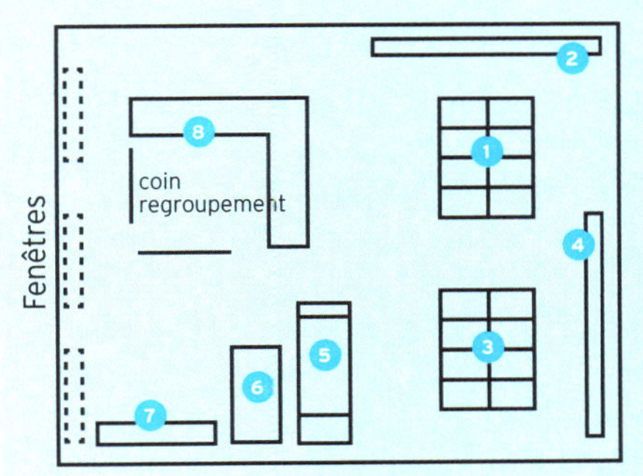

1 Ilôt cycle 3
2 Tableau ilôt cycle 3
3 Ilôt cycle 2
4 Tableau ilôt cycle 2
5 Bureau de l'enseignant
6 Table dédiée à l'observation
7 Ordinateurs
8 BCD

Aménagement d'une classe unique

Dans le cas de la « classe unique » deux voire trois tableaux sont indispensables. En effet, les élèves de chaque cycle doivent pouvoir utiliser leur propre tableau.
Autres lieux indispensables à créer :
- un coin « regroupement » qui permet plusieurs utilisations pédagogiques ;
- un lieu de « soudage » du groupe classe.

OUTIL 3

Réussir son premier jour de classe

QUELQUES INCONTOURNABLES À BIEN RESPECTER

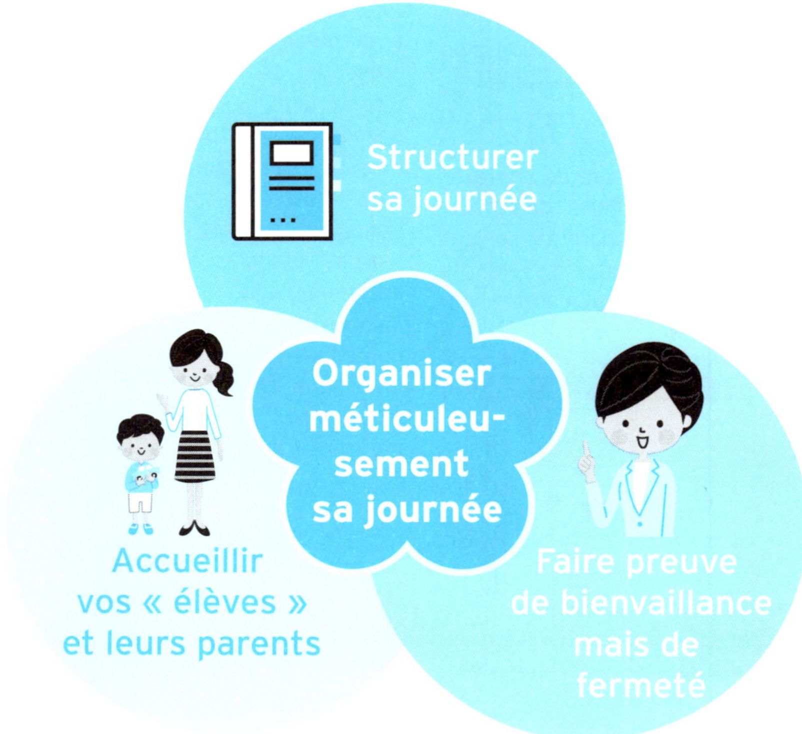

En résumé

Les vacances sont finies ! On passe d'un temps sans contraintes à un temps différent, rythmé par des activités variées mais précises avec des plages horaires bien identifiées (emploi du temps). Pour cela, structurer la journée des élèves est indispensable. Cela nécessite de prendre en compte les rythmes de l'enfant. pour de bonnes conditions d'apprentissages.

L'accueil des élèves autant que des parents sera déterminant. Se montrer bienveillant ne signifie pas qu'on oublie une fermeté qui est une nécessité afin que de bonnes habitudes se prennent (politesse, respect de chacun, prise de parole régulée, attendre son tour). C'est dès le premier jour de classe que les élèves seront amenés à en prendre conscience.

Pour ce qui est de l'accueil des parents, si certains parents de cycle 3 se contentent de déposer leurs enfants, d'autres peuvent souhaiter saluer le directeur et les collègues. Il faut savoir se montrer accueillant sans familiarité et écourter poliment.

En maternelle, les choses peuvent se passer un peu différemment, mais il n'est pas pertinent de garder trop longtemps les parents afin de ne pas prolonger le difficile moment de la séparation.

Pourquoi l'utiliser ?

Objectifs

› Mettre le plus vite possible les élèves en situation d'apprentissage.

› Les réguler : passer d'une situation très libre (les vacances, la famille) à une situation plus structurée avec des règles et des horaires.

Contexte

Il faut tenir le plus grand compte du contexte sociétal actuel : diversité des types de famille, fonctionnements divers des parents suivant leurs professions, hétérogénéité des enfants accueillis : à l'école, on ne tient compte que de l'enfant apprenant face à un milieu ou il devient donc élève ! Cette première journée participera à son intégration dans le monde de l'école.

Méthodologie et conseils

Une bonne préparation et une réflexion approfondie sur cette journée s'avèrent indispensables dès que l'on connaît son niveau d'enseignement.

Pour l'enseignant de la classe il s'agit de poser le déroulement de la journée : la façon de se présenter, de mettre les élèves en situation d'apprenants dès le premier jour tout en étant encourageant et positif.

Pour les personnels tels que ATSEM ou AVS : c'est une aide indispensable afin qu'ils s'ajustent au mieux au programme de la journée lorsqu'ils sont face aux élèves qu'ils accompagnent.

Même si les apprentissages ne démarrent pas immédiatement, commencer dès le premier jour des petits travaux scolaires est indispensables pour bien faire sentir que l'on va se mettre à travailler.

« Une école où les élèves feraient la loi serait une école triste ! »
Ernest Renan

Comment l'utiliser ?

Étapes

› **Accueillir les élèves et se présenter.**

Associer rapidement un nom à un visage est indispensable et rassurant pour chaque élève, en particulier lorsqu'il est nouveau dans une école. De même, un nouveau maître gagnera à être vite reconnu par ses élèves et ceux des autres classes.

› **Distribuer et vérifier le matériel apporté par les élèves en fonction de la liste de fournitures.**

Découvrir de nouveaux cahiers, de nouveaux manuels est important pour chaque élève. Vérifier le matériel demandé sera essentiellement de constater la présence de l'étiquetage demandé. On pourra aussi noter discrètement ce qu'il manque.

› **Se mettre au travail.**

Il s'agit de proposer des activités scolaires orales ou écrites afin de marquer de façon claire le passage du temps libre des vacances à celui plus contraint de l'année scolaire.

Avantages

- Réussir sa première journée est déterminant pour la suite : parents rassurés, élèves prêts à se mettre au travail et premières habitudes et règles de vie déjà mises en place.
- Structurer efficacement sa première journée permet de situer ses élèves plus rapidement : façon de rentrer en classe, de se mettre au travail, de ranger ses affaires, de se mettre en situation d'écoute active.

Précautions à prendre

- La présentation est très importante : se montrer accueillant mais ferme !
- Montrer du respect à ses élèves mais exiger d'eux la même chose.

SUITE OUTIL 3 →

OUTIL 3

Réussir son premier jour de classe

EXEMPLE - les incontournables du premier jour de classe

Accueillir les élèves et se présenter

À l'école élémentaire, les élèves arrivent dans la cour à partir de 10 minutes avant l'heure de l'école.

En maternelle, les élèves arrivent plutôt dans la salle d'accueil.

Cependant, dans tous les cas, si certains enfants arrivent accompagnés par leurs parents, d'autres viennent du périscolaire (Accueil de loisirs associé à l'École). C'est pourquoi il sera bon de saluer les parents présents, mais il faudra gentiment abréger de manière à ne pas blesser les autres élèves.

› Accueillir les élèves par un « bonjour les enfants » sympathique, mais les faire ranger dans le calme et en silence. Les bonnes habitudes se prennent dès le premier jour !

› De même, les laisser s'installer en classe comme ils le souhaitent tout en leur précisant que ceci n'est que provisoire ; des aménagements suivant les besoins des élèves (vision, audition...) mais aussi selon leur comportement se feront et le maître en sera seul juge.

› Une fois les élèves installés dans le calme, faire les présentations. Pour les plus grandes classes, à partir du CE1, écrire son nom au tableau. Pour les plus jeunes, se présenter verbalement, « je suis Madame X ou Monsieur Y, puis faire l'appel, cela permet d'associer nom et visage de chaque élève et de commencer à les mémoriser.

Attention ! le premier jour est déterminant pour le maître comme pour les élèves. Tout est important, langage, tenue vestimentaire, posture de l'enseignant. Les enfants sont attentifs à tout !

Distribuer et vérifier le matériel

› Lors de la prérentrée, le matériel nécessaire fourni par l'école aura été vérifié par l'ensemble de l'équipe. Après les présentations, placer la distribution du matériel.

› En général, l'école fournit tous les cahiers nécessaires au fonctionnement de la classe et aux projets des enseignants.

› Distribuer les cahiers fournis par l'école, en précisant à quoi ils vont servir et dans quelles matières ils seront utiles, de même qu'un éventuel classeur. Ajouter le cahier de liaison ou cahier de correspondance ainsi que le ou les classeurs prévus par chaque maître.

Created by Freepick.

› En fonction de la liste de fournitures scolaires qui aura été demandée aux parents en fin d'année précédente (voir les listes proposées par le ministère sur education.gouv), effectuer une vérification rapide du matériel en possession des élèves et procéder à un ajustement si nécessaire.

› Il est possible d'établir une petite liste complémentaire (protège-cahiers, cahier de texte, blouse ou vieux vêtement qui servira de protection au cours des activités artistiques, chaussures de sport…) qui sera collée dans le cahier de liaison avec éventuellement le règlement de l'école à signer par les parents.

› À partir du cours élémentaire, distribuer les manuels (s'ils sont utilisés dans la classe), en demandant aux élèves de les couvrir le plus tôt possible (préparer en amont cette petite info pour les parents et la coller dans le cahier de liaison).

› Montrer le meuble de rangement ou sera stocké le matériel étiqueté propre à chaque élève afin qu'ils le rangent tout de suite.

Se mettre au travail

En ce premier jour, après la distribution du matériel, proposer un moment de retour au calme par un petit regroupement où l'on pourra chanter par exemple.

Demander ensuite aux élèves de rejoindre leur place et proposer un exercice ou l'écrit sera privilégié. Néanmoins, tenir le plus grand compte leur disponibilité cognitive. Elle est en général meilleure en milieu de matinée.

Created by Freepick.

OUTIL 4

Un jour de rentrée au CP

DES INCONTOURNABLES POUR BIEN PRÉPARER CETTE JOURNÉE

En résumé

La rentrée au CP n'est pas pour les enfants de cet âge une rentrée ordinaire. Ils vont à la découverte d'un nouvel univers. Ils quittent l'école maternelle pour le monde des « grands ». À la fois fiers et un peu inquiets, il importera de les accueillir et les rassurer autant que possible. Décider d'une rentrée décalée par rapport aux autres classes élémentaires peut s'avérer un choix judicieux.

Dès le premier jour, mettre en place de bonnes habitudes comme se ranger, faire silence et entrer en classe dans le calme est indispensable. Douceur et fermeté devront aller de pair.

Préférer l'accueil dans la classe à tout autre car il permettra au maître comme aux élèves de faire connaissance dans une atmosphère de calme. Se présenter à ses élèves revêtira un caractère un peu solennel afin de se positionner face à eux.

Enfin, se mettre réellement et rapidement au travail pour éviter les « flottements » qui mettent le maître en difficulté et qui peuvent déstabiliser les élèves !

Pourquoi l'utiliser ?

Objectifs

› Se rassurer et rassurer les élèves par un accueil approprié.

› Inviter les élèves à se mettre au travail dans le calme.

› Proposer aux élèves les meilleures conditions possibles pour rentrer dans un monde nouveau pour eux, tout en leur montrant la continuité de leurs apprentissages par rapport à l'école maternelle.

Contexte

Il est nécessaire de repenser sa rentrée au CP. La société change, les enfants changent et les comportements évoluent. Il est important de ne pas instaurer une cassure brutale avec la Grande Section.

Préparer cette journée de CP en amont avec de préférence les collègues du Cycle mais aussi avec les maîtres de grande section et les parents d'élèves.

« Lire et écrire sont deux points de résistance à l'absolutisme du Monde »
Christian Bobin, *Les ruines du ciel*, 2009

Comment l'utiliser ?

Étapes

Avant le jour J

› Prendre possession de sa classe et commencer une première installation des tables (attention, un aménagement de type frontal est à proscrire au CP). Un coin regroupement est fortement encouragé.

› Préparer seul ou avec les collègues du cycle un emploi du temps de cette journée pour ne rien laisser au hasard et éviter tout moment de « flottement ».

› Vérifier et préparer également le matériel et les cahiers à distribuer mais aussi les manuels de lecture (le cas échéant).

Le jour J

› Dans une école à effectif important, prévoir un endroit de la cour dédié à l'accueil des élèves de CP. Il sera signalé par une affichette ; parentset animateurs pourront y conduire les élèves.

› Dans tous les cas, accueillir ces nouveaux élèves, les saluer, les faire se ranger pour entrer en classe dans le calme.

› Laisser les élèves s'installer comme ils le souhaitent mais leur expliquer que cela n'est que provisoire. Veiller à ce que tous les élèves voient bien le tableau.

› Passer le plus vite possible à la présentation (et pourquoi pas au coin regroupement).

› Enfin commencer la journée avec la distribution du matériel et la vérification des fournitures.

Méthodologie et conseils

Anticiper cette journée aussitôt que possible car planifier l'emploi du temps de la journée est indispensable pour bien commencer. De même, tenir les parents et les animateurs au courant de la rentrée décalée, sachant que cela s'anticipe d'une année scolaire sur l'autre.

Avantages

- Les élèves se sentiront tout de suite accueillis et sécurisés, rassurés de ne pas affronter une certaine bousculade.
- La structuration de la journée sera autant pour le maître que pour les élèves un point d'ancrage supplémentaire vers un bon début d'année.

Précautions à prendre

- Penser au fait que tous les élèves n'arrivent pas accompagnés de leurs parents ! Certains sont arrivés plus tôt à l'accueil associé à l'école (ALAE). Pour éviter de les blesser, accueillir les parents présents gentiment mais rapidement.
- Éviter à tout prix les moments de vide, de flottement où tout le monde se perd.

SUITE OUTIL 4 →

Un jour de rentrée au CP

EXEMPLE - quelques propositions d'activités pédagogiques pour cette première journée au CP !

L'heure de la rentrée a sonné	Le maître se positionne face à son groupe d'élèves et leur demande de se ranger : c'est le premier acte pédagogique de la rentrée. Il doit être à la fois fort et rassurant.
L'entrée en classe	Le maître entre en dernier, il peut saluer de nouveau les élèves et leur demande de s'assoir dans le calme. Il peut immédiatement expliquer que ces places ne sont pas définitives. Peu à peu, le maître s'autorisera le déplacement des élèves tout en justifiant de ses choix (comportement, vue, audition…)
Bonjour à tous et bienvenue au CP ! (Au « coin » regroupement)	Faire connaissance, se présenter. Écrire son nom et son prénom au tableau, se présenter oralement. Il est possible de faire l'appel tout de suite. C'est un bon moyen de commencer à mémoriser les prénoms des élèves. Cette présentation, au CP, peut se faire au « coin » regroupement. C'est un lieu où le maître pourra, pourquoi pas, faire ressortir les ressentis et les a priori de ses élèves par rapport à leur nouvelle condition de « petits » CP. À éviter : « Qu'avez-vous fait pendant les vacances ? », sujet trop sensible et trop discriminant.
Et si nous visitions l'école ?	Il est important que les élèves repèrent rapidement les toilettes et les points d'eau s'il n'y en a pas en classe ! C'est un bon moyen de réactiver ce que le maître a donné comme consignes pour l'entrée en classe : se ranger dans le calme, parler mais sans crier, lever le doigt pour poser une question… Visiter la Bibliothèque Centre Documentaire (BCD), les salles dédiées (s'il y en a) : sciences, musique, gymnase…
Après la récréation : si nous ouvrions notre cartable ?	Laisser les élèves s'approprier leur salle de classe, les différents « coins », rangements, ordinateurs, tableaux, « coin » observation, « coin » bibliothèque de la classe… et toujours assortir l'action d'une consigne claire : sans bruit, pas de bousculades, pas de cris… Surtout pas de courses en classe ! Pour les élèves, c'est le moment de retourner à sa place et d'ouvrir son cartable. Pour le maître, c'est le moment de vérifier le matériel des élèves, de noter les manques flagrants, de vérifier que le matériel personnel est étiqueté (Chaque élève pourra ranger son propre stock dans un meuble de rangement prévu à cet effet).
Au CP ? Pour écrire !	Distribuer le matériel fourni par l'école, en commençant par le cahier de liaison afin d'en expliciter rapidement l'utilité aux élèves. Ensuite, sur une étiquette collée par le maître sur la couverture de ce cahier, faire écrire le prénom. Enfin, faire coller un mot ou une liste de fournitures complémentaires dans ce cahier. Déjà deux points d'évaluation diagnostique pour le maître !
Au CP ? pour lire !	Bientôt la fin de matinée, un retour au calme s'impose. Installer les élèves au « coin » regroupement afin de leur présenter l'outil qui va servir à leur apprentissage s'il existe ou bien présenter un album de littérature de jeunesse et en lire un extrait, tout en montrant quelques images.

Pause déjeuner	
Au CP, Pour compter !	Après la pause méridienne, proposer des jeux ou une activité artistique. Chanter ensemble en se remémorant des chants appris en maternelle, apprendre un nouveau chant. Ce n'est qu'après, en ayant respecté les rythmes de l'enfant, que l'on pourra entrer dans des activités mathématiques plus formelles : se compter, travailler autour des formes… en profiter pour présenter le « cahier de maths » où l'on fera, au cours de la première période, les exercices écrits.
Au CP ? Pour « devenir grands » !	À l'issue de cette première journée d'école, rassembler les élèves et faire un premier bilan de cette journée. On a déjà appris beaucoup de choses : se ranger, entrer en classe en silence, rester assis plus longtemps à sa place, ranger son matériel.

Created by Freepick.

OUTIL 5

Les fournitures scolaires

TROIS ESSENTIELS À PRENDRE EN COMPTE

Les fournitures scolaires sont éligibles aux dépenses de fonctionnement de l'école.

Les fournitures demandées aux parents le seront à la fin de l'année scolaire en cours par le biais d'une liste précise.

En résumé

L'école est obligatoire donc gratuite ! Oui, en partie seulement. En matière de fournitures scolaires, on distingue :

- le **matériel collectif** (logiciels, dictionnaires etc.) qui est à la charge de l'école et financée par les communes ;
- le **matériel individuel** : les fournitures utilisées par un élève restent en principe à la charge des familles. Mais la plupart des municipalités financent tout ou partie du petit matériel scolaire nécessaire à chaque élève, papeterie ou matériel d'écriture, et manuels scolaires dans le cadre du budget de fonctionnement de l'école.

Les choix des manuels scolaires, des matériels pédagogiques et des fournitures font l'objet d'une consultation et d'une harmonisation lors d'un conseil d'école après consultation des associations de parents d'élèves. L'équipe pédagogique définit de façon concertée la liste de fournitures scolaires qui sera demandée aux familles en respectant les préconisations établies chaque année par le ministère (liste-type). Elle est ensuite communiquée aux parents avant la fin de l'année scolaire.

Pourquoi l'utiliser ?

Objectifs

› Se simplifier la tâche au regard de l'école et au regard des parents d'élèves.

› Préparer sereinement les divers projets de l'année avec leurs besoins matériels.

› Anticiper les oublis des élèves.

Contexte

Se concerter sur les fournitures scolaires permet aux personnels de l'école de définir précisément les besoins en fonction des niveaux de classe en direction du payeur (budget mairie ou communauté de communes) et des familles (la liste des fournitures aux parents). Quatre principes doivent guider cette réflexion : un budget raisonnable pour toutes les familles ; un cartable allégé pour les élèves ; des produits triables et recyclables ; le respect du principe de neutralité (pas d'indication de marques).

Comment l'utiliser ?

Étapes

1. Chacun fait le point de ses besoins dans sa classe.
2. Concertation au niveau du conseil des maîtres en tenant compte de la liste type du ministère déjà citée et du budget alloué par le gestionnaire des affaires scolaires.
3. Concertation au niveau du Conseil d'École avec les parents d'élèves délégués et le représentant du gestionnaire municipal ou communautaire.

Il faut s'appuyer sur le budget attribué à chaque élève et calculer ensemble la part qui va revenir aux fournitures scolaires quotidiennes (cahiers, feuilles volantes, classeurs…) ainsi que la part qui sera consacrée aux divers projets communs ou de classe.

4. Rédaction de la liste commune à toutes les classes : en général cette liste va s'adresser a la mairie ou à la communauté de communes (tenir le plus grand compte des reliquats de matériel ! À vérifier dans le cahier d'inventaire de la classe et de l'école).
5. Rédaction de la liste de chaque cycle ou classe approuvée ensuite par le conseil des maîtres et d'école.
6. Envoi à la mairie ou la communauté de communes fin mai début juin.
7. Communiquer cette liste aux parents d'élèves à l'aide du cahier de liaison ou du cahier de texte numérique si possible avant le départ en vacances d'été.

« Aucune participation financière aux activités obligatoires d'enseignement ne peut être demandée aux familles. »

Méthodologie et conseils

L'élaboration de la liste définitive doit résulter d'une large concertation des différents acteurs de la communauté éducative, en particulier les enseignants et les représentants des parents d'élèves. Il s'agit d'éviter des prescriptions inutiles ou trop coûteuses par manque de coordination mais aussi de prendre en compte la situation économique des familles… et des possibilités financières des communes.

La mise en place d'une commission fournitures scolaires par les parents délégués est vivement encouragée avant la tenue du conseil d'école.

Avantages

- Une liste de fournitures établie de manière précise et concertée est un gain de temps précieux. On peut ainsi pointer au fur et à mesure ce qui est utilisé en cours d'année.

Précautions à prendre

- Vérifier les stocks en place dans l'école et consignés.
- Encourager les parents à se procurer des fournitures triables et recyclables.
- Être attentif au poids du cartable et au budget des familles.
- Penser aux élèves gauchers.

SUITE OUTIL 5 →

Les fournitures scolaires

EXEMPLE - comment constituer une liste pour les classes de cycle 2 et 3

1. Chacun fait le point de ses besoins dans sa classe

Liste « initiale » pour une classe de CE1

- Manuels de lecture (20)
- Dictionnaires pour la classe (2)
- Livre du maître mathématique (1)
- Logiciel d'amélioration de la compréhension en lecture (1)
- Meuble de rangement à casiers
- Panneaux d'affichage de 1 m × 2 m (2)
- Cahiers petit format de 64 pages (5 paquets de 25)
- Cahiers grand format 32 × 21 cm 96, pages feuilles blanches (4 paquets de 10)
- Bidons de 3 L de colle blanche (3)
- Cartouches d'encre pour imprimante (noir et couleurs)
- ...

2. Concertation au niveau du conseil de cycle

Chacun présente sa propre liste et c'est là qu'intervient l'importance du cahier d'inventaire ; on s'aperçoit qu'il reste de la colle en bidon, des cahiers grand format, des cartouches d'encre non utilisées par la classe de CP, des dictionnaires en double a la BCD(bibliothèque centre documentaire) suite à un don de parents... harmonisation de la liste du maître de CE1 en fonction de ces renseignements.

Concertation en conseil des maîtres : le directeur informe les collègues des sommes allouées par la mairie ou la communauté de commune et leur précise ce qui est raisonnable d'envisager ! En fonction du contenu du cahier d'inventaire général (du mobilier en particulier) on se rend compte qu'il existe dans une salle un meuble de rangement inutilisé, et que tel maître possède déjà le logiciel désiré dans sa classe ! Tous les maîtres s'accordent sur leur liste de commande ce qui donne la nouvelle liste pour la classe de CE1.

Liste « intermédiaire » pour une classe de CE1

- Manuels de lecture (20)
- Livre du maître mathématique (1)
- Panneaux d'affichage de 1 m × 2 m (2)
- Cahiers petit format de 64 pages (5 paquets de 25)
- Cahiers grands format 32 × 21 cm, 96 pages feuilles blanches(2 paquets de 10)
- Bidons de 3 L de colle blanche (1)

3. Concertation au niveau du conseil d'école

Concertation avec les parents d'élèves délégués et le représentant du gestionnaire municipal ou communautaire. C'est ce dernier qui donnera l'aval ou non à la commande en fonction du budget annuel pour l'école et par élève. Une modification du budget a pu intervenir, il faudra peut-être envisager de retarder d'un an telle ou telle demande.

4. Présentation de la liste commune à toutes les classes

En général cette liste va s'adresser à la mairie ou à la communauté de communes. Cette liste sera complétée avec rigueur en fonction de toutes les étapes précédentes.

5. Approbation par le conseil d'école

6. Envoi à la mairie ou à la communauté de communes

Cet envoi se fait fin mai début juin. Celui-ci concerne le gros du matériel : manuels scolaires, cahiers ou feuilles, papier pour les imprimantes et les photocopieuses, cartouches d'encre, matériel pour les arts visuels, matériel spécial informatique, éventuellement pièces de remplacement de meubles ou de matériel de cour.

7. Liste finale

Liste que l'on communique aux parents d'élèves, sachant que l'on a tenu compte des préconisations de la liste du ministère, à l'aide du cahier de liaison ou du cahier de texte numérique si possible avant le départ en vacances d'été. Cette liste a également reçu la validation du conseil d'école.

Liste « finale » pour toute l'école

Pour toutes les classes :

Une première trousse contenant :
- 2 stylos billes bleus pointe fine (de qualité)
- 1 stylo « 4 couleurs »
- 5 crayons de papier HB de qualité
- 1 taille-crayon de qualité avec réservoir
- 3 gommes blanches
- 5 bâtons de colle grand format (qualité supérieure)
- 1 paire de ciseaux à bouts ronds (attention si votre enfant est gaucher !)

Une seconde trousse contenant :
- 12 crayons de couleur
- 12 feutres

Dans le cartable (d'un format qui permettra de contenir une chemise cartonnée grand format) :
- 1 ardoise (prévoir l'achat après la rentrée en fonction de ce que désire le maître de la classe)
- 1 règle graduée de 20 cm
- 1 boîte de mouchoirs en papier

Plus spécifiquement pour les classes de cycle 3 :
- 1 équerre en plastique
- 1 compas
- 1 règle plate de 30 cm

Pensez à étiqueter le matériel au nom de l'enfant.
- Un complément de fournitures pourra être demandé après la rentrée via le cahier de liaison.
- La sera conservée en classe par le maître.
- N'oubliez pas les chaussures de sport et la tenue d'EPS.

Remarques

Il faut, encourager comme l'indique le ministère les initiatives des associations de parents d'élèves. Elles peuvent aider aux achats en donnant des conseils ! Elles peuvent aussi organiser des bourses d'échanges : du matériel de l'année précédente peut encore rendre de bons services.

Ne pas se précipiter par sur les catalogues « prêts à remplir » des éditeurs, lors de la préparation de la liste à l'attention des mairies ou communautés de communes ! Être rigoureux sur ce qui sera réellement nécessaire au cours de l'année scolaire !

OUTIL 6

La réunion de rentrée avec les parents

UNE RÉUNION DE RENTRÉE : POURQUOI ?

En résumé

Le principal moment d'échange collectif avec les parents est la réunion de rentrée. Celle-ci aura été annoncée le plus tôt possible aux parents (idéalement dès le jour de la rentrée). Il s'agit en effet de nouer un premier contact au plus vite, de donner des repères sur le fonctionnement de la classe et sur les attentes de l'école, tout en laissant également la parole aux parents. Néanmoins, il sera intéressant de se donner au moins une quinzaine de jours afin de mieux connaître les élèves.

Cette première réunion, qui est généralement suivie par d'autres plus spécifiques (préparer un voyage scolaire, bilan d'étape en milieu d'année…), permet à chacun de se découvrir et de commencer à établir un climat de confiance. Elle pose les bases d'une coopération fructueuse, à condition d'avoir été préparée soigneusement. Car il s'agit d'un véritable exercice de communication : être explicite et professionnel mais sans employer de jargon pédagogique !

Pourquoi l'utiliser ?

Objectifs

› Accueillir, informer, échanger sont les maîtres mots de cette réunion.

› Prendre contact avec tous les parents car tous n'auront pas l'occasion de rencontrer l'enseignant souvent dans l'année.

› Expliciter la pédagogie utilisée en classe, présenter les projets.

› Poser le fonctionnement de la vie de classe et présenter les personnels qui accompagnent l'enseignant dans sa tâche : EVS, ATSEM...

Contexte

L'école et la famille sont complémentaires et doivent s'engager dans une forme de cohabitation qui privilégie l'expérience collective. La coéducation s'avère quasi obligatoire dans la mesure où 100 % des enfants de trois ans sont scolarisés. La coéducation nécessite la présence des parents et de l'équipe enseignante. De ce fait les rôles respectifs de chacun doivent être tout de suite établis !

Comment l'utiliser ?

Étapes

Avant : préparer très soigneusement la réunion et rédiger avec soin une invitation et un ordre du jour clair et précis.

Le jour de la réunion :

› Préparer soigneusement la classe afin d'accueillir les familles.

› Développer les éléments de l'ordre du jour.

› Faire les rappels indispensables, en particulier sur les horaires.

› Ne pas hésiter à parler des sanctions qui pourront être prises envers vos élèves. Ceci pour éviter bien des problèmes ensuite !

› Rappeler l'importance du cahier de liaison école-famille, mais aussi famille-école.

› Rappeler que vous ne rencontrerez pas les parents selon leur bon vouloir mais les informer d'une éventuelle disponibilité (ex. : tous les jours de 11 h 30 à 12 heures), et qu'ils pourront utiliser le cahier de liaison pour solliciter un RDV.

Après : proposer aux parents un compte rendu clair de la réunion rédigé par l'enseignant ou visé par l'enseignant après rédaction par un parent ayant accepté le rôle de secrétaire de séance.

Méthodologie et conseils

Cette réunion est à mettre en place le plus tôt possible après la rentrée scolaire : après les quinze premiers jours mais avant la fin du premier mois de classe.

Soyez clair sur le fait que vous ne rencontrerez pas les parents « entre deux portes » et surtout pas au moment d'entrer en classe. Il est possible de proposer deux soirées en semaine après la classe pour les rendez-vous mais pas tous les soirs et dans un temps limité.

« L'école et la famille sont complémentaires et se doivent de s'engager dans une forme de collaboration qui privilégie l'expérience collective. »

Avantages

- Cet outil permet de bien gérer la durée de chaque point de l'ordre du jour.
- Il permet également d'anticiper les questions des parents en particulier sur les devoirs « à la maison » et les projets de l'année.
- Il permet de consacrer un temps raisonnable aux questions diverses.

Précautions à prendre

- Rassurer les parents : ce sont vos élèves mais... ce sont leurs enfants ! Se montrer bienveillant et accueillant lors de cette première rencontre est absolument indispensable.
- Éviter de dire que l'on débute, couper court à toutes critiques concernant un autre enseignant, ne pas utiliser trop de « jargon » pédagogique.

SUITE OUTIL 6 →

OUTIL 6

La réunion de rentrée avec les parents

EXEMPLE 1 - proposition d'une organisation de réunion de rentrée en école élémentaire

Avant : préparer la réunion

Définir une date, une heure de début et une heure de fin.

- Se donner un peu de temps, de quinze jours à trois semaines, mais pas plus pour situer vos élèves, leur fonctionnement en classe et hors de la classe.
- Choisir un horaire adapté à la disponibilité des parents (17 h 30 ou 18 h 00).
- Se préoccuper de la salle de réunion.

Préparer le plan d'organisation de la réunion (= ordre du jour détaillé)

- Définir et ordonner les différents points à aborder lors de la réunion (noter les éléments à détailler et remarques éventuelles).
- Prévoir les documents à distribuer et/ou à afficher.

Quelques points essentiels :

1°) Accueil - Présentations et rappel de l'ordre du jour

- **Présentation de l'enseignant et de l'équipe éducative** (AVS (s'il y en a) et des différents intervenants possibles : ATSEM, Intervenants EPS...) - Le directeur est parfois présent en début de séance : lui donner la parole
- **Présentation de l'école et de la classe** : spécificités de l'école (ex réseau REP...), de la classe (nombre d'élèves par niveaux (si double classe ou multiniveaux)
- **Présentation des parents** : ce temps n'est pas toujours réalisé, car « dévoreur » de temps ; mais toujours utile.

2°) Informations administratives et pratiques

- Horaires, règlement intérieur (rappeler également que le règlement interne de l'école est consultable sur le cahier de liaison ou en ligne si le cahier de liaison est dématérialisé !)
- Cantine, activités complémentaires (APC) et périscolaires (ALAE...)

Les « rendez-vous » de l'année (réunions prévues, fêtes de fin d'année etc.)

- Relation école famille : prise de rendez-vous avec les parents - le cahier de liaison - retour des formulaires administratifs, attestations d'assurance, élection des parents d'élèves.

Une fois ce plan établi, « minuter » les temps consacrés à chaque point ; il est essentiel que l'ensemble de ceux-ci soient abordés ; le temps de paroles donné aux parents ne doit pas être « court-circuité ».

3°) Informations sur les objectifs et le cadre de travail.

- Emploi du temps (journée et semaine « type ».
- Préciser les objectifs pour l'année (en terme de cycle, et socle commun) en faisant attention à utiliser un langage « compréhensible », mais en faisant référence aux textes.
- Évaluations.

4°) Méthodes de travail en classe (Attention : expliquer n'est pas se justifier)
- Devoirs : ce que vous attendez des enfants à la maison (travail à la maison) et le temps maximum à y consacrer
- Matériels (les cahiers). **5°) Projets de la classe en lien avec le projet d'école.**

6°) Questions diverses

Se laisser suffisamment de temps pour écouter les « questions diverses ». Cependant, différer les réponses est tout à fait possible. Se donner un temps de réflexion est parfois utile. Répondre dans le compte rendu est un moyen de différer.

Rédiger une invitation un ordre du jour : (voir Exemples 3)
- **Une invitation** pour chaque famille : la distribuer au moins une semaine à l'avance Inviter les parents qui ne pourront y assister à le signaler par un écrit dans le cahier de liaison. Ce sera ainsi l'occasion de noter sans stigmatiser les parents présents et absents !
- **Y ajouter un ordre du jour** : il rappelle en quelques mots les points que vous avez prévus d'aborder. Il doit être synthétique et précis : (ne pas oublier le temps des questions diverses) ; L'ordre du jour permettra la rédaction d'un compte-rendu qui sera communiqué à tous (présents et absents). Un des parents d'élèves présents assurera le secrétariat de la réunion.

L'invitation et l'ordre du jour seront collés sur le cahier de liaison tant en maternelle qu'en primaire. C'est l'occasion de rappeler l'importance du cahier de liaison.

Le jour de la réunion

Préparer soigneusement la classe afin d'accueillir les familles : utiliser seulement les chaises (difficile en maternelle) ou disposer les tables de manière agréable où les gens peuvent se voir (en grand U par exemple).

Remarque

Une réunion de rentrée peut être en partie collégiale. Le directeur réunit tous les parents de l'école. Cela conditionnera le contenu de l'ordre du jour pour la réunion dans sa propre classe (voir les paragraphes ci dessus).

EXEMPLE 2 - proposition d'organisation d'une réunion de parents d'élèves en maternelle pour un(e) enseignant(e) débutant(e)

Avant

Préparer et remettre une invitation à laquelle on aura joint un ordre du jour aux parents. Préciser sur l'ordre du jour que seules les questions diverses seront abordées, tandis que les questions personnelles ne seront traitées que sur rendez-vous.

L'horaire de la réunion doit permettre à tout le monde d'être là.

Cette invitation est à distribuer une semaine avant.

Faire signer les parents sur l'invitation.

Pendant la réunion

Les parents se présentent (les forcer à parler pour ne pas les installer en public passif ainsi que pour mettre un nom sur les familles présentes).

› Se présenter par son nom et donner son **expérience professionnelle**.

› Dire sa volonté de faire ce métier le mieux possible.

Présenter l'équipe éducative :

Ensemble des partenaires qui œuvrent à l'éducation d'un enfant. Parents, enseignants, directrice, ATSEM, psychologue scolaire, RASED, médecine scolaire, intervenants extérieurs... ont des objectifs différents, mais agissent tous au mieux pour l'élève.

› Formaliser ses attentes et ses objectifs en favorisant une **relation de confiance** entre tous les partenaires

› Pour tout éducateur, il y a toujours un écart entre l'**intention** et l'**action** parce que...

- l'enfant ne se prête pas toujours au projet de l'adulte ;
- l'adulte, comme tout être humain a des contradictions ;
- une situation d'éducation, c'est complexe (addition de vies différentes, d'humeurs, d'angoisses, de profils, d'énergies différentes...).

› Parler de la délégation d'éducation des parents vers la maîtresse :

- Donner son enfant 6 heures/jour à un adulte = **curiosité et inquiétude légitime.**
- Besoin d'être conscient que nous pouvons tous être sujets à des **doutes** sur nous-même ou sur des partenaires, mais que l'enfant n'a pas à être confronté à ceci (beaucoup trop déstructurant pour lui). Il lui faut une confiance indispensable dans les adultes qui l'entourent (il ne sait pas gérer les **clivages affectifs** parents/enseignants, père/mère, père/belle-mère...)

Présenter les objectifs pour l'année scolaire :

› Présenter les **axes prioritaires de chaque discipline** (importance pour éducation sociale et maîtrise de la langue).

› Balayer quelques **points difficiles** (pour tous les enfants de cet âge-là).

› Définir le « **visible** » (ce à quoi les parents ont accès = une fiche ou ce que l'enfant relate) et « l'**invisible** » (ce qui se passe réellement dans les apprentissages en classe).

› Alerter contre les **idées fausses** (la quantité de fiches n'est pas forcément relative à la quantité d'apprentissages pour l'enfant, cela peut même être synonyme de confort pour l'enseignant). Il ne s'agit pas de sauter des étapes importantes qui sont souvent moins visibles par les parents (ex. : écrire des lettres dans la farine pour préparer la pression du doigt sur le support, l'épaisseur, le geste rotatif, le gommage... avant de faire une fiche sur le graphisme).

› Susciter les **questions des parents** (on est dans un cadre protégé par les textes, donc on ne risque pas grand-chose).

Présenter la classe, les aménagements, les outils :

› Présenter les différents coins : « regroupement », « lecture »...

› Photos avec enfants en activité (attention au droit à l'image, s'assurer de l'accord des parents).

› Moments de vie de la classe.

› Exemples de différentes modalités de travail (collectif, groupes, autonomie, accompagnement...)

› Lever les ambiguïtés sur certaines activités pouvant être taxées de futiles (récréation = apprentissage de la gestion du conflit, accueil = temps d'échange, d'installation, de relais entre les 2 mondes de l'enfant...)

› Précisions sur les attentes vis-à-vis des parents :

– Matériel utile à amener pour l'enfant ou pour la classe.
– Correspondance avec l'école (signature des mots, cahier de vie, présentation du travail de l'enfant...).
– Communication avec l'enseignante = RDV pour entretien individuel (on ne peut pas parler du développement d'un enfant dans l'action, sur le pas d'une porte).
– Signalement de toute information importante qui peut altérer le comportement de l'enfant (maladie, nuit agitée, événement familial, conflit avant d'arriver à l'école...).
– Présence des parents soumise à un cadre (dépôt de l'enfant le matin, encadrement d'activités, reprise de l'enfant le soir, registre de référence de l'autorité dans l'école pas représenté par les parents

Présenter les projets de l'année :

› Projets propres à la classe.

› Projets d'école.

Questions diverses

Après la réunion

Proposer un compte rendu écrit collé dans le cahier de liaison et signé par les parents.

SUITE OUTIL 6 →

La réunion de rentrée avec les parents

EXEMPLE 3 – quelques remarques autour d'une invitation

Un mauvais exemple d'invitation

Un jeune collègue, Joël, débute dans une école primaire. Il est affecté en CM1. Voici le message qu'il adresse aux parents d'élèves de sa classe :

Invitation à la réunion de rentrée

Chers parents,

La réunion de rentrée aura lieu ce mardi 20 septembre à 16 h 45 dans la classe de CM1 de votre enfant. Vous pourrez y rencontrer les autres parents et discuter avec l'enseignant de vos enfants. Dans cette réunion, je vous préciserais le fonctionnement de l'école (horaires de l'école, de la cantine, de l'ALAE) ainsi, que le projet de l'école, vivre nos différences dans l'école, projet auquel vous pourrez vous impliquer en tant que partenaires.

Je vous convie donc bien cordialement à cette réunion, que nous terminerons par le pot de l'amitié !

Joël, le maître de votre enfant.

Quelques problèmes posés par cette invitation

- Veiller à l'orthographe correcte de cette invitation ainsi qu'à la correction de la langue.
- Choisir un horaire adapté : 16 h 45 n'est un bon horaire pour personne.
- Clarifier le contenu en préférant un ordre du jour qui permettra l'ajout des questions diverses.
- Accompagner cette invitation d'un ordre du jour
- Éviter pour cette première rencontre le « pot de l'amitié » trop familier !
- Proposer de prime abord un compte rendu de cette réunion.
- Rester professionnel. Signer de son prénom peut signifier manque de distance et de professionnalisme. Signer Monsieur ou Madame X n'exclut ni le respect ni la politesse à l'endroit des personnes que vous allez recevoir, bien au contraire !

Une proposition d'invitation correcte

Invitation à la réunion de rentrée

Madame, Monsieur,
La réunion de rentrée aura lieu le mardi 20 septembre, à 18 h 15, après la réunion collégiale, dans la classe de CM1 de votre enfant.
Vous trouverez joint à cette invitation l'ordre du jour de cette réunion.
Dès à présent, vous pouvez préparer les questions que vous désirez me poser.
Un compte rendu vous sera envoyé à l'issue de notre rencontre.
Cordialement,
Monsieur Joel Dubois, enseignant du CM1 - école « Les pervenches »

Ci-joint l'ordre du jour :
- Évaluations nationales.
- Prise en charge des enfants en difficulté.
- Projet d'école.
- Extension de l'école élémentaire.
- Travaux, entretien, matériel pour les écoles.
- Exercices de mise en sécurité.
- La coopérative des écoles
- Réponses aux questions/remarques diverses des parents (celles-ci auront été formulées et soumises au directeur au moins une semaine avant)

DOSSIER

2 ORGANISER LE TEMPS

Éléments à prendre en compte pour gérer le temps

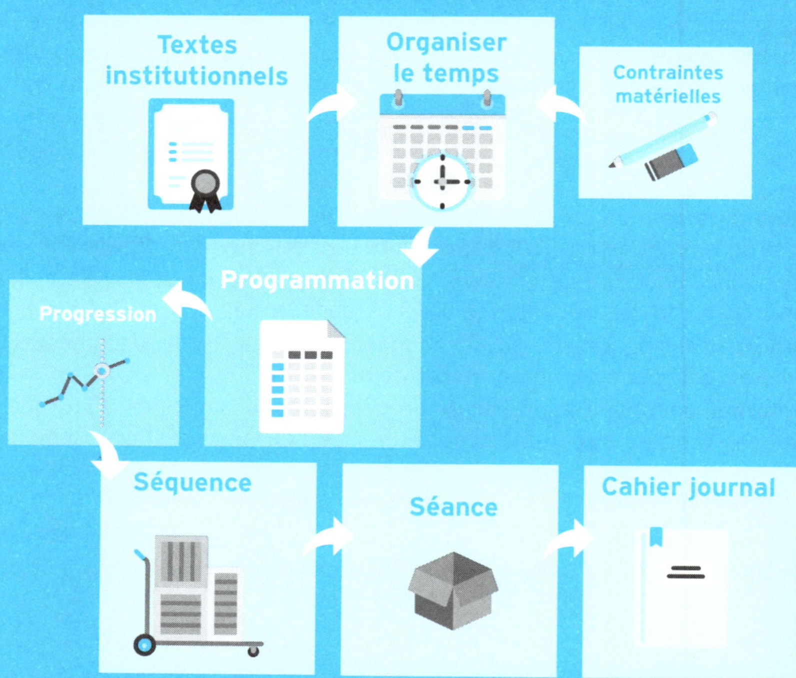

Retrouver les horaires sur :

https://goo.gl/cPoSii

Les contraintes

Gérer le temps, la journée ou la semaine nécessite une bonne connaissance des exigences institutionnelles et des contraintes matérielles de l'école.

Les exigences institutionnelles : ce sont les horaires officiels déterminés par les programmes actuels.

Les contraintes matérielles de l'école : elles peuvent être de différentes natures tels les prévisions de sorties à la piscine, les sorties culturelles, les échanges de service décidés en conseil des maîtres, l'utilisation des différents locaux s'il y en a (salle informatique, gymnase, salle des sciences ou de musique) mais aussi l'organisation des Activités Pédagogiques Complémentaires (APC) et le Projet Éducatif Territorial (PEDT).

L'organisation

L'arrêté du 9 novembre 2015 fixe les horaires d'enseignement des écoles maternelles et élémentaires.

Les programmes définissent des horaires pour chaque domaine d'enseignement dans des fourchettes hebdomadaires. C'est ensuite à l'enseignant d'adapter ces horaires selon différentes échelles : l'année, le trimestre ou la période, la semaine, la journée ou encore la séance. Selon Tardif M., Lessard C. « Le travail curriculaire des enseignants consiste à négocier le programme officiel avec la concrétisation de l'action [dans le cadre de] limites temporelles ». L'enseignant doit aussi mettre en relation les rythmes scolaires et les rythmes des enfants et décliner les horaires d'enseignement en fonction de la réalité de sa classe.

Cette organisation se fait selon un découpage en termes de temps mais aussi en termes de savoirs. Et pour cela, plusieurs outils sont à construire :

- **Une programmation** des contenus d'apprentissage, selon une logique temporelle sur l'année. La programmation ne tient pas compte du cheminement différencié des élèves.
- **Une progression** didactique des savoirs, par période. La progression tient compte des rythmes et progrès des élèves. Elle est affichée dans la classe (voir Outil 25)
- **Des séquences** d'enseignement pour chaque domaine disciplinaire, chaque séquence étant elle-même découpée en un ensemble de **séances**.
- **Un cahier journal**, document quotidien de préparation pour anticiper la journée de classe et se situer par rapport aux outils précédents. Le lien avec séances, séquences y est explicite.

Organiser le temps est pour l'enseignant une véritable gageure et des recherches montrent aujourd'hui que l'utilisation du temps sera déterminante sur les conditions d'apprentissage des élèves.

LES OUTILS

OUTIL 7

Les rythmes scolaires

PENSER ET RESPECTER LES RYTHMES DE L'ENFANT

de la responsabilité :

de l'enseignant	Emploi du temps de la classe	Alternance des séances d'apprentissage en fonction des charges cognitives impliquées	Le travail personnel hors de la classe
de la commune	Horaires de l'école	Les temps périscolaires comme les NAP et les moments de garderies ou de ALAE	
de la famille	Le temps de la famille et les différents horaires de repas, de coucher...		

En résumé

Il est nécessaire de penser et respecter les rythmes de l'enfant pour favoriser les apprentissages, tendre vers la réussite pour tous en tenant compte des besoins des élèves. Il s'agit de croiser rythmes biologiques journaliers et activités proposées. Pour ce faire l'enseignant doit aménager le temps de la semaine, de la journée et le temps des différentes séances d'enseignement-apprentissage.

La semaine organisée autour de 9 demi-journées est considérée par les chronobiologistes comme la plus en phase avec les rythmes de l'enfant et donc la plus favorable aux apprentissages car elle permet une meilleure répartition des charges de travail.

Pourquoi l'utiliser ?

Objectifs

› Améliorer les conditions d'apprentissage pour favoriser la réussite.

› Rechercher une meilleure qualité de vie scolaire afin de réduire les tensions et la fatigue néfastes pour les apprentissages.

› Mieux harmoniser les temps scolaires, périscolaires et familiaux.

Contexte

Il faut replacer l'élève au centre du système en ayant une approche la plus globale possible de l'enfant et penser l'école comme un lieu d'apprentissages scolaires mais aussi comme un lieu de vie, d'éducation et d'épanouissement. C'est dans cette optique et dans le cadre de la loi de Refondation de l'école que la réforme des rythmes scolaires a été mise en œuvre.

Comment l'utiliser ?

Étapes

Essayer de concevoir un emploi du temps sur le modèle suivant :

› Commencer toujours la journée par des rituels et ce quels que soient le cycle et le niveau.

› Commencer la journée par les séances relevant du niveau 1.

› Le matin après la récréation ou en fin d'après midi placer les séances relevant du niveau 4.

› En début d'après-midi (avant la récréation), positionner des séances de niveau 1, 2 ou 3.

› En fin d'après-midi (après la récréation) on peut positionner des séances de tous les niveaux.

Méthodologie et conseils

Penser sa classe en sachant que :

› Avant 9 heures il y a risque d'incompatibilité entre le niveau d'éveil et les exigences cognitives.

› En milieu de journée il y a un ralentissement de l'activité cérébrale.

› L'attention focalisée perd considérablement en qualité au-delà de 20 minutes pour les enfants de moins de 10 ans.

Penser l'alternance des séances non pas seulement en fonction du champ disciplinaire mais aussi en fonction du niveau d'exigences mentales (N. Delvolvé) :

› Niveau 1 : réinvestissement d'une notion parfaitement maîtrisée.

› Niveau 2 : découverte par l'action (de l'élève) d'une nouvelle notion.

› Niveau 3 : situation de résolution de problème.

› Niveau 4 : compréhension d'une notion nouvelle.

« Comme pour la nourriture du corps, celle de l'esprit demande, pour être digérée, des repas raisonnables, séparés par des intervalles suffisants. »
A. Reinberg et G. Vermeil (1995)

Avantages

- Mettre en place une meilleure répartition des charges de travail pour les élèves et à terme une meilleure gestion des charges cognitives.

Précautions à prendre

- Mettre en œuvre des rythmes scolaires pertinents veut dire s'engager dans la coéducation et le travail avec les différents partenaires.
- Veiller à penser un réel aménagement du temps quotidien mais aussi hebdomadaire.
- Bien penser le rythme des séances, l'alternance des activités ainsi que les modalités de travail (individuel, binômes, groupes...).

SUITE OUTIL 7 →

OUTIL 7

Les rythmes scolaires

EXEMPLE - rythmes imposés et proposition d'un emploi du temps

Ce qu'impose la commune

› Les horaires de l'école sont décidés par la commune mais discutés en conseil d'école.

› Les horaires des écoles dans les communes ayant mis en place des transports scolaires sont tenus de respecter les contraintes du Conseil départemental responsable du transport scolaire.

› Les différents horaires doivent être mis en relation avec les différentes contraintes du système éducatif et de l'environnement local.

Ce qu'impose le ministère de l'éducation nationale

La pause méridienne doit être d'au moins 1 h 30.

La répartition horaire des matières :

Les horaires des enseignements pour les classes de CP-CE1 et CE2

Enseignements	Durées annuelles	Durées hebdomadaires
Français	360 heures	10 heures
Mathématiques	180 heures	5 heures
Éducation physique et sportive	108 heures	3 heures
Langue Vivante	54 heures	1 heure 30
Enseignements artistiques	72 heures	2 heures
Questionner le monde Enseignement Moral et civique	90 heures	2 heures 30
Volume horaire des enseignements obligatoires	864 heures	24 heures

Les horaires des enseignements pour les classes de CM1-CM2

Enseignements	Durées annuelles	Durées hebdomadaires
Français	288 heures	8 heures
Mathématiques	180 heures	5 heures
Éducation physique et sportive	108 heures	3 heures
Langue Vivante	54 heures	1 heure 30
Enseignements artistiques	72 heures	2 heures
Sciences et technologie	72 heures	2 heures
Histoire-géographie Enseignement Moral et civique	90 heures	2 heures 30
Volume horaire des enseignements obligatoires	864 heures	24 heures

Vacances scolaires :

https://goo.gl/3hZnIE

Les vacances

L'alternance vacances/temps scolaire crée la longueur des périodes. Théoriquement le rythme est de 7 semaines de travail et 2 semaines de vacances entre la rentrée et les « grandes vacances ».

L'année scolaire est donc découpée en 5 périodes de classe. Les enseignants doivent prendre en compte ces données pour construire leurs programmations-progressions et penser les différents moments d'évaluations afin de permettre une meilleure construction des connaissances et des compétences prévues par les programmes en vigueur et le socle commun de connaissances, de compétences et de culture.

Le fait d'instaurer trois zones de départ en vacances ne permet plus d'avoir cette alternance 7 semaines/2 semaines à compter des vacances d'hiver. Les élèves de la zone C, par exemple, auront une période 3 de 5 semaines et une période 5 de 9 semaines.

Exemple d'emploi du temps journalier

Cet emploi du temps propose les types d'activités selon les phases de vigilance des élèves (circonscription de Loches- 2013).

Plages horaires	Phases de vigilance	Opérations cognitives mobilisables	Activités possibles
8 h 30 à 9 h-9 h 30	Faible	Structuration : représentation, verbalisation Mémorisation à court terme Systématisation/entraînement	Schématiser Présenter un travail Préparation des cahiers Méthodologie Apprendre et/ou réciter une poésie Exercices d'application Calcul mental Lecture orale
9 h-9 h 30 à 11 h 00-11 h 30	Moyenne et forte	Découverte : exploration Structuration : conceptualisation Création/renforcement : production semi ou non dirigée, mobilisation (rechercher des informations) Évaluation : réinvestissement, transfert...	Éducation physique en maternelle Résolution de problème mettant en jeu de nouvelles stratégies Concevoir le texte d'une leçon, résoudre une situation-problème dans toutes les disciplines Rédiger un texte, lecture compréhension... situation-problème déjà rencontrée
Pause Méridienne			
13 h 30/ 14h-14h30	Faible	Structuration : représentation, verbalisation Systématisation/entraînement	Présenter un travail, copier une leçon Exercices d'application
14 h-14 h 30 à 15 h 30-16 h	Moyenne et forte	Mémorisation à long terme. Création/renforcement : production semi ou non dirigée, mobilisation (rechercher des informations) Bonnes capacités physiques	Rédiger un texte, situation-problème déjà rencontrée. Résolution de problème mettant en jeu de nouvelles stratégies Lecture compréhension EPS au cycle 2 et 3

OUTIL 8

Programmation/Progression

PRÉPARER LE PLANNING DE SES ENSEIGNEMENTS

Programmes et socle commun

Programmation — Réfléxion en termes de TEMPS

Progression — Enchaînement des apprentissages par étapes succesives selon une logique didactique. Réflexion en termes de SAVOIRS

Séquence — Ensemble de plusieurs séances respectant une progression. Réflexion en termes d'unités de SENS

Séance — Découpage de la séquence pour atteindre les objectifs d'apprentissage visés. Réflexion en termes d'unités de TEMPS

En résumé

Pour préparer sa classe des outils incontournables doivent être élaborés par l'enseignant. Ces outils sont construits en cohérence :

- avec l'institution : à partir du socle commun de connaissances, de compétences et de culture, des programmes de l'école primaire ;
- avec l'école d'exercice : à partir du projet d'école, du projet de cycle ;
- avec la classe et le projet de classe.

Chacun de ses outils respecte le processus descendant : des documents institutionnels vers les problématiques propres à la classe. Ils doivent être personnalisés car propres à la classe pour laquelle ils sont conçus. Plusieurs outils sont donc à construire. Les premiers sont :

- Une **programmation** des contenus d'apprentissage, selon une logique temporelle sur l'année. La programmation ne tient pas compte du cheminement différencié des élèves.
- Une **progression** didactique des savoirs, par période. La progression tient compte des rythmes et progrès des élèves. Elle est affichée dans la classe (voir Outil 25).

Pourquoi l'utiliser ?

Objectifs

- Se mettre au clair avec le savoir.
- Anticiper sur ce que pensent les élèves.
- Réfléchir au sens de l'activité pour les élèves.

Contexte

Les nouveaux programmes proposent un projet global avec une progression spiralaire des enseignements et la recherche d'une continuité des apprentissages. Les progressions étalent sur le temps des trois cycles un travail approfondi sur les connaissances : une connaissance ou une notion sera travaillée plusieurs fois, à des moments différents dans des contextes et à des niveaux de difficultés différents. La temporalité et la régularité permettront de fixer les acquis.

Méthodologie et conseils

Ce travail de préparation de classe est à la charge de l'enseignant. Cependant, la programmation se fait souvent dans le cadre d'échanges entre enseignants d'une même école afin d'adapter les programmes aux spécificités de l'école. Dans cette perspective, les programmes sont des repères pour l'organisation des apprentissages par les équipes pédagogiques. Elles ont à charge de les définir, de les hiérarchiser et de les ordonner ainsi que d'adapter le rythme d'enseignement aux élèves de l'école. Ce sont des programmations d'école ou de cycle.

Les progressions ne sont pas figées et peuvent être remaniées en fonction des évaluations et des résultats des élèves par rapport aux attendus du programme.

« Il est indispensable qu'il y ait un moment de préparation et ceci pour tous les enseignants même chevronnés. » Bernard Rey, *Faire la classe à l'école élémentaire*, ESF, 2010

Comment l'utiliser ?

Étapes

Plusieurs aspects doivent être pris en compte :

- **Le temps** : Il s'agit tout d'abord de s'inscrire dans une **logique temporelle de programmation** des apprentissages à l'intérieur des cycles, par année ou par période. Il y a dans l'année 5 périodes qui correspondent à l'espace-temps entre chaque vacances.
- **La programmation** dans le temps est un travail conséquent qui s'appuie sur les **programmes** en fonction du niveau de classe, et qui commence avant même le début de l'année. Les documents d'accompagnement aux programmes, quand ils existent, sont une aide précieuse.
- **Les savoirs** : Il s'agit ensuite d'inscrire cette programmation dans une **logique didactique de progression**. Les savoirs sont organisés graduellement, selon un ordre progressif de difficultés.
- **Le sens** : Cette organisation se fait alors sous la forme de **séquences** relatives à un objet d'étude (voir Outil 9).

Avantages

- Être plus efficace dans le déroulement et être dégagé d'une réflexion « sur l'instant » peu confortable.
- Bien identifier et atteindre les objectifs, les démarches pédagogiques adéquates
- Évaluer la progression des apprentissages proposés. Ceux-ci peuvent toujours être réévalués si besoin.

Précautions à prendre

- Ne pas confondre programmation (logique temporelle) et progression (logique didactique).
- Attention aux fiches de préparation toutes faites que l'on trouve en masse sur internet ! Elles ne pourront peut-être pas s'adapter à la situation précise de la classe ni aux élèves. Il faut les personnaliser !
- Ne jamais perdre de vue la dimension pluriannuelle du cycle.
- En cas de classe multiniveaux, prévoir une progression différenciée selon le niveau des élèves.

SUITE OUTIL 8 →

OUTIL 8

Programmation/Progression

EXEMPLE 1 - une programmation/progression pour le cycle 3 en sciences et technologie

La réflexion se fait en 4 points.

1er point

Tout d'abord il faut noter que toute programmation/progression fait écho aux 5 grands domaines du **socle commun** avec lesquels elle s'articule. Pour les compétences en sciences et technologie on peut relever :

Compétences travaillées en sciences et technologie (PROGRAMMES)	Domaines du SOCLE COMMUN correspondants
Pratiquer des langages.	**1.** Langages pour penser et communiquer.
S'approprier des outils et des méthodes. Mobiliser des outils numériques.	**2.** Méthodes et outils pour apprendre.
Adopter un comportement éthique et responsable.	**3.** Formation de la personne et du citoyen.
Pratiquer des démarches scientifiques.	**4.** Les systèmes naturels et les systèmes techniques.
Concevoir, créer, réaliser. Se situer dans l'espace et dans le temps.	**5.** Les représentations du monde et l'activité humaine.

2e point

La **programmation** doit ensuite tenir compte des 4 thèmes au programme des sciences et technologie du cycle 3 :

- Thème 1 : La matière, le mouvement, l'énergie et l'information.
- Thème 2 : Le vivant, sa diversité et les fonctions qui le caractérisent.
- Thème 3 : Matériaux et objets techniques.
- Thème 4 : La planète Terre, les êtres vivants dans leur environnement.

Chacun de ces thèmes doit être traité sur l'année et chacun de ces thèmes doit aussi faire l'objet d'une programmation afin de « découper » les objectifs à travailler.

3e point

En prenant par exemple le thème 2 des programmes : « Le vivant, sa diversité et les fonctions qui le caractérisent ».

La **programmation** peut s'établir à partir des 4 attendus de fin de cycle relevés dans les programmes pour cette thématique, ces 4 attendus devant se retrouver sur la programmation de l'année. Il s'agit de programmer le fait de :

- Classer les organismes, exploiter les liens de parenté pour comprendre et expliquer l'évolution des organismes.
- Expliquer les besoins variables en aliments de l'être humain ; l'origine et les techniques mises en œuvre pour transformer et conserver les aliments
- Décrire comment les êtres vivants se développent et deviennent aptes à se reproduire.
- Expliquer l'origine de la matière organique des êtres vivants et son devenir

Concevoir la progressivité des apprentissages :

https://goo.gl/Jm2ZtZ

4e point

Enfin, pour chacun de ces points, l'enseignant réfléchit à une **progression** en termes de savoirs, avec un enchaînement des apprentissages par étapes successives selon une logique didactique et non plus seulement temporelle.

Par exemple, pour la quatrième compétence attendue : « Expliquer l'origine de la matière organique des êtres vivants et son devenir » pour une classe de CM1.

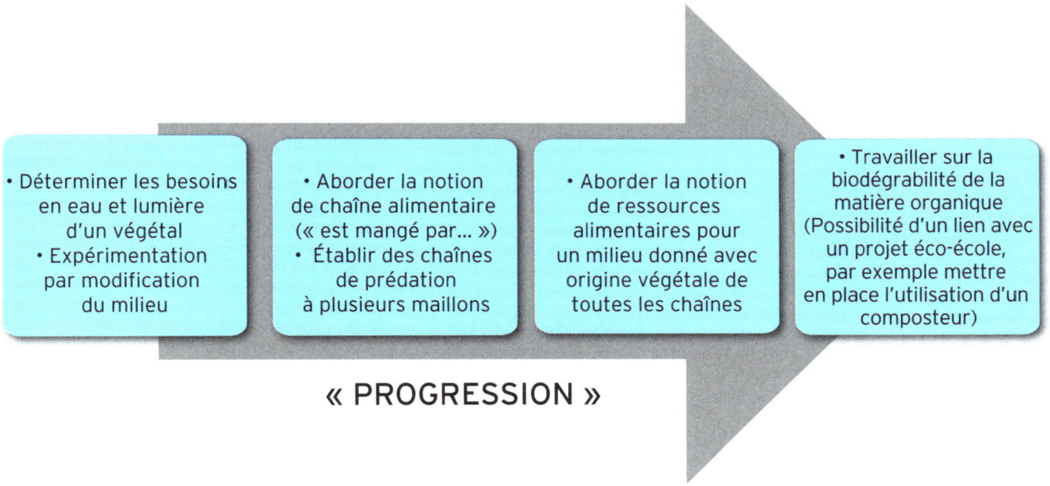

OUTIL 9

Séquence

PRÉPARER LE PLANNING DE SES ENSEIGNEMENTS : UNE SÉQUENCE SUR LA POÉSIE

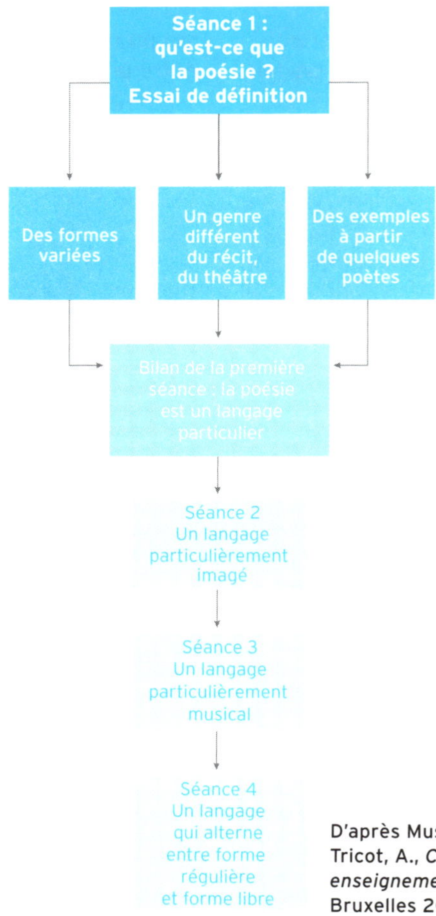

D'après Musial M., Pradère, F., & Tricot, A., *Comment concevoir un enseignement ?*, Bruxelles 2012, De Boeck.

En résumé

La séquence d'enseignement est définie par les textes officiels comme l'« ensemble continu ou discontinu de séances, articulées entre elles dans le temps et organisées autour d'une ou plusieurs activités en vue d'atteindre des objectifs fixés par les programmes. » (BO). Les contenus d'enseignement proposés sont organisés selon une logique globale, de la situation de départ à l'évaluation, en passant par l'entraînement. Chacune de ces **séquences** est ensuite divisée en autant de **séances** que nécessaires pour aboutir aux apprentissages visés (= scénario).

Chaque séquence concerne un domaine disciplinaire (séquence disciplinaire) ou plusieurs (séquence interdisciplinaire ou pluridisciplinaire). Dans ce second cas, l'élaboration de la séquence s'apparente à la construction d'un projet (voir Outil 44).

Pourquoi l'utiliser ?

Objectifs

- Planifier et réguler son activité d'enseignement.
- Décomposer les notions du programme.
- Atteindre les objectifs fixés par les programmes.

Contexte

La préparation de séquences est indispensable quelle que soit l'ancienneté de l'enseignant. C'est aussi un outil attendu lors de l'inspection.

Comment l'utiliser ?

Étapes

- **L'appropriation :** l'enseignant situe le travail (rappeler la séquence précédente, revenir sur une remarque, etc.) afin que les élèves en comprennent l'enjeu.
- **Le temps de recherche :** l'enseignant prévoit une ou deux séances de recherche pour résoudre le problème posé : les élèves se questionnent, s'organisent, mobilisent compétences et savoirs. L'enseignant réfléchit aussi aux modalités de regroupement des élèves, afin que les échanges entre pairs soient le plus efficaces possible dans une visée de socioconstructivisme et de différenciation pédagogique (groupes, binômes, individuellement...).
- **La mise en commun :** les élèves argumentent et analysent ce qui a été produit. L'enseignant est attentif aux procédures de mise en œuvre et aux représentations des élèves qui comptent autant que le résultat final. Il prend appui sur les erreurs des élèves comme autant de reflets des apprentissages en construction.
- **L'institutionnalisation** : L'enseignant valide et fixe le savoir. La trace, même si elle est provisoire, est constituée.
- **L'entraînement** : il s'agit d'automatiser les savoirs mis en lumière la différenciation pédagogique est importante (aides spécifiques, tutorat...) afin de permettre à tous d'apprendre.
- **L'évaluation** : elle permet de déterminer les savoirs et compétences acquis chez les élèves. Pour l'enseignant, elle permet aussi de réguler ses progressions grâce à une mesure de l'écart entre prévu et réalisé.
- **Le réinvestissement** : une situation nouvelle est proposée qui nécessite le transfert des savoirs. L'enseignant évalue ainsi la solidité des acquis.

« Une séquence est une suite de séances articulées entre elles. »

Méthodologie et conseils

Ce travail de préparation de séquences est à la charge de l'enseignant. Il est réalisé en amont, par période, et permet d'affiner les progressions envisagées en fonction des contenus disciplinaires que l'enseignant souhaite aborder.

Avantages

- Écrire une séquence permet de se contraindre à planifier et à clarifier son enseignement : se poser des questions, tenter de leur trouver une réponse suffisamment claire pour qu'elle puisse être écrite.
- La séquence est un outil de régulation : l'enseignant peut mesurer l'écart entre ce qui a été prévu et ce qui a été réalisé puis adapter et améliorer son enseignement.

Précautions à prendre

- Tout comme les progressions, les séquences ne doivent pas être figées. Il est nécessaire de les remanier en fonction des évaluations et des résultats des élèves. Ce travail d'élaboration de séquences doit être effectué au plus proche du temps de classe.

Séquence

SUITE OUTIL 9 →

Séquence

EXEMPLE - une grille de séquence pour un jeu de numération en PS - MS

Description de la séquence	
I. Titre Séquence Il est en lien avec les objectifs disciplinaires et transversaux à atteindre et issus des programmes. Ce titre peut être repris dans la progression de l'enseignant, comme référence.	**La boîte à œufs** D'après la séquence de E. Touchard et G. Martiel (IUFM Grenoble) Jeux de numération en maternelle http://www.ac-grenoble.fr/ien.g4/IMG/pdf_Progression_Jeux-Numeriques_en_maternelle.pdf
2. Discipline	**Découvrir le monde :** approcher les quantités et les nombres. **S'approprier le langage :** échanger, s'exprimer ; comprendre ; progresser vers la maîtrise de la langue française. **Devenir élève :** vivre ensemble ; coopérer et devenir autonome.
3. Contexte et public	Cycle 1, PS-MS
4. Période	Fin du premier trimestre
5. Objectifs de la séquence	– Être capable de constituer une collection sans recourir au nombre, comprendre le principe de correspondance terme à terme. – Être capable d'associer une quantité à une constellation ou à un nombre en écriture chiffrée (MS). – Être capable de verbaliser les actions.
6. Compétences	– Résoudre des problèmes portant sur des quantités. – Savoir comparer deux collections en les mettant en correspondance ou en utilisant les nombres. – Savoir construire une collection ayant un nombre donné d'éléments.
7. Pré requis Les élèves ont-ils les savoirs et savoir-faire pour effectuer les tâches ? Sinon quels sont les moyens utilisés pour rendre possible l'activité ?	L'activité ne nécessite pas le recours au nombre, elle est prévue pour des PS et des MS. La notion de nombre est normalement atteinte à la fin des trois ans du premier cycle, il s'agit donc de prérequis langagiers qui permettront à l'élève de comprendre la consigne avec par exemple le verbe « remplir », la situation de mettre « un marron dans chaque trou » qui l'amèneront à saisir la notion de quantité. Néanmoins la séance 3 est une invitation à se saisir de l'outil du nombre, dans ce cas, les prérequis s'appuieront sur le comptage, le sur-comptage, le décomptage et la connaissance de la comptine numérique.
8. Organisation pédagogique de la séquence Quelle organisation de la classe, quelle gestion des groupes, du temps (alternance, différenciation...)	Par groupes de six élèves, semis dirigés ou dirigés par l'enseignant. En groupe classe dans la première séance lors de la découverte du matériel laissé en manipulation libre. Phase individuelle en séance 3.
9. Ressources et matériels utilisés	– Boite de douze œufs. – Grande quantité de marrons. – Coupelles ne pouvant contenir que de 6 à 8 marrons.

10. Extraits du déroulement de la séquence (scénario) Un titre et un objectif général sont donnés pour chacune des séances qui composent la séquence afin d'en saisir la progression globale. Le déroulement de l'activité est précisé et affiné dans chacune des séances.	**Séance 1 :** remplir une boîte vide avec des marrons avec une contrainte : la correspondance terme à terme. *Objectifs :* – Découvrir le matériel. – Constituer une collection sans recourir au nombre. – Comprendre le principe de correspondance terme à terme. *Organisation :* atelier semi dirigé par groupe de 6 – Laisser les marrons et boites à œufs en manipulation libre : les élèves s'approprient le matériel. Présentation de l'atelier en grand groupe ; décrire et nommer matériel (marrons, boite à œufs). Proposer un exemple pour remplir la boite avec un marron dans chaque trou. – Les élèves sont répartis en ateliers ; 1 boîte ou plusieurs boîtes par élève. Une grande quantité de marrons dans un panier sur la table. – Verbaliser avec les élèves : Il faut mettre un marron dans chaque trou et que tous les trous soient remplis. *Consigne*: Chaque enfant doit remplir sa boîte en mettant un marron dans chaque trou. Quand la boite est pleine vous fermez le couvercle. À la fin de l'atelier le PE propose de valider. Les élèves ouvrent les boîtes et vérifient s'il y a un marron par trou. Prendre une photo des boîtes correctement remplies et des boîtes qui ne sont pas correctement remplies. *Matériel :* Une douzaine de boîtes de 12 œufs vides Une grande quantité de marrons ou pions dans un panier **Séance 2 :** remplir une boîte vide avec deux contraintes : les marrons sont éloignés et on les transporte avec une coupelle qui en contient un nombre inférieur à celui qui est nécessaire. *Objectifs :* – Comprendre le principe de correspondance terme à terme. – Vocabulaire : il en reste, il en manque. *Organisation :* atelier dirigé par groupe de 6 … **Séance 3 :** remplir une boîte vide avec trois contraintes, faire en sorte de ramener un nombre de marrons de sorte qu'il n'en reste pas dans la coupelle au dernier voyage. *Objectif :* Prendre conscience de la notion de quantité. *Organisation :* - Observer les stratégies des élèves. Les élèves ne réussissent pas la première fois… … **Prolongement proposé :** poursuivre par une séquence consacrée à l'association mot-nombre et quantité avec « Les bonnets de doigts » de Dominique Valentin et « Le Goûter des poupées ». *Matériel :* - 6 boîtes à œufs de 6 œufs, boîtes à œufs en cartons à découper pour obtenir des boîtes de 3 à 12 trous. - Un lot important de marrons ou boules de cotillons (100). - Une boite ou panier. - 6 coupelles (boites à camembert ou barquette de cantine).

OUTIL
10

Séance

NATURE DES SÉANCES D'UNE DÉMARCHE D'APPRENTISSAGE : LIEN AVEC LES 7 ÉTAPES DE LA SÉQUENCE

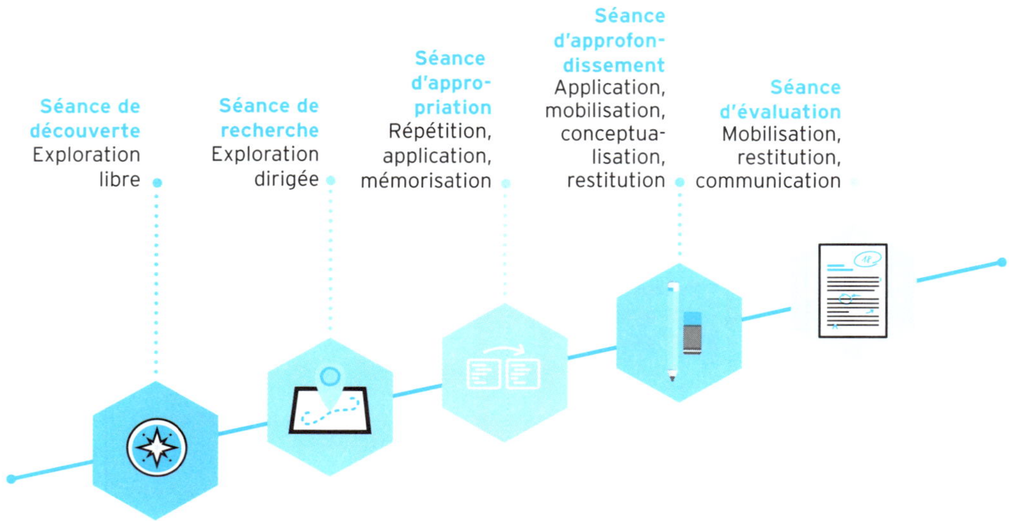

En résumé

Les séances sont en lien direct avec les étapes définies pour la séquence, séquence s'inscrivant elle-même dans une progression, elle-même inscrite dans la programmation. Ainsi, chaque séance a une place bien définie et articulée dans la planification de l'enseignement.

Chaque séance doit aussi définir un objectif d'apprentissage précis. Pour cela, l'enseignant doit au préalable réfléchir au découpage de chaque notion enseignée, avec une hiérarchie des objectifs à atteindre. Chacune des séances est consignée dans le cahier journal de l'enseignant, ce qui lui permet d'avoir un panorama précis de ce qu'il va proposer à ses élèves sur la journée.

Pourquoi l'utiliser ?

Objectifs

- Planifier son enseignement.
- Décomposer les étapes de la séquence.
- Atteindre les objectifs visés par les programmes.
- Réguler son enseignement.

Contexte

La séance est l'étape de planification la plus fine à l'échelle d'une durée pouvant varier de 20 minutes (maternelle) à 45 minutes. Il s'agit pour l'enseignant de planifier son enseignement en fonction des tâches que les élèves devront effectuer, des tâches qu'il devra effectuer lui-même et des ressources les mieux adaptées, et ce dans le cadre d'une discipline donnée. Tout comme les autres outils de planification, cette préparation est indispensable à l'enseignant pour clarifier ses attentes et le déroulé de sa journée, mais aussi pour réguler son action a posteriori.

Comment l'utiliser ?

Étapes

Une séance comporte 4 grandes étapes.

› **Mise en situation** : l'enseignant place ses élèves en situation d'écoute afin de pouvoir passer les consignes. Il est important de mobiliser l'attention et de s'assurer que tous ont compris ce que l'on attend d'eux, notamment grâce à la reformulation des consignes. C'est aussi lors de cette étape que l'enseignant rend les élèves conscients de ce qu'ils vont apprendre dans cette séance.

› **Phase de recherche/travail** : l'enseignant s'assure que tous les élèves sont au travail et pense à varier les différentes formes de travail proposées (individuel, en binôme, en groupe) afin de maintenir l'attention. Une réflexion sur la constitution éventuelle des groupes est menée en lien avec la différenciation pédagogique.

› **Mise en commun :** quel est le rôle de l'enseignant, des élèves dans cette étape ? Qui procède à la correction ? L'enseignant est aussi vigilant à la place qu'il accorde à l'erreur.

› **La synthèse/La trace écrite** : la réflexion de l'enseignant porte sur la nature de la trace conservée (trace provisoire, règle formalisée ?) et par qui cette trace est élaborée. Lors de cette étape l'enseignant évalue aussi si les élèves sont en mesure de formuler ce qu'ils ont fait, ce qu'ils ont appris et ce qu'il leur reste à acquérir afin de maîtriser la notion travaillée.

« L'école a ici une mission irremplaçable ; garantir que, […], un certain nombre de savoirs et de savoir-faire soient acquis par tous »
Philippe Meirieu, *Apprendre… oui, mais comment ?* 1987.

Méthodologie et conseils

Ce travail de préparation de séances est réalisé en amont, en même temps que l'élaboration de la séquence.

Le nombre de séances peut varier d'une séquence à l'autre. Il n'y a pas de règles prédéfinies.

Une séance n'implique pas à chaque fois une nouvelle situation à proposer aux élèves; on peut modifier les variables de la situation initiale.

Avantages

- Le travail d'élaboration de la séance permet une vision fine et anticipée sur ce qui va se dérouler en classe. L'enseignant pose les bases de la réflexion sur le temps et l'espace, le matériel, l'activité des élèves, la communication, la différenciation, l'évaluation.

Précautions à prendre

- La séance doit s'insérer dans une séquence. Elle a donc un « avant » et un « après » et ces liens sont à expliciter.
- Réfléchir aux dispositifs matériels à mettre en place (préparation du tableau, photocopies…).
- Veiller à varier et alterner les modes de regroupement.

SUITE OUTIL 10 →

Séance

EXEMPLE - une fiche de préparation de séance pour la séquence sur le refuge à insectes

La fiche de préparation de séance donne une vue détaillée du montage et du déroulement d'une séance. Elle renseigne **de manière explicite** sur le dispositif mis en place.

Plusieurs aspects doivent être pris en compte :

› Le **titre** de la séance.

› Les **objectifs** de la séance : disciplinaires, transversaux, liés au socle commun, langagiers.

› Les besoins individuels/difficultés possibles.

› Le **matériel** : il doit être prêt en début de séance. En maternelle, il est important d'anticiper l'installation des ateliers avec l'ATSEM.

› Les différentes phases avec pour chacune d'elles : l'organisation et le temps, le rôle de l'enseignant, les consignes, les traces écrites, la tâche et les procédures attendues de l'élève, ainsi que les remédiations éventuelles.

› Le **bilan** en fin de séance avec les élèves est indispensable. Il dépasse le simple constat. Il permet de fixer « ce qui a été appris » et de mettre en place les remédiations, les régulations et organiser les prolongements.

Nous prenons comme exemple une des séances de la fiche séquence sur le refuge à insectes proposée dans l'outil sur la pédagogie de projet (voir Outil 44).

Titre : introduction et appropriation par les élèves du projet : le refuge à insectes	
Présentation générale de la séance	
Séance n° 1 dans la séquence :	
Discipline(s) concernée(s) : maîtrise de la langue, découverte du monde, éducation morale et civique	**Niveau/**cycle : 2
Descriptif et Nature de l'activité : cette séance, introduction au projet, doit permettre l'appropriation par l'élève du projet	
Mots clés : refuge, matière, végétal, insecte	
Objectifs (disciplinaires) à atteindre : Compétence(s) mise(s) en œuvre (éventuellement en relation avec le B2i) : Français : Présenter à la classe un travail individuel ou collectif Participer à un échange : questionner, apporter des réponses, écouter et donner un point de vue en respectant les règles de communication Éducation morale et civique : Respecter les tours de parole Sciences : Savoir observer, formuler une hypothèse	
Organisation générale	
Ressource(s) utilisée(s)	Matériel : album/feuilles A4/TBI Ressources internet : photos de refuges.

Déroulement de la séance : (scénario)	
Étape 1	Lecture de l'album « L'hôtel Riquiqui » Coin regroupement - classe entière - 10 minutes Déroulement : après lecture de l'album, l'enseignant pose ces questions aux élèves : Pourquoi les différents animaux souhaitent-ils entrer dans le champignon ? Quels sont les différents végétaux qu'utilisent les animaux pour leur « confort » ? En quoi le champignon est-il un hôtel ?
Étape 2	Visualisation de photos de refuges à insectes Coin regroupement - classe entière - 10 minutes Déroulement : à l'aide du vidéoprojecteur, diverses photos de refuges à insectes sont montrées. Après avoir observé ces photos, l'enseignant pose ces questions aux élèves : Quel lien peut-on faire avec l'histoire de l'album ? (amener la notion d'hôtel vers celle de refuge) Pourquoi les insectes ont-ils besoin d'un refuge ? (la question des saisons et de la protection est soulevée)
Étape 3	Les étapes de construction d'un refuge Par groupe de 3 ou 4 - 15 minutes (groupes hétérogènes) Consigne : écrire sur une feuille les différentes étapes de construction d'un refuge à insectes ainsi que les matériaux nécessaires. L'élève doit réinvestir les informations verbalisées lors des étapes précédentes et les enrichit de sa propre expérience ou imagination.
Étape 4	Mise en commun des idées sur les étapes de construction d'un refuge Coin regroupement - classe entière - 10 minutes Déroulement : chaque groupe expose aux autres ses idées de réalisation. Le choix est fait concernant le refuge qui sera construit (étapes et matériel), ainsi que de son meilleur emplacement. L'élève doit réinvestir les informations verbalisées lors des étapes précédentes et les enrichit de sa propre expérience ou imagination.
Bilan de l'enseignant	
L'élève doit bien comprendre qu'on lui demande d'écrire les matériaux de construction et non ce dont auront besoin les insectes à l'intérieur du refuge pour se nourrir (cela fera l'objet d'une prochaine séance).	
Trace écrite	
Garder une trace des recherches des élèves sur une affiche réalisée lors de l'étape 4. Cette trace servira de support pour la séance suivante.	
Prolongement	
Séance 2 : construction du refuge **Séance 2 bis :** comment reconnaître un insecte **Séance 3 :** les régimes alimentaires **Séance 4 :** les chaînes alimentaires et l'impact de l'homme sur l'environnement.	

Remarques

› Pour les **supports utilisés**, veiller à ne pas multiplier le travail individuel sur feuilles photocopiées.

› Attention : l'enseignant doit disposer du matériel à portée de main, on ne quitte pas la classe pour aller le chercher !

› Pour tout ce qui concerne la synthèse des apprentissages, les élèves doivent être associés à l'élaboration de la **trace écrite.** Celle-ci peut être individuelle ou collective.

OUTIL 11

Le cahier journal

L'OUTIL D'ORGANISATION DE LA JOURNÉE

= Cadre d'une journée de classe
(voire d'une semaine en maternelle)
Présentation synthétique :
activités réalisées, compétences travaillées, celles en cours ou diférées, point de situation en fin de journée
Peut se référer à des fiches de préparation lorsqu'elles existent

Outil de travail personnel

- **format libre :** classeur, cahier, format numérique (stocké en local ou en ligne)
- **utilité :** outil de planification, outil d'analyse, mémoire des activités

Pas obligatoire mais fortement recommandé

Organiser son action

Outil de communication institutionnelle

- **pour l'Inspection :** donne des éléments matériels de la préparation de la classe
- **utile en cas de remplacement :** permet au remplaçant de poursuivre le travail commencé

En résumé

Le cahier journal est l'outil d'organisation du temps à l'échelle de la journée. Il permet à l'enseignant non seulement de réfléchir en amont au déroulement précis de cette journée, mais aussi, d'avoir une feuille de route (qui fait quoi, à quelle heure, avec qui, comment…) dans le feu de l'action. Grâce à ce tableau de bord, il peut visualiser d'un seul coup d'œil ce qu'il a prévu de faire, ce qu'il souhaite dire aux élèves ou encore le matériel à ne pas oublier.

Cet outil est aussi une trace de ce qui a été fait. À ce titre, il sert lors d'un remplacement. Il aide celui qui prend la classe au pied levé à savoir où en sont les élèves et à travailler avec une véritable continuité dans les apprentissages.

Enfin, c'est aussi un outil à présenter pour consultation lors de l'inspection, avec les autres documents professionnels de préparation (programmations, progressions, séquences, séances).

Aujourd'hui, ce cahier-journal peut être un cahier-journal numérique. Élaborée à l'aide d'un traitement de texte, un logiciel de carte mentale, ou à l'aide d'une application en ligne (Edumoov…), cette tâche quotidienne du métier se réalise en quelques clics et peut être réutilisée et partagée.

L'enseignant n'a plus ensuite qu'à imprimer le planning conçu… ou à amener sa tablette à l'école.

Cahier-journal numérique :

https://goo.gl/HWpNwl

Pourquoi l'utiliser ?

Objectifs

› Planifier et réguler son activité d'enseignement.

› Garder une trace écrite.

Contexte

La gestion de la journée de classe est complexe et demande une préparation minutieuse. Le cahier journal, permet à l'enseignant de structurer son action pédagogique grâce l'organisation des séances prévues dans la journée.

Comment l'utiliser ?

Étapes

AVANT : s'appuyer sur les autres outils de préparation :

› Les documents d'organisation du temps élaboré pour la classe : programmation, progressions, séquences, séances.

› L'emploi du temps établi.

› Le matériel disponible dans la classe et des manuels.

› Les évaluations.

PENDANT : réfléchir aux incontournables pour son élaboration.

› La plage horaire.

› Le domaine d'activité (en référence aux programmes).

› Les objectifs et les compétences visés.

› La/les activité(s) prévue(s).

› Les consignes.

› Le matériel.

› L'évaluation (éventuellement).

APRÈS : prévoir un espace pour les remarques ou commentaires à l'issue de chaque séance. Ce bilan permettra ainsi de préparer la journée suivante.

Méthodologie et conseils

Le cahier journal est renseigné tous les jours par l'enseignant titulaire de la classe et éventuellement par le remplaçant si l'enseignant titulaire est en congé.

Si une fiche de préparation est prévue pour la séance notée dans le cahier journal, ce qui est noté peut être allégé. Il est toutefois nécessaire de trouver le domaine et la référence à la fiche de préparation.

« Le cahier journal est un véritable outil de pilotage »

L'enseignant veillera à :

› alterner les formes de travail afin de garder une certaine dynamique tout au long de la journée : travail collectif, en groupe, individuel, avec l'enseignant ou en autonomie, travail oral ou travail écrit ;

› programmer des plages de travail adaptées à l'âge des enfants : séances de 20 minutes en maternelle ou 45 minutes en cycle 3.

› alterner sa présence avec l'un ou l'autre des niveaux s'il est en charge d'une classe multiniveaux. Dans ce cas l'organisation des activités se fait en parallèle et l'enseignant doit toujours avoir à l'esprit ce qu'il fait et avec qui.

La forme de ce cahier journal est propre à chaque enseignant et dépend étroitement de ses modalités de travail : grand cahier, classeur, liste, tableau.

Avantages

- Le cahier journal permet un renvoi aux fiches de préparation détaillées (séances/séquences).
- Il permet de garder une trace de l'action pédagogique mais aussi du comportement des élèves, de leurs difficultés.

Précautions à prendre

- Chaque classe étant différente, le cahier journal ne peut être repris d'une année sur l'autre.
- Les feuilles volantes sont vivement déconseillées : elles peuvent se perdre et cela peut nuire à la continuité, importante pour cet outil.

SUITE OUTIL 11 →

Le cahier journal

EXEMPLE 1 - extrait d'un cahier journal

Pour une classe de CM1

Mardi 15 septembre		
8 h 30-8 h 40	Entrée en classe, Appel + appel cantine Les responsables distribuent les cahiers	
8 h 40-9 h 00	**Domaine** (en référence aux programmes) : Français - Comprendre le fonctionnement de la langue	
	Activités : La phrase dictée du jour (à faire quotidiennement) - voir fiche séance n° 1 de la séquence sur les accords.	**Remarques** : discuter avec les élèves des différentes graphies grammaticales. Donner l'orthographe lexicale de « jardin ».
	Objectifs : Maîtriser les relations entre l'oral et l'écrit. Maîtriser la forme des mots en lien avec la syntaxe : observation des marques du genre et du nombre entendues et écrites, notion de groupe nominal et accords au sein du groupe nominal, accord du verbe avec son sujet	
	Consignes : Dicter la phrase aux élèves qui l'écrivent sur l'ardoise « Les petits chats du voisin jouent dans le jardin. »	
	Matériel : ardoises	
9 h 00-9 h 45	**Domaine** (en référence aux programmes) : Mathématiques - Espace et géométrie	
	Activités : Reproduire, représenter, construire des figures simples - voir fiche séance n° 2 de la séquence sur les polygones	**Remarques** : ce travail se fait en binôme afin de favoriser les interactions
	Objectifs : reproduire des quadrilatères	
	Consignes : « À l'aide de votre règle et de votre équerre, reproduisez les figures présentes sur la fiche, d'abord sur le cahier du jour en vous aidant des carreaux, puis sur la feuille blanche. »	
	Matériel : règle, équerre, crayon gris, une feuille blanche par élève	
9 h 45-10 h 15	**Domaine** (en référence aux programmes) : Anglais - Écouter et comprendre	
	Activités : « In the classroom » - jeu de loto sur les objets de la classe - voir fiche séance n° 2	**Remarques** : insister sur la prononciation
	Objectifs : comprendre des mots familiers et des expressions très courantes sur l'environnement immédiat	
	Consignes : « repérer sur la grille de loto les objets de la classe que je vais vous dire. Pour vérifier vous devrez répéter le mot employé en disant Yes, I have the... Pour chaque ligne complétée, vous devrez répéter les mots de la ligne, et idem pour la grille complète »	
	Matériel : préparer des étiquettes (a pencil, a fountain pen, a pencil sharpener, a diary, a calculator, a desk, etc.) et des grilles de loto avec les dessins correspondants (6 par grilles). Prévoir suffisamment de pions à poser sur les grilles.	
10 h 15-10 h 30	**Récréation**	

Remarque

La case « remarques » sert aussi pour le bilan de chaque plage horaire.

Cas particulier de la classe à plusieurs niveaux

Les séances sont notées en parallèle. L'enseignant indique clairement avec quel groupe il se situe (avec un point de couleur par exemple ou une étoile) pendant que l'autre est en autonomie.

Lundi 15 septembre				
Horaires	CM1		CM2	
	Domaine :		Domaine :	
	Activités :	Remarques :	Activités :	Remarques :
	Objectifs :		Objectifs :	
	Consignes :		Consignes :	
	Matériel :		Matériel :	

DOSSIER

3 GÉRER LES ÉLÈVES AU QUOTIDIEN

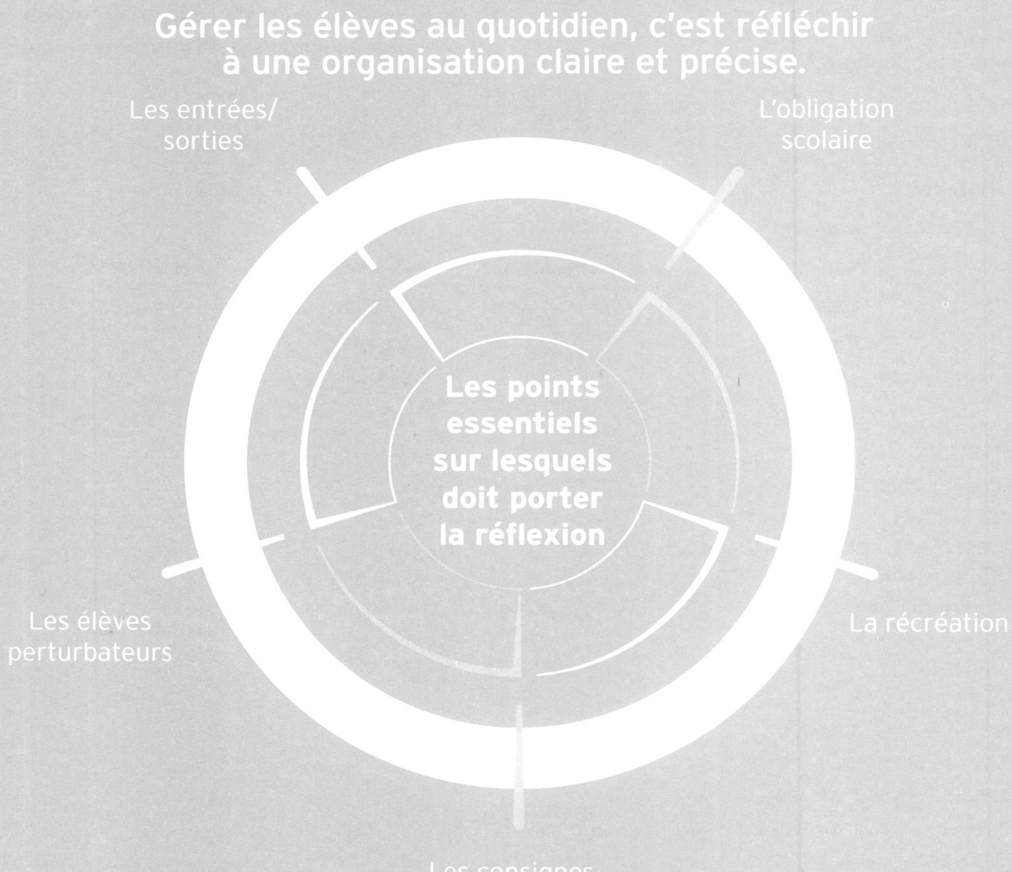

Des règles pour tout le monde…

La loi du 8 juillet 2013 pour la refondation de l'École a pour objectif de réduire les inégalités et de favoriser la réussite de tous. Cette réussite passe nécessairement par une bonne organisation qui permettra aux élèves d'être dans une situation favorable pour l'attention et la mobilisation. Cette organisation fait l'objet de règles claires et précises qui seront explicitées le plus tôt possible aux élèves mais aussi aux parents. Ce cadre permet alors de travailler dans un climat de confiance et d'assurer la sécurité.

DOSSIER 3

L'organisation commence avant même le début de la classe. L'enseignant a comme obligation d'arriver au moins dix minutes avant le début des cours. Ce temps est propice à l'accueil des élèves mais aussi à la préparation de la classe (photocopies, préparation du tableau, rangements). Les élèves sont sensibles au fait que l'enseignant a préparé la classe pour qu'ils s'y sentent bien.

En maternelle, l'accueil des parents et des élèves peut se faire directement en classe. Là aussi, l'enseignant prépare cette entrée en classe en mettant en place des coins jeux. Il veillera de plus à accueillir chaque élève personnellement.

L'entrée en classe n'est pas anodine, elle conditionne la suite de la journée. Elle se fait dans le calme, toujours selon une organisation ritualisée : mise en rang et déplacements dans le calme. Ces rituels seront par ailleurs repris pour les temps de récréation. Les entrées et sorties des élèves sont ainsi codifiées, leur organisation étant inscrite dans le règlement intérieur.

Une fois en classe, l'enseignant procède à l'appel des élèves. Ce contrôle est un des moyens pour accompagner l'obligation scolaire, l'assiduité apparaissant comme une des conditions premières de la réussite scolaire. Toute absence doit être signalée au plus vite. La classe peut ensuite commencer.

Tout au long de la journée, l'enseignant doit rester vigilant quant à l'organisation et à la gestion des élèves. Pour cela, les moments de passation des consignes sont à préparer avec soin car permettant de guider les élèves sur le travail à effectuer mais aussi sur les comportements à adopter.

Il existe deux types de consignes : les consignes se rattachant au domaine de la socialisation, que l'on appelle souvent les « règles de vie » et les consignes scolaires liées au travail à effectuer. Là encore clarté et précision sont de mise. L'enseignant doit être explicite quant à ce qu'il attend et les élèves doivent bien saisir les enjeux.

Dans la journée, l'enseignant doit aussi penser à l'organisation des temps de récréation qui représentent environ deux heures sur la semaine, ce qui n'est pas rien et qui ponctue les demi-journées de classe. Une réflexion doit permettre d'améliorer les relations entre enfants et diminuer les risques de conflits et d'accidents.

Ainsi, tous ces moments de cadrage doivent favoriser une gestion sereine des élèves et un climat bienveillant. Ce cadre sécurisant pose des repères stables comme les horaires, le contrôle des absences, les règles de la classe ou les rituels.

Des élèves peuvent présenter des difficultés de comportement. Il appartient à l'enseignant de gérer avec bienveillance ces perturbations dans le cadre même de la classe, au quotidien. Poser un cadre, des règles de vie, penser l'aménagement de la classe, maintenir le dialogue avec les parents et bien poser les apprentissages sont autant de points auquel il devra réfléchir, que ce soit pour ces élèves-là, mais aussi avec tous les élèves de la classe pour que les apprentissages se fassent dans des conditions optimales.

LES OUTILS

Entrer et sortir de classe

QUELQUES PISTES

En résumé

Entrer et sortir de la classe, implique un apprentissage pour les élèves comme toute autre activité scolaire de la journée.

S'ils ne passent pas spontanément de la cour de récréation à la salle de classe, ils ne sortent pas non plus de la classe de façon spontanée.

Avant d'entrer en classe le retour au calme est indispensable ! De même, il est indispensable pour les élèves de sortir de classe dans le calme. Il est donc nécessaire de donner de bonnes habitudes de fonctionnement et cela dès le premier jour de classe. Cet enseignement appartient maître. C'est une des règles de vie à mettre en place parmi la liste qui sera établie en classe dès les premiers jours.

Suivant les différentes conformations des lieux, entrer et sortir de classe est un gage de sécurité pour les élèves et le maître.

Pourquoi l'utiliser ?

Objectifs

› Rendre les élèves autonomes face à une situation nouvelle ou inhabituelle pour eux.

› Les mettre en de bonnes conditions pour commencer la journée.

› Leur permettre d'accéder à la récréation ou au lieu de sortie en toute sécurité.

Contexte

Savoir gérer l'entrée et la sortie de classe est un incontournable de la rentrée scolaire. Ces règles sont à mettre en place dès le jour de la rentrée. Elles sont indispensables au bon fonctionnement de l'école. Elles peuvent être abordées dès le CE2 dans le cadre de l'éducation morale et civique.

Comment l'utiliser ?

Étapes

Entrer en classe :

› Au signal, sonnerie ou clap de main, faire ranger ses élèves face à soi de préférence.

› Attendre le retour au calme.

› Si nécessaire apaiser les querelles, calmer les criailleries, exiger le silence.

› Au signal, avancer en silence, se placer à l'arrière du groupe pour voir tous les élèves.

› Demander aux élèves de déposer leur vêtement avec calme, en parlant à voix basse.

› Demander aux élèves de disposer leur cartable sans entraver les déplacements.

› Entrer en classe après que tous les élèves soient entrés. Leur demander de s'asseoir.

Sortir de classe :

› Anticiper la sonnerie pour bien terminer l'activité en cours.

› En fin de journée, garder au moins 5 minutes au minimum pour permettre aux élèves de ranger leurs affaires et de ne rien oublier.

› Demander aux élèves de faire attention à ce que la classe soit aussi propre que possible avant de sortir : pas de papier qui traîne, de désordre sur les bureaux, de casiers qui débordent et s'écroulent sur le sol !

› Un long couloir ? un escalier ? Veiller encore plus étroitement aux comportements des élèves.

› À la fin des cours, toujours accompagner les élèves jusqu'à la sortie.

« Spontanément les élèves ne passent pas de la cour de récréation à la salle de classe »
François Prost

Méthodologie et conseils

Les élèves ont besoin de **structuration** et de **consignes claires**.

Au sein de l'école et en équipe, cet apprentissage devra intégrer dans son déroulement les animateurs territoriaux.

Cet apprentissage, en effet, conditionne avant tout la sécurité des élèves !

Il est nécessaire d'établir ensemble (maître et élèves) des sanctions aux infractions commises, d'en avertir les parents et surtout d'avoir le même langage au sein de l'équipe afin de ne pas voir disparaître sa crédibilité au cours du temps !

Avantages

- Faire comprendre aux élèves dès la rentrée la nécessité du respect de la discipline.
- Être très à l'écoute de l'état émotionnel des enfants.
- Repartir à zéro chaque jour sans tenir compte de ce qui s'est passé la veille.

Précautions à prendre

- Ne pas enfermer les élèves dans une routine fastidieuse à laquelle ils n'auraient aucune part.
- Ne pas hésiter à réitérer les consignes dès que le besoin s'en fait sentir.
- Savoir perdre du temps en début d'année pour en gagner ensuite.

OUTIL 13

L'obligation scolaire

INSTRUCTION OBLIGATOIRE DE 6 À 16 ANS

Respect :
- du règlement intérieur
- de l'obligation d'assiduité (réussite scolaire)

Déclaration annuelle

En résumé

L'obligation scolaire est régie en France par plusieurs articles du code de l'éducation, notamment :

- « L'instruction est obligatoire pour les enfants des deux sexes, français et étrangers, entre six ans et seize ans…
- Les personnes responsables d'un enfant soumis à l'obligation scolaire (…) doivent le faire inscrire dans un établissement d'enseignement public ou privé, ou bien déclarer au maire et à l'inspecteur d'académie (…) qu'elles lui feront donner l'instruction dans la famille. Dans ce cas, il est exigé une déclaration annuelle (…) »

Ces articles soulignent la distinction entre l'instruction qui est obligatoire et la scolarisation qui est un choix des parents. À partir du moment où les parents font le choix de la scolarisation ; ils s'engagent à respecter les règles de l'établissement dans lequel ils inscrivent leur enfant. Ces règles sont inscrites dans le règlement intérieur de l'établissement et les horaires en font partie. Les absences et les retards sont donc soumis à une réglementation stricte, y compris à l'école maternelle.

Selon le ministère, le respect de l'obligation d'assiduité apparaît comme une des conditions premières de la réussite scolaire. Tous les membres de la communauté éducative doivent se mobiliser pour que cette assiduité soit effective.

La prévention de l'absentéisme :

https://goo.gl/l1A4Mk

OUTIL 13

Pourquoi l'utiliser ?

Objectifs

› Prévenir l'absentéisme scolaire.

› Accompagner la réussite scolaire.

Contexte

En France, l'instruction est obligatoire pour les enfants âgés de 6 à 16 ans. Pour bénéficier de cette instruction, les enfants inscrits dans un établissement scolaire, public ou privé, sont tenus d'y être présents.

Comment l'utiliser ?

Étapes

› **Informer.** L'information permet aux parents de comprendre le lien entre leur implication dans la scolarité et la réussite de leur enfant.Au cours de la réunion de rentrée et via le règlement intérieur qui leur est remis, les parents sont informés de l'obligation d'assiduité ainsi que de ses modalités (horaires, signalement et justification des absences, justification des retards).

› **Contrôler.** Chaque jour, et dès le début de chaque demi-journée, l'enseignant consigne la présence de ses élèves dans un registre d'appel, outil réglementaire. L'enseignant précise pour chaque absence son motif et calcule aussi le taux d'absence, relevé classe par classe.

› **Signaler.** S'il s'agit d'une absence non prévue, elle doit être signalée au plus vite au directeur et à la famille qui doit, en retour, justifier cette absence. Si aucun motif légitime n'est fourni, l'enseignant doit entamer un dialogue avec la famille pour rappeler l'importance de l'assiduité et tenter de comprendre le problème.

› **Agir-traiter.** Lorsque les absences sans motif légitime représentent au moins quatre demi-journées sur un mois, l'école réunit les parents lors d'une équipe éducative (directeur, parents, enseignant et toute personne susceptible d'éclairer le cas de cet enfant). L'objectif est d'échanger et d'identifier les problèmes à l'origine de ces absences. L'enseignant de la classe est désigné comme référent. Des propositions concrètes d'aide sont contractualisées (tutorat, soutien spécifique). L'école peut proposer une orientation sur les dispositifs externes comme les contrats locaux d'accompagnement à la scolarité (CLAS).

› **Analyser.** Les familles sont parfois démunies et différents facteurs (scolaires, sociaux, médicaux) peuvent être en jeu. Leur compréhension permet d'apporter des réponses adaptées et diversifiées.

« La prévention de l'absentéisme scolaire constitue une priorité absolue. »
Circulaire n° 2014-159 du 24-12-2014

Méthodologie et conseils

La coéducation (action conjointe de l'école et des parents) et le climat scolaire sont deux points à privilégier pour comprendre l'absentéisme. Pour informer et impliquer davantage les parents, les écoles peuvent s'appuyer sur des outils proposés au niveau national comme « la mallette des parents » proposant des outils pour développer la coéducation.

Si les actions entreprises par l'école n'ont pas rétabli l'assiduité de l'élève, le directeur d'école transmet le dossier individuel d'absence à l'inspecteur d'académie qui convoquera à son tour la famille et pourra ordonner une enquête sociale. Si l'assiduité n'est toujours pas rétablie, le procureur de la République est saisi par l'inspecteur d'académie. Il jugera des suites à donner.

La mallette des parents :

https://goo.gl/uHEX3u

Avantages

■ Un travail de prévention de l'absentéisme renforce le lien école/famille, notamment pour les familles les plus éloignées du monde scolaire. La coéducation renforce l'implication.

Précautions à prendre

■ Le dialogue ne doit jamais être rompu. L'enseignant doit à la fois être ferme sur les règles de l'école mais aussi à l'écoute des difficultés éventuelles des parents.

OUTIL 14

La récréation

PRÉPARER LES TEMPS DE RÉCRÉATION : UN TRAVAIL EN ÉQUIPE D'ÉCOLE

- La récréation fait partie du temps scolaire.
- Une cour mal organisée peut être source de problèmes.

- Établir un état des lieux et faire des constats sur l'activité des élèves durant la récréation.
- Enseignants, ATSEM et élèves participent à la réflexion associés aux éducateurs périscolaires et à la mairie (attaché aux affaires scolaires).

- Les espaces (cour, locaux sanitaires...).
- Les acteurs (élèves, enseignants, personnels territoriaux : ATSEM, éducateurs périscolaires)
- Les temps scolaires et périscolaires.

En résumé

L'horaire moyen consacré aux récréations est d'environ 15 minutes par demi-journée d'école élémentaire et de 15 à 30 minutes par demi-journée d'école en maternelle. Le temps hebdomadaire passé en **récréation**, pour chaque élève, est alors d'environ 2 heures, sans compter le temps périscolaire.

Ce temps doit donc être pris très sérieusement en compte l'organisation de l'espace et du temps est nécessaire pour que ce temps soit profitable à tous. Les relations entre enfants en seront améliorées, les risques de conflits et d'accidents considérablement diminués. C'est pendant les temps libres que les relations entre enfants se développent. Les enjeux sont importants, tant au niveau de la solidarité que du respect de chacun et de la construction de l'identité

La surveillance des récréations par les maîtres est obligatoire : le service de surveillance est déterminé en conseil des maîtres Tous les maîtres (y compris le directeur même déchargé de classe) doivent assurer par roulement la surveillance des récréations.

Ce temps de récréation est aussi profitable s'il permet aux élèves de se remettre dans de bonnes conditions de capacité de travail et d'attention

Pourquoi l'utiliser ?

Objectifs

› Amener les élèves à « vivre ensemble » durant un temps non contraint !

› Faire de la récréation un moment de détente et de repos pour les élèves afin qu'ils retournent en classe dans de bonnes dispositions pour les apprentissages

Contexte

Réfléchir sur la récréation et trouver ensemble (tous partenaires confondus) une meilleure gestion des temps informels, dans la mesure où cela peut s'avérer un outil précieux dans les apprentissages du « vivre ensemble », mais aussi d'une meilleure sécurité pour les enfants et les personnels. Ceci dans le cadre du Conseil d'École, voire dans le projet d'école.

Comment l'utiliser ?

Étapes

Établir un état des lieux initial avec l'ensemble de la communauté éducative.

Il s'agit de faire ensemble des constatsavec tous les personnels de l'école et les divers partenaires tels que le responsable de la mairie, les responsables du périscolaire (directeur de l'ALAE, éducateurs..., parents d'élèves).

Entrer dans la conception d'un projet concerté.

Le projet élaboré en commun doit s'appuyer sur trois axes de réflexion :

› **Les espaces :** Réfléchir l'aménagement de la cour pour y caser des jeux collectifs,des jeux individuels ou en petits groupes, des espaces calmes avec ou sans équipements

› **Les différents temps :**

- Le temps scolaire : sous la responsabilité des maîtres
- Le temps périscolaire : définir un règlement commun minimum et éviter les disparités d'utilisation

› **Les acteurs :**

- Élèves : Réfléchir l'accueil des élèves d'âges différents en les associant aux réflexions.
- Enseignants et adultes : s'accorder sur les utilisations et les comportements durant les temps scolaires et périscolaires

Méthodologie et conseils

La surveillance des élèves pendant les récréations (tout comme l'accueil et la sortie des classes) implique la présence des enseignants dont le nombre et la répartition dans l'espace à surveiller sont fonction des effectifs et de la configuration des lieux.

La récréation peut faire partie des temps éducatifs (Apprentissage du vivre ensemble, respect des règles sociales...)

Il s'agit de proposer dans la cour un aménagement sécurisé permettant des jeux libres : une cour mal aménagée, mal surveillée sera tôt ou tard génératrice de problèmes. Cela peut être aussi l'occasion de travailler sur l'environnement de la cour pour permettre aux élèves de mieux s'approprier cet espace.

« Le temps de récréation révèle la mise en place par les enfants d'une gestion collective des affaires individuelles et le développement d'une culture d'âge qui participent à construire leur identité enfantine. » Delalande J

Avantages

- Le temps de récréation permet de mettre en application le règlement intérieur.
- C'est aussi une façon positive de souder l'équipe professionnellement en y associant les différents partenaires.
- Enfin, c'est une prise en compte des élèves et de leurs réflexions pour leur bien-être à l'école.

Précautions à prendre

- Ne pas laisser d'élèves seuls en classe pendant la récréation.
- S'assurer que le nombre d'enseignants présents dans la cour est suffisant pour assurer une surveillance renforcée aux points sensibles et permettre des interventions rapides en cas de nécessité.

SUITE OUTIL 14 →

OUTIL 14

La récréation

EXEMPLE - les temps non contraints, réflexion à mener/questions à se poser ?

Établir un état des lieux initial avec l'ensemble de la communauté éducative

› Les élèves manquent-ils d'activités, s'ennuient-ils, à quels jeux jouent-ils, quel est leur vécu ?

› Les zones de la cours investies (toilettes, recoins...) sont-elles pertinentes ?

› Les lieux de vie sont-ils respectés, a-t-on constaté des dégradations ?

› Des actes de violence (conflits, altercations...) se produisent-ils régulièrement ?

› Des accidents se produisent-ils fréquemment ?

Entrer dans la conception d'un projet concerté

Définir les espaces avec :

› Des zones de jeux collectifs (jeux de ballons ou de balles avec traçage au sol).

› Des zones de jeux individuels ou libres (jeux à disposition comme échasses, cordes à sauter, jeux tracés au sol comme marelles ou labyrinthes).

› Des zones libres pour les jeux symboliques par exemple.

› Des zones de repos (avec un tableau pour dessiner, des bancs pour s'asseoir).

› Des zones pédagogiquement exploitables (bacs de sable ou à remplir d'eau pour des manipulations, jardins et bacs à fleurs pour différents projets).

Définir les temps scolaire ou périscolaire :

› Réfléchir et organiser les horaires de récréation (par cycle, par nombre d'élèves et en fonction de la taille de la cour).

› Réfléchir la pertinence de l'occupation de l'espace en fonction de la sécurité, de la cohabitation d'enfants d'âges très différents en cas d'horaires contraints : toute l'école au même moment !

› Veiller à appliquer les mêmes règles aux temps scolaires et aux temps périscolaires (pause méridienne, ALAE...).

Définir les rôles des acteurs :

› Inviter les élèves à exprimer leurs désirs mais aussi leurs doléances et les impliquer étroitement dans l'organisation des temps non contraints (récréation, pause méridienne, ALAE...).

› Pour les enseignants, réfléchir aux emplacements de surveillance pour optimiser la sécurité des élèves et leur propre sécurité (toilettes, recoins, préau...), harmoniser les choses autorisées ou non, les sanctions appliquées en cas de problème.

› Conseil des maîtres, élèves et partenaires : (conseil d'école, éducateurs territoriaux...) : établir une « charte » de la cour, la rédiger, la communiquer.

Le matériel

Aménager l'espace cour va nécessiter du matériel de différentes sortesamenant à réfléchir aussi sur les sources de financement : municipalité, école par le truchement de la coopérative scolaire...

On trouve essentiellement deux types de matériel qui servent à organiser une cour d'école.

Le petit matériel :

- les petits jeux (fixes ou mobiles) : échasses, balles, cerceaux, élastiques ;
- les jeux de construction (gros modules) et jeux de bois ;
- les trottinettes, vélos...(voir les catalogues des éditeurs scolaires ou sportifs).

Attention :

- Le petit matériel sera renouvelable régulièrement, il faudra anticiper un budget dans ce butchaque année car le projet est pluriannuel.
- Il sera indispensable de responsabiliser les élèves face à ce matériel que ce soit à l'école ou à l'ALAE.
- Il faudra réfléchir à un lieu de stockage accessible pour les différents utilisateurs.

Les structures :

Les structures à installer répondent à des normes de sécurité bien précises et sont sous la responsabilité du propriétaire, c'est-à-dire la mairie (parfois une communauté de communes). Toute implantation de structures ou de jeux nécessite l'accord de la mairie.

C'est la mairie qui est en charge de l'entretien de ces structures : il faut changer les tapis de sol ! Ces travaux sont à réaliser par les employés municipaux ! Le toboggan donne des signes d'usure, idem !

Le respect de ce matériel est cependant de la responsabilité de l'équipe pédagogique.

OUTIL 15

Les consignes

AU CYCLE 1 ET AU CYCLE 2

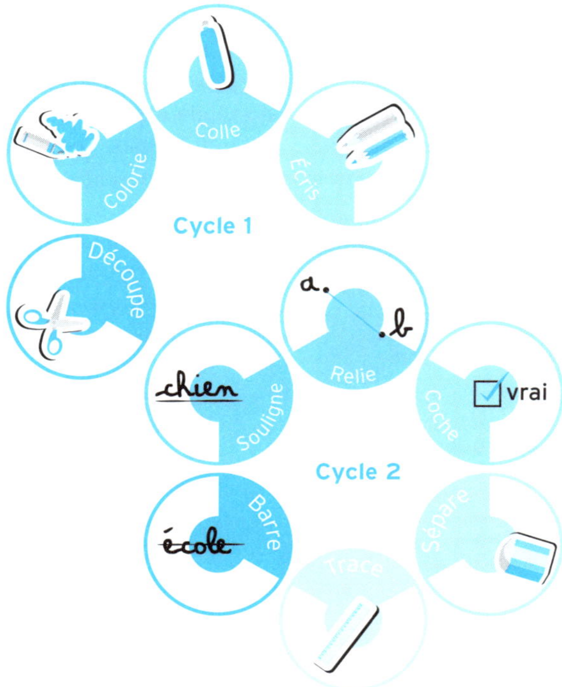

En résumé

Les consignes sont essentielles dans une classe. Elles permettent de guider les élèves sur le travail à effectuer mais aussi sur les comportements à adopter. Le nombre de consignes donné dans une journée est considérable et il en existe de toutes sortes.

On peut classer les consignes selon deux grands domaines :

- **Les consignes qui se rattachent au domaine de la socialisation**, comme : la mise au travail dans la classe, les manières de fonctionner ensemble, ce que l'enseignant appelle les « **règles de vie** ».
- **Les consignes qui se rattachent au domaine cognitif** : ce sont toutes les consignes scolaires liées au **travail à effectuer**.

Véritable enjeu didactique, les consignes interviennent pour une large part dans la transmission du savoir. Il est donc essentiel de réfléchir à leur formulation et à la manière dont les élèves les reçoivent ou les comprennent. En effet, les erreurs des élèves proviennent bien souvent des erreurs de lecture.

Une consigne mal comprise (parce que peut-être mal formulée ou non adaptée) peut entraîner non seulement des erreurs, une déconcentration mais aussi un blocage ou un comportement inadéquat.

Pourquoi les utiliser ?

Objectifs

- S'assurer de la bonne compréhension des demandes formulées dans les consignes.
- Obtenir des élèves la mise en application de ces consignes.

Contexte

Les consignes peuvent prendre diverses formes. Certaines sont écrites, d'autres orales, mixtes ou même en rapport avec une gestuelle, comme en EPS par exemple ou en musique pour diriger un chœur. Certaines consignes sont formulées sous forme d'injonction, d'autres sont plutôt de l'ordre du conseil, etc. En fonction du cycle, les consignes peuvent être plus ou moins imagées et il est possible de créer des affichages ou mémos auxquels les élèves pourront se référer.

Comment les utiliser ?

Étapes

- **Bien choisir le vocabulaire :** la formulation des consignes, orales ou écrites, doit faire l'objet d'une attention et d'un vocabulaire choisi. Le cas échéant, il est important de définir les termes complexes avec les élèves.
- **Bien choisir le moment :** l'élève doit être réceptif. En EPS, il est judicieux de donner les consignes uniquement lorsque tous les élèves sont réunis devant l'enseignant et de ne pas donner les ballons avant d'avoir fini d'énoncer les consignes !
- **Adapter les demandes :** l'élève doit comprendre ce qu'on lui demande et ce que l'on attend de lui, mais aussi accepter d'entrer dans la tâche. Pour cela, le travail demandé doit être adapté aux possibilités de l'élève. L'enseignant propose le cas échéant, une différenciation en fonction des besoins (voir Outil 19).
- **Permettre l'autoévaluation :** il est souhaitable que l'élève ait des moyens permettant une autoévaluation sur le travail demandé. Ce sont par exemple des critères de réussite, donnés en parallèle à la consigne.

Méthodologie et conseils

L'enseignant formule lui-même les consignes ou s'appuie sur les consignes d'un manuel. Dans tous les cas, il devra s'assurer que le vocabulaire employé est adéquat et que la demande est en accord avec ce que les élèves sont en mesure de réaliser.

Les consignes liées à la vie sociale, doivent faire l'objet d'un travail dès le début de l'année (les « règles de vie ») auquel l'enseignant pourra se référer régulièrement pour tout manquement.

Les consignes cognitives, liées au travail scolaire sont en général données en début d'activité. L'enseignant doit s'assurer de l'écoute et de la compréhension. Pour cela la reformulation par un ou plusieurs élèves est souvent nécessaire. Il ne faut pas avoir peur de répéter plusieurs fois, notamment en maternelle.

« Il faut exiger de chacun ce que chacun peut donner »
Saint Exupéry, *Le Petit Prince*

Avantages

- Des consignes sociales bien comprises et acceptées par l'élève permettent un climat de classe plus serein.
- Une consigne cognitive adaptée, permet à l'élève de travailler sur la situation d'apprentissage sans que la consigne ne soit un obstacle.
- Des consignes précises favorisent le travail en autonomie.

Précautions à prendre

- Faire un travail sur les verbes des consignes car tous les élèves ne mettent pas la même signification derrière les termes employés.
- Préférer faire « reformuler » une consigne que faire « répéter » afin de s'assurer de sa compréhension.

SUITE OUTIL 15 →

Les consignes

EXEMPLE - trois activités pour montrer la difficulté et la nécessité de veiller à l'explicitation des consignes

Documents inspirés de Philippe Watrelot, Dossier « Attention aux consignes ! » Dans *Les cahiers pédagogiques, n° 483.*

Test de lecture rapide

Pour comprendre la nécessité de bien lire les consignes... et jusqu'au bout ! Il est intéressant de proposer un test de ce type aux élèves en début d'année en guise de réflexion préalable sur la lecture de consigne. Le corps du texte, ainsi que sa longueur seront bien entendu adaptés au niveau et au contexte de la classe.

Test de lecture rapide
1. Lisez toutes les consignes de ce test
2. Écrivez votre nom en haut de la feuille
3. Calculez 45 - 39 =...
4. Dessinez un rond bleu en haut à gauche de la feuille
5. Écrivez le mot « lecture » en bas de la feuille
6. Encadrez le mot « rapide » dans le titre
7. Complétez la suite 2, 4, 6, 8 jusqu'à 56
8. Quelle est la date de la mort de Vercingétorix
9. Complétez : après la pluie vient...
10. Ne faites que la consigne 2

L'erreur communément commise par les élèves est de ne pas lire entièrement le texte donné mais d'effectuer les consignes les unes après les autres. Cet exercice est utile pour toutes les consignes données mais aussi en résolution de problèmes en mathématiques où il est important de lire l'énoncé jusqu'à la fin pour en saisir le sens.

Réfléchir aux différents sens que l'on peut mettre derrière un mot

Pour réfléchir aux différents sens que l'on peut mettre derrière un mot, il est intéressant de proposer un travail de définition de verbes communément utilisés dans les consignes afin de relever la multiplicité des représentations sur un même mot. Par exemple :

Discuter

- parler (ex. : Les élèves discutent en classe)
- débattre (ex. : Pierre et Anna discutent la réponse à un problème mathématique car ils ne sont pas d'accord)

S'interroger

- s'interroger soi-même, réfléchir (ex. : Je m'interroge sur le sens de cet exercice)
- interroger une autre personne, poser une question (ex. : Julie et Soraya s'interrogent l'une l'autre)

Montrer

- désigner (ex. : Il me montre le livre qu'il a choisi)
- démontrer (ex. : Il ne suffit pas d'écrire le résultat mais aussi montrer en quoi cette solution est valable.)

Un tel travail permet aussi de comprendre que le lexique est parfois propre à une discipline. Par exemple, le verbe « encadrer » ne signifie pas la même chose en mathématiques ou en grammaire.

Exemples de consignes

Souvent, ce sont les mêmes consignes qui reviennent en classe. Il est alors intéressant de les lister avec les élèves et d'en comprendre les attendus. Ce travail peut être fait utilement sur les temps d'APC (voir Outil 24). Il peut être aussi utilement couplé à un travail sur les connecteurs temporels : après, et, puis, avant de...

Exemples de consignes données en cycle 3	
Consignes de travail	**Remarques**
Complète les opérations **après** avoir **souligné** le nombre le plus grand.	Il s'agit d'une double consigne qui demande d'être lue jusqu'à la fin car le fait de « souligner » vient en premier lieu. Il est nécessaire de savoir repérer « le nombre le plus grand » (compétence en numération), puis de savoir effectuer les opérations demandées.
Souligne ou **surligne** les noms du texte **et relie**-les à leur déterminant.	Ici il y a à faire un choix dans le procédé utilisé : « souligner » ou « surligner ». Cela peut-être l'occasion de voir si les élèves connaissent la différence entre les deux. Pour les connaissances, les élèves doivent savoir ce que sont un nom et un déterminant. C'est aussi une double consigne, ou consigne dite en cascade, car les élèves effectuent deux actions coordonnées entre elles.
Résous les problèmes en n'oubliant pas de **surligner** les informations utiles.	Même remarque sur la consigne en cascade avec l'action à effectuer en premier en fin de consigne, ce qui demande une lecture intégrale avant de commencer le travail.

OUTIL 16

Les élèves perturbateurs et le cadre de la classe

QUELQUES INDICATEURS POUR MIEUX COMPRENDRE LES DIFFÉRENTS ÉLÈVES PERTURBATEURS

	Difficulté de comportement	Trouble du comportement
Quoi	Comportements difficiles perturbant l'école avec excès.	Difficultés psychologiques dont l'expression, notamment l'intensité des troubles du comportement, perturbe gravement la socialisation et l'accès aux apprentissages.
Durée	Crise passagère ou épisodique ; Manifestation momentanée.	Persiste depuis plusieurs mois.
Constance	Dans un contexte unique (ex : dans la cour)	Se manifeste dans diverses situations scolaires et sociales.
Fréquence	Dans la moyenne des enfants de son âge.	De trois à quatre incidents critiques par semaine voire plusieurs fois par jour.
Gravité	Peu dommageable pour lui-même ou les autres.	Entraîne des conséquences graves pour soi et les autres.
Complexité	Comportement isolé.	Plusieurs comportements inadaptés qui apparaissent en même temps.
Exemples	Ne suit pas les consignes, ne respecte pas les règles de vie de la classe ou de l'école, s'oppose, perturbe le fonctionnement de la classe, est impoli et est souvent impliqué dans des conflits avec ses pairs ou les adultes de l'école.	Exemples : Troubles Déficitaires de l'Attention (TDA) avec ou sans hyperactivité. Troubles Obsessionnels Compulsifs : (TOC). Troubles des Conduites Alimentaires (TCA)...

D'après : www.gestiondeclasse.net

Pistes de réflexion et d'action sur la problématique des comportements et la maltraitance.

https://goo.gl/DKkiLw

En résumé

La difficulté comportementale relève de la conduite de classe du quotidien : poser un cadre, des règles de vie, penser l'aménagement de la classe et bien poser les apprentissages. Cela renvoie à la mise en œuvre d'un climat de classe propice aux échanges, aux interactions et aux apprentissages. Dans un tel contexte l'enseignant peut réguler pédagogiquement les comportements indésirables.

Les troubles du comportement quant à eux nécessitent un accompagnement individualisé spécifique pris en charge par l'enseignant de la classe mais aussi par des professionnels spécialisés. Les élèves ayant un trouble du comportement sont inscrits dans un dispositif de suivi scolaire et hors école (psychologue, psychomotricien...).

Si l'accompagnement des élèves diffère, il est important d'installer un cadre commun contenant, sécurisant et permettant à l'enfant de progresser dans ses apprentissages scolaires et sociaux.

Pourquoi l'utiliser ?

Objectifs

› Poser un cadre dans lequel la vie de la classe tant au niveau des apprentissages que du relationnel va pouvoir se dérouler de manière optimale.

› Donner du sens à ce cadre en le construisant avec les élèves.

Contexte

L'école est un lieu d'apprentissages scolaires et sociaux. Un comportement difficile est une manifestation non souhaitée dans un contexte donné et qui dérange. Cette première définition met en évidence les liens d'interaction entre ce que manifeste l'élève de par son comportement et l'environnement dans lequel il évolue. La régulation doit être une pratique quotidienne faisant partie de l'habitus classe.

Comment l'utiliser ?

Étapes

› **Structurer et gérer l'environnement temporel et spatial** (voir Outils 2 et 7)

› **Avoir une forte présence dans la classe :** regarder l'élève qui dérange, se rapprocher de l'élève qui dérange, l'interpeller...

› **Soutenir et renforcer les comportements attendus :** élaborer des règles de vie de classe qui renvoient à des valeurs de respects, de partage et de coopération.

› **Prévenir et gérer les débordements.** Les comportements perturbateurs apparaissent quand :
- l'élève ne sait pas quoi faire ou comment faire ;
- l'élève ne sait pas pourquoi il doit faire ce qu'on lui demande ;
- l'activité est trop difficile ou trop facile ;
- l'élève ne comprend pas et est dépassé dans la matière enseignée ;
- l'activité d'apprentissage n'est pas intéressante ou ennuyeuse.

› **Poser et expliciter les sanctions prévues pour les comportements perturbateurs :**
- poser des sanctions éducatives en lien avec le comportement mis en œuvre ;
- rester dans la bienveillance ;
- amener les élèves à développer une posture réflexive sur leurs comportements perturbateurs ;
- impliquer les élèves et les responsabiliser ;
- reconnaître leur évolution vers l'autonomie et la responsabilisation.

Méthodologie et conseils

C'est par la mise en œuvre d'un climat de classe propice aux apprentissages et à la construction sociale que les enseignants peuvent réguler de façon plus efficace les comportements au sein de la classe et de l'école.

Ce climat relationnel se construit au quotidien en équipe pédagogique au sein de l'école et entre enseignant et élève(s) au sein de la classe.

« Les postures et les pratiques peuvent contribuer à améliorer le bien-être scolaire de l'enfant »
Thierry Troncin

Avantages

- Permet de prendre conscience que les enseignants ont des ressources et des possibles pour parer aux comportements des élèves perturbateurs.
- Permet de mettre à œuvre un climat serein et propice aux apprentissages.

Précautions à prendre

- Intervenir dès que nécessaire afin de réguler.
- Ne pas rester seul face à un élève très perturbateur, faire appel à l'équipe pédagogique.
- Ne pas étiqueter les élèves.
- Bien évaluer les changements de comportement afin de distinguer une difficulté de comportement d'un trouble de comportement.
- Bien poser le fait qu'une sanction a pour objectif de réparer un comportement perturbateur.

SUITE OUTIL 15 →

OUTIL 16

Les élèves perturbateurs et le cadre de la classe

EXEMPLE 1 – la fiche de réflexion pour l'élève

C'est un outil pour aider l'élève à :

- prendre conscience de son geste ;
- expliquer son geste ;
- exprimer ce qu'il ressent ;
- proposer une réparation.

Fiche de réflexion pour l'élève

Nom : Martin **Prénom :** Olivier

Classe : CM1 **Date :** 6 février 2017

1. Écris la règle que tu n'as pas respectée :

Respecter le matériel de mes camarades

2. Explique ce qui s'est passé :

J'ai déchiré le devoir de Pierre et mis toutes ses affaires par terre.

3. Qu'est ce qui t'a poussé à agir de la sorte ?

Pierre a eu une meilleure note que moi à l'évaluation de mathématiques. J'ai été jaloux et je me suis mis en colère.

4. En quoi cela perturbe-t-il la classe ?

Ça met une mauvaise ambiance dans la classe et ça abîme le matériel. On perd du temps aussi. Et Pierre a pleuré.

5. Que peux-tu faire pour éviter que cela se reproduise ?

Au lieu de me mettre en colère, je peux demander à Pierre de m'aider à comprendre les exercices de mathématiques.

6. Que peux-tu faire pour réparer les dégâts ou le tort subi par autrui ?

Je peux m'excuser et faire la paix avec Pierre.

Signature :

Avis de l'enseignant : Excuses faites à Pierre. Prise de conscience du pourquoi de sa colère. Amener Olivier à oser demander de l'aide quand il ne comprend pas.

Exemple de fiche :

https://goo.gl/IPgrPi

Remarque

Ceci est un exemple de fiche de réflexion qui se doit d'être adaptée à l'âge des enfants, au contexte de la classe, aux priorités de l'enseignant.

EXEMPLE 2 – les ceintures de couleurs et la responsabilisation

Le principe repose sur le fait que si certaines règles (définies à l'avance) sont respectées sur une certaine période (décidée et posée à l'avance) alors cela ouvre des droits à l'élève. Le cadre de fonctionnement des ceintures de comportement sera élaboré par l'enseignant et les élèves, en fonction des règles de vie de la classe, et des différents droits et devoirs posés de façon collective.

Bien que les élèves soient responsabilisés et participent à la vie de la classe, l'enseignant reste garant du bon fonctionnement des dispositifs mis en place, du climat et de la sécurité des élèves.

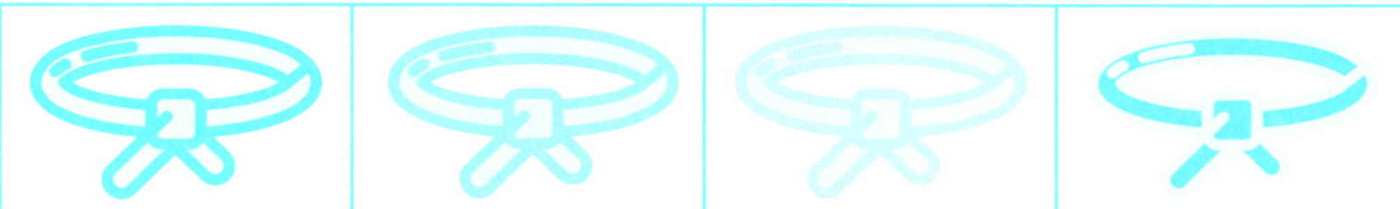

Je respecte les règles imprescriptibles.

J'ai tout mon matériel et je me range correctement et sans attendre dès la fin de la récréation.
Mon casier est bien rangé et j'entre en classe sans bruit.

Je fais signer mes mots et mes cahiers et je pense à aller aux toilettes pendant la récréation.
Je respecte le matériel de l'école et de la classe : je ne salis pas, je n'abîme pas et je me déplace en silence lorsque j'en ai l'autorisation.

J'écoute la maîtresse ou les élèves quand ils parlent, sans couper la parole et je ne bavarde pas pendant le travail.
Je fais correctement mes devoirs, j'apprends mes poésies et mes leçons et je vais jusqu'au bout de mon travail.

Je soigne mon travail et je sais régler les conflits sans violence, grâce au dialogue.

J'ai le droit de…

Prendre un livre après mon travail.
Faire une activité en autonomie après mon travail.

Faire un dessin après mon travail.
Aider mes camarades pour les métiers.

Rester en classe pendant la récréation si la maîtresse est présente.
Me servir des ordinateurs quand j'ai fini mon travail.

Choisir à côté de qui je suis placé.

DOSSIER

4 GÉRER LES APPRENTISSAGES

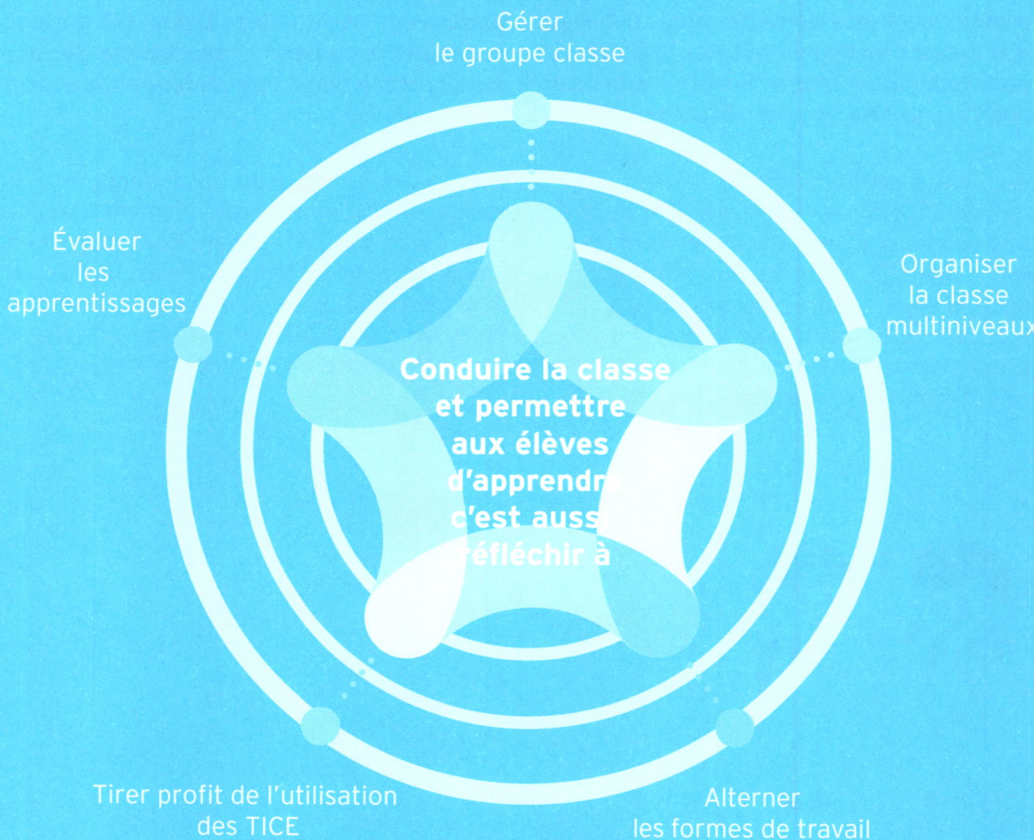

S'il est nécessaire d'organiser son temps en mettant en place certains outils pédagogiques (voir Dossier 2 « Organiser le temps ») et de bien préparer le contenu des différentes situations « d'enseignement-apprentissage », il est tout aussi important de permettre la cohésion du groupe classe. Que ce soit une classe un seul niveau ou multiniveaux, il faut poser un cadre de travail dans lequel les différents apprentissages pourront se construire selon différentes modalités de travail.

Gérer le groupe classe à un ou à plusieurs niveaux s'avère différent s'il s'agit de classes maternelles, de classes élémentaires ou classes de cycle. Néanmoins gérer une classe à cours unique mais hétérogène s'apparente beaucoup à la gestion d'une classe multiniveaux.

Suivant l'âge, les besoins des élèves, leurs rythmes biologiques seront différents, la gestion du groupe ou de l'individu sera donc à appréhender différemment.
De même que le nombre d'élèves (d'une même classe ou par niveau) induira une approche différente tant dans la gestion du groupe que dans l'organisation des lieux.

Le climat de classe doit être propice aux apprentissages et les situations proposées doivent avoir du sens et être motivantes. C'est prenant en compte ces différents aspects que l'enseignant va pouvoir mettre les élèves en situation d'apprentissages et évaluer leur progression dans l'acquisition et la construction des compétences.

Pour cela, il peut adapter les formes de travail aux objectifs visés, mais aussi s'appuyer sur les Technologies de l'Information et de la Communication (TIC), déjà profondément ancrées dans notre vie quotidienne. Ces dernières sont des outils que l'enseignant peut mettre en œuvre pour favoriser les apprentissages et accroître la motivation des élèves, mais elles sont également appréciées des enseignants pour le travail de préparation et d'organisation de la classe. En particulier, la veille professionnelle (voir Outil 58) est facilitée grâce aux outils numériques : l'enseignant se tient informé des nouveautés en matière d'enseignement et peut ainsi améliorer ses pratiques.

LES OUTILS

OUTIL 17

Gérer le groupe classe

LE GROUPE CLASSE : UNE ENTITÉ DANS LA DIVERSITÉ !

Pour faire fonctionner le groupe classe

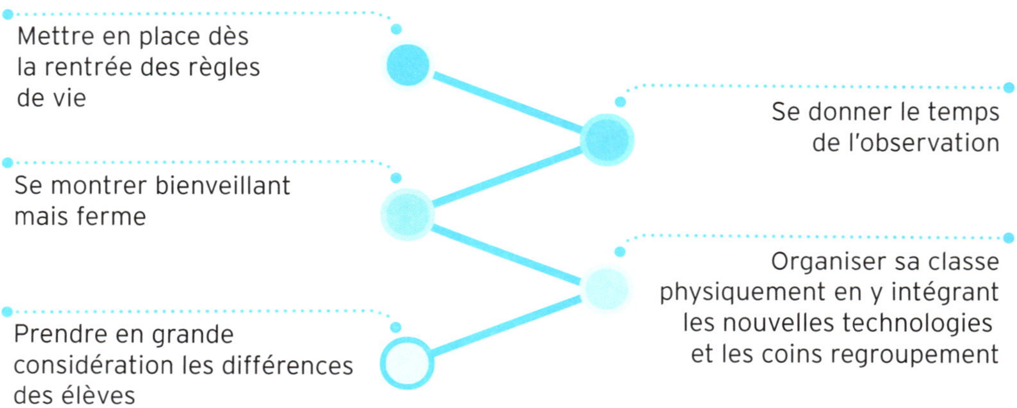

En résumé

Créer une entité groupe classe est tout le travail à réaliser très vite pour le plus grand profit des apprentissages.

La notion de gestion du groupe passe d'abord par la mise en place de règles de vies adaptées bien sûr au niveau des élèves Se donner le temps de l'observation ne signifie pas ignorer totalement les informations au sujet de tel ou tel élève : sont à prendre en considération les enfants en situation de handicap accueillis, les élèves dont on sait dans l'école que leur comportement pose parfois des problèmes mais aussi les propos des parents. La bienveillance et la fermeté sont deux critères indissociables d'une bonne gestion de la discipline au sein du groupe classe.

L'organisation physique du lieu classe est également indispensable à une bonne gestion du groupe. Lorsque c'est physiquement possible, installer un « coin » regroupement même avec les plus grands (cycle 3) est un outil extrêmement productif à une vie réelle du groupe classe, de même que le seront les nouvelles technologies bien intégrées dans la classe !

Enfin, la notion de différenciation sera indispensable face à des classes de plus en plus hétérogènes.

Pourquoi l'utiliser ?

Objectifs

› Rendre les élèves autonomes et responsables face à leurs divers apprentissages.

› Apporter aux élèves les outils qui leur permettront de vivre « ensemble » au sein de la communauté école et classe.

› Instaurer un respect réciproque entre maître et élèves mais aussi entre les élèves.

Contexte

Cet outil se partage avec les collègues et s'utilise avant la rentrée. Il serait souhaitable qu'il devienne un outil de l'équipe, voire de la communauté éducative.

Les règles de vie ayant été établies ensemble, aussitôt que possible (dès la rentrée), il est indispensable de les faire vivre, de les modifier si nécessaire, de les adapter aux situations particulières pouvant se présenter. En effet, un affichage de ces règles ne peut à lui seul suffire à les suivre. Les décisions prises en commun doivent s'appliquer ! Le maître ne devra pas hésiter à revenir fréquemment sur les règles de vie en classe. Le problème de la sanction devient évident dès ce moment.

Les sanctions appliquées ne pourront en aucun cas être les mêmes suivant les différents cas de figure. On ne pourra sanctionner de la même façon un travail non fait et une brutalité dans le rang ou en cours de récréation.

« On prépare la démocratie de demain par la démocratie à l'école. Un régime autoritaire à l'école ne saurait être formateur de citoyens et de démocrates. »
Célestin Freinet

Comment l'utiliser ?

Étapes

› **Faire preuve de tolérance :** on ne peut avoir la même attitude, les mêmes limites, règles et sanctions en fonction du niveau.

› **Intervenir rapidement en fonction des causes de comportements perturbateurs :** il est important de réagir dès la première perturbation sans pour autant tomber tout de suite dans la sanction.

› **Être très vigilant et sensible à ce qui se passe en classe :** les élèves doivent se rendre compte que peu de choses échappent au maître.

Méthodologie et conseils

Respecter les élèves est un incontournable d'une classe réussie. Respecter l'élève, c'est lui montrer qu'on s'intéresse à lui, qu'il n'est pas délaissé, mis au ban de la classe et ceci en toutes circonstances. C'est aussi lui montrer qu'on lui accorde soutien et réconfort même lorsqu'on lui demande de changer de comportement. C'est aussi la condition sine qua non d'obtenir le respect de ses élèves.

Avantages

- Gérer et préparer soigneusement le groupe classe dès le début de l'année permet ensuite de se consacrer à l'enseignement. La vie de classe sera plus sereine si l'on prend du temps au commencement pour mettre en place les règles indispensables.

Précautions à prendre

- Se donner un peu de temps pour observer le comportement des élèves et en particulier leur capacité d'attention.
- Ne pas dissimuler la problématique de la sanction.
- Établir les sanctions en fonction des règles enfreintes ; elles doivent être liées au comportement ou au travail.
- Réagir sans attendre au moindre comportement perturbateur.

SUITE OUTIL 17 →

Gérer le groupe classe

EXEMPLE - les indispensables pour bien mener le groupe

Voici quelques incontournables à ne jamais négliger pour obtenir un bon climat de classe et assurer de bonnes conditions d'apprentissage !

Faire preuve de tolérance

Les limites de la durée d'attention sont très différentes de la maternelle au CM2. Elles varient de 10 à 45 voire 50 minutes.

Il faut démêler les situations « avertissement pédagogique » (ennui, non-compréhension de la consigne, difficultés de la situation d'apprentissage...) des situations de comportement perturbateur (se lever, se disputer, se montrer agressif...).

Attention : prendre le temps de comprendre ce qui arrive et ne pas se précipiter immédiatement sur la sanction qui risque de s'avérer injuste. Il est cependant nécessaire d'enseigner aux élèves jusqu'où ils peuvent aller. Être tolérant ne signifie pas tout laisser passer !

Intervenir rapidement en fonction des causes de comportements perturbateurs

› Réagir très vite aux perturbations quelles qu'elles soient (le niveau sonore qui monte, plusieurs objets qui tombent, fous rires qui se déclenchent, disputes ou chamailleries entre élèves, éventuellement, élève qui se lève sans raison et refuse de s'asseoir !..).

› Certaines de ces perturbations ne sont pas toujours perceptibles du premier coup et il est difficile d'en comprendre immédiatement les causes.

› Garder son calme, ne pas élever la voix face à un élève très agité : cela ne servira qu'à aggraver la situation en classe.

› **Ne jamais expulser un élève perturbateur de la classe**, le retirer de l'activité pour un court moment et l'amener à réfléchir à la situation.

› En maternelle, installer une chaise « à réfléchir » : « tu vas t'asseoir un petit moment ! Tu reviendras avec nous lorsque tu te seras calmé. »

› Enfin, si la situation perdure, s'isoler un instant avec l'élève et discuter à voix basse de manière à ne pas perturber le reste de la classe.

Être très vigilant et sensible à ce qui se passe en classe

Tout en tenant compte du rythme de l'activité, le maître doit être toujours conscient de ce qu'il se passe. C'est pour cela qu'il est bon de se donner le temps de l'observation et de la mise en place des règles de vie au début de l'année. Le maître supervise le comportement de la classe et aussi de quelques élèves en particulier ! Même en maternelle, on se rendra très vite compte que certains demandent encore plus de vigilance que d'autres.

Il faut accepter que la supervision ne soit pas totale mais cependant, si les élèves se rendent vite compte que peu de choses échappent au maître, les règles instaurées n'en seront que mieux respectées !

› Balayer souvent et régulièrement la classe du regard.

› S'arranger pour ne pas tourner le dos aux autres lorsqu'on aide un élève.

› Au cours d'un travail de groupe, consacrer autant de temps à chaque groupe, ne pas se concentrer sur un seul et lui accorder plus de temps.

› Faire alterner autant que possible les différents modes de travail (collectif ou frontal, individuel, tutorat entre pairs, coopératif).

› Être très attentif aux signes renvoyés par la classe (lassitude ou ennui, expressions du visage, niveau sonore...).

› Réagir sans attendre au moindre comportement perturbateur.

› En tout état de cause, montrer un intérêt permanent aux diverses situations plus ou moins complexes des rapports entre élèves.

Illustrations : Adion Hillman@123RF

OUTIL 18

Organiser la classe multiniveaux

UNE CLASSE MULTINIVEAUX ? À L'AIDE !

Les maîtres sont souvent effrayés par la perspective de se trouver face à une classe multi niveaux (cycle 2 et 3 par exemple). Pourtant, des solutions simples et rassurantes existent basées sur quatre points essentiels.

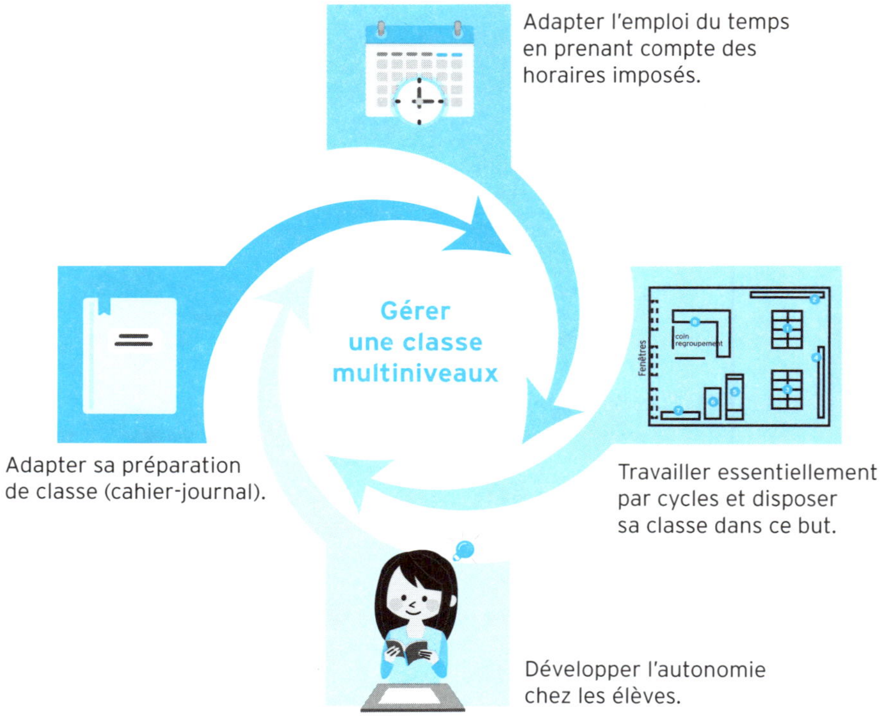

En résumé

Les maîtres se heurtent de plus en plus à des classes hétérogènes assez semblables au multiniveaux.

Dans les faits, il faut s'interroger sur les inconditionnels à mettre en place pour réussir ce challenge ! Tout sera question d'organisation, matérielle d'abord, intellectuelle ensuite : les programmations annuelles feront apparaître les compétences attendues à la fin de chaque cycle afin de pouvoir les décliner en notions à acquérir à chaque niveau. Il s'agira de découvrir par cycle (ou d'approfondir) ce que Britt-Mari Barth appelle « notions noyau » dans son ouvrage « le savoir en construction ».

Pour plus de praticité, utiliser si possible le cahier journal détaillé faisant apparaître le déroulement de la séance quand il s'agit de mise en application (exercices) de réactivation de notions, de révisions ou d'évaluations !

Enfin la place de l'apprentissage à l'autonomie sera privilégiée au travers des apprentissages transversaux et disciplinaires.

Pourquoi l'utiliser ?

Objectifs

› Se mettre dans les meilleures conditions possibles tant pour le maître que pour les élèves, l'un pour enseigner, les autres pour apprendre.

› Donner de la cohérence à la lecture de l'espace classe pour les élèves.

› Rendre possible un enseignement équitable pour tous les élèves de la classe sans privilégier l'un ou l'autre niveau.

Contexte

En classe unique ou en Regroupement Pédagogique Intercommunal (RPI). Les découpages multiniveaux peuvent également s'organiser dans des écoles plus grandes lorsque la répartition des élèves entre niveaux le rend nécessaire.

Comment l'utiliser ?

Étapes

› **L'emploi du temps**, les **programmations** et **la préparation de classe** devront montrer une unicité dans chaque cycle pour plus de commodité. Cela demande une bonne connaissance des programmes et des horaires. Si les seconds sont immuables, il sera nécessaire d'adapter les premiers tout en restant en cohérence avec leur contenu (liberté pédagogique de l'enseignant).

› **La gestion espace** en classe multiniveaux est primordiale et à mettre au même niveau que la gestion temps.

› **Le cahier journal** s'inscrira dans la pratique de cycle afin que l'enseignant n'en soit pas réduit à courir d'un niveau à l'autre au détriment des élèves. Mettre en parallèle chaque niveau de la classe n'a pas de sens.

› **L'autonomie des élèves,** essentielle pour travailler de manière productive en classe multiniveaux, doit être développée rapidement : des outils seront mis en place à cet effet. Utiliser les tableaux, la bibliothèque de classe, des fichiers autocorrectifs et la mise en place de projets communs au cycle ou aux cycles.

Méthodologie et conseils

Cet outil s'adresse aux enseignants débutants, mais aussi ceux qui ont pour la première fois dans leur carrière une classe de ce type. En effet, de nombreuses conditions de travail devront être connues au plus vite par l'enseignant : organisation matérielle très « dévoreuse » de temps, mais aussi construction d'un emploi du temps et de programmations raisonnées.

« C'est l'enfant lui-même qui doit s'éduquer, s'élever avec le concours des adultes. »
Célestin Freinet

Avantages

- Rendre les élèves autonomes est plus simple à accomplir qu'en niveau unique car le maître n'est jamais disponible en même temps pour tous les élèves au cours d'une séance d'apprentissage.

Précautions à prendre

- Ne pas organiser sa classe de manière frontale.
- Disposer d'un tableau pour chaque cycle.
- Disposer de coins ou les activités autonomes seront facilitées.
- Le maître doit pouvoir voir tous ses élèves à quelque endroit de la classe. Cela est un incontournable de la sécurité des élèves et pour la responsabilité du maître.
- L'autonomie ne se décrète pas, elle s'enseigne et s'apprend et cela dès la maternelle.

SUITE OUTIL 18 →

Organiser la classe multiniveaux

EXEMPLE - mise en pratique pour la gestion d'une classe multiniveaux

Une gestion du temps rigoureuse

Un emploi du temps bien conçu :

› Doit parfaitement correspondre aux horaires des programmes

› Prend en compteles temps communs (arts visuels, musique, EPS pour un travail inter-cycle, culture humaniste, culture scientifique et technologique, apprentissage de la langue pour un travail intracycle) et particulièrement dans une classe unique !

› Dialogue avec le cahier journal que l'on concevra en termes de cycle.

De manière pratique, pour un cahier journal fonctionnel, utiliser un format A3 pour plus de clarté et plus de place pour détailler les séances d'apprentissages. Utiliser des codes couleurs pour situer le maître auprès des élèves. Le cahier journal dématérialisé pourra suivre ce modèle.

Attention : appliquer à une classe multiniveaux une préparation de séance trouvée sur internet est à proscrire, car difficilement utilisable en termes de cycle et peu contextualisée à ce type de classe

Une gestion de l'espace réfléchie en fonction des élèves en présence

› Pour l'organisation de l'espace, se référer à la page suivante. Mais il est souhaitable que le matériel (tables et chaises) soit adapté à l'âge et au niveau des élèves et puisse se déplacer facilement.

› Il est également indispensable de disposer d'un tableau par cycle. Il est aussi indispensable de penser un lieu « regroupement » tant en maternelle (ou cela semble évident) qu'en élémentaire. Cet espace sera le lieu ou se créera un vrai sentiment d'appartenance à la même classe ! En effet, il sera bon de rassembler en ce lieu tous ses élèves au moins une fois (et encore mieux deux fois) par jour, lors de l'arrivée des élèves et en fin de journée de classe.

› Chaque cycle pourra aussi y pratiquer des activités communes avec le maître : lecture d'un album, synthèse orale d'une séance d'histoire..., mais on peut aussi l'envisager comme espace de retour au calme.

Des outils de l'autonomie bien pensés et installés dans la classe

› Il existe de nombreux outils de l'autonomie :

› Le matériel informatique, tablettes, portables ou ordinateurs de la classe, et les outils de recherche informatisés etsécurisés.

› Les projets de classe à mettre en place (concours, préparation de spectacles, classe de découverte...)

› Pour les activités quotidiennes, la bibliothèque de classe met à disposition dictionnaires, documentaires...

› Les fichiers autocorrectifs en français et en mathématique (type pédagogie Freinet) que l'on doit absolument anticiper dans la commande de fournitures.

› Les coins jeux en maternelle !

Organiser la classe multi-niveaux à l'école maternelle

L'aménagement d'une classe maternelle en « ateliers » conviendra tout à fait à l'organisation d'une classe maternelle multi-niveaux. On essaiera cependant de placer les élèves de grande section proches du tableau !

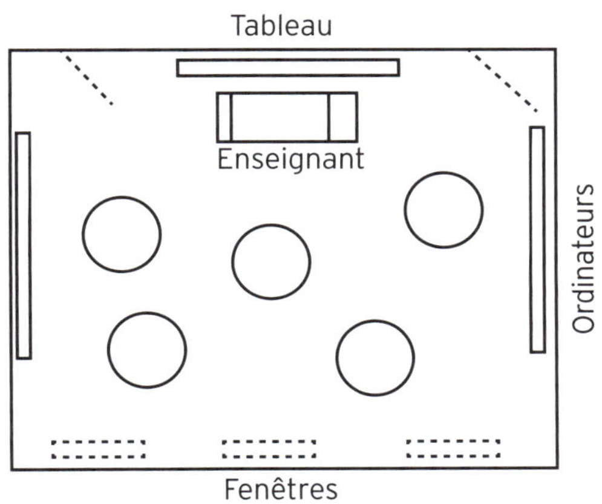

Organiser la classe multi-niveaux à l'école élémentaire

Aménagement idéal d'une classe multi-niveaux, ce modèle propose des dispositions et des lieux indispensables, comme le coin regroupement, pour resserrer l'entité classe ou les « coins » informatique ou observation !

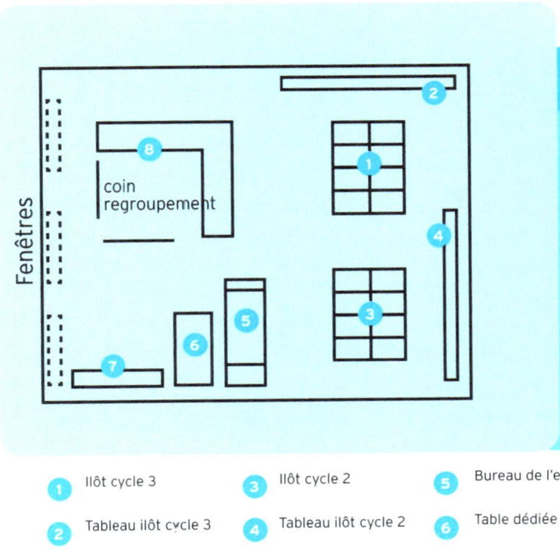

Aménagement d'une classe unique

Dans le cas de la « classe unique » deux voire trois tableaux sont indispensables. En effet, les élèves de chaque cycle doivent pouvoir utiliser leur propre tableau.

Autres lieux indispensables à créer :

➥ un coin « regroupement » qui permet plusieurs utilisations pédagogiques ;

➥ un lieu de « soudage » du groupe classe.

OUTIL 19

Les différentes formes de travail

FORMES (EN GROUPE/INDIVIDUEL) ET MODALITÉS (DIRIGÉ/EN AUTONOMIE) DE TRAVAIL

Illustrations : Created by freepik.com.

En résumé

Le temps où le maître, seul, parlait aux élèves de sa classe, assis devant lui et silencieux, est révolu. Suite aux théories socioconstructivistes, l'élève est amené à devenir un acteur de ses apprentissages, qu'il effectue avec et grâce à ses pairs.

Ainsi, aux deux **formes de travail** que sont l'exposé magistral du maître et le travail individuel de l'élève, s'ajoutent d'autres formes comme le travail en groupe, le travail en binôme, et du côté de l'enseignant le travail par une démarche question-réponse entre l'enseignant et la classe. Ces formes de travail sont par ailleurs à croiser avec deux **modalités de travail** que sont le travail dirigé par l'enseignant et le travail en autonomie.

Nous le voyons le modèle traditionnel n'est plus le seul modèle proposé et les différentes formes peuvent être proposées de façon concomitante dans la même classe.

C'est souvent le cas dans les classes de maternelle où l'on peut observer simultanément :

- des élèves travaillant en groupes autour de tables rondes et supervisés par l'enseignant ou l'ATSEM (Agent Territorial Spécialisé des Écoles Maternelles), on parle alors de travail en ateliers ;
- des élèves travaillant de façon autonome dans les coins jeux.

Pourquoi l'utiliser ?

Objectif

› S'assurer de la réussite de tous les élèves grâce à la diversité des formes de travail proposées.

Contexte

Les travaux du psychologue russe Lev Vygotski sur le socioconstructivisme sont aujourd'hui connus en France comme une démarche favorisant les apprentissages. Dans ce courant, l'accent est mis sur le travail collectif entre les élèves qui progressent grâce à l'interaction et à l'apport des pairs. L'enseignant propose des situations de travail dans lesquelles l'élève pourra être acteur de son apprentissage.

Comment l'utiliser ?

Étapes

L'évaluation : l'enseignant doit s'assurer que tous les élèves travaillent, et que les apprentissages sont effectifs. Il recourt donc d'abord à l'évaluation (voir Outil 21) pour vérifier l'adéquation de la forme de travail choisie au contenu qu'il souhaite enseigner.

La forme :

› Les échanges entre pairs (travail en groupe ou en binômes) dans les situations de découverte ou les situations problème.

› Le travail individuel : il est important pour les phases d'entrainement ou de réinvestissement d'une notion. L'élève peut ainsi se confronter à ce qu'il sait et à ce qu'il ne sait pas encore. Pour l'enseignant c'est aussi la possibilité d'évaluation des acquis individuels.

Les modalités :

› Le travail dirigé par l'enseignant : l'enseignant questionne, guide ses élèves vers les objectifs à atteindre. Il est attentif aux élèves en difficultés et n'oublie pas d'interroger ceux qui ne lèvent pas le doigt. Il est aussi bienveillant et prend les erreurs comme des marques d'un savoir en construction.

› Le travail en autonomie : ce doit être un travail de réinvestissement et non une nouvelle notion. L'autonomie se construit aussi grâce aux aides que l'enseignant met en place et auxquelles l'élève va pouvoir se référer : affichages, cahier de règles, fiches de réussite, correction toute prête des exercices proposés...

« Ce que l'enfant sait faire aujourd'hui en collaboration il saura le faire tout seul demain »
L. Vygotski

Méthodologie et conseils

L'enseignant doit être au clair avec les différentes formes de travail et il doit en proposer une déclinaison dès le début de l'année avec sa classe. Certaines formes demandent de développer des compétences liées au vivre ensemble. Ainsi, le travail en groupe n'est possible que si des règles de fonctionnement sont établies.
Il est souhaitable d'alterner dans une même séance les formes de travail, de même qu'au cours de la journée : travail en groupe/binôme/individuel, travail guidé par l'enseignant/en autonomie. Cette alternance permet de maintenir l'attention des élèves ainsi que leur motivation. Une vision claire de cette alternance est possible grâce au cahier journal (voir Outil 11).

Avantages

- Le travail en groupe permet de développer un travail oral sur la langue mais aussi l'écoute et respect de la parole de l'autre.
- Rendre l'élève acteur de ses apprentissages et considérer chacune de ses réponses est un moyen d'entretenir la motivation et l'estime de soi.

Précautions à prendre

- Poser des règles de vivre ensemble pour que la parole de chacun soit respectée.
- Etre attentif à ce que chacun soit interrogé.
- Ce n'est pas forcément la réponse juste qui compte (l'erreur est un outil visant à mesurer le degré de compréhension d'un élève).
- Veiller aux échanges : travailler **à côté de** quelqu'un ce n'est pas travailler **avec** quelqu'un !

SUITE OUTIL 19 →

OUTIL 19

Les différentes formes de travail

EXEMPLE 1 – activités possibles en fonction des formes de travail proposées

FORMES de travail	MODALITÉS de travail	
	Dirigé par l'enseignant	**En autonomie**
En grand groupe (collectif)	**Description :** C'est le traditionnel cours de l'enseignant devant sa classe. Cependant la démarche magistrale (le maître parle et les élèves écoutent) est souvent remplacée par une démarche par question-réponse, les élèves étant sollicités pour la construction collective de leur savoir (socioconstructivisme). **Exemples :** Ce moment peut être consacré à l'exposé d'une leçon ou à la passation de consignes (voir Outil 15), à la discussion collective autour d'une situation-problème et de découverte, à la correction collective. **Avantages/inconvénients :** L'enseignant a tous les élèves sous son regard et peut repérer rapidement ceux qui sont en difficulté. Les échanges sont toutefois assez restreints et presque toujours entre l'enseignant et l'élève qu'il interroge. Les interactions entre pairs ne sont pas facilitées.	**Description :** L'autonomie en grand groupe peut être une expérience intéressante, lors du travail en mode projet par exemple (voir Outil 44). L'enseignant se place alors en spectateur des échanges et laisse sa place. **Exemples :** Cela peut aussi être mis en place lors de débats, d'ateliers philo. **Avantages/inconvénients :** L'autonomie en grand groupe est difficile. Cela ne peut fonctionner que si les élèves respectent des règles essentielles du vivre ensemble et qu'un élève, ou un petit groupe d'élèves, se charge de jouer le rôle de guide et distribue la parole.
En petit groupe	**Description :** Ce type de travail permet à l'enseignant de proposer une nouvelle notion et de mesurer les acquis de ses élèves lorsque ceux-ci sont moins nombreux. **Exemples :** C'est le cas par exemple lors des ateliers en maternelle qui sont des moments de construction du savoir. Ce travail en petit groupe peut se décliner en problème de découverte, en situation de recherche, en situation-problème, en apprentissage d'un geste physique ou d'une opération mentale spécifique, ou ce peut être un travail en vue de préparer une activité collective. **Avantages/inconvénients :** Dans tous les cas, cette forme de travail doit favoriser les échanges verbaux, la manipulation, l'expérimentation, la verbalisation de l'action, les interactions, l'explicitation des stratégies	Les remarques sont les mêmes que pour le travail en petit groupe dirigé par l'enseignant, si ce n'est que les élèves vont devoir se gérer seuls. Tout comme pour la forme de travail précédente, ils doivent respecter les règles du vivre ensemble. Pour faciliter ce travail en autonomie, l'enseignant peut désigner un chef de groupe qui sera le rapporteur du travail effectué. Il est toujours intéressant de valoriser le travail ainsi fourni et d'en proposer une extension en collectif. **Avantages/inconvénients :** Le fait de devoir présenter le travail à la classe est un facteur de motivation supplémentaire.

En binôme	**Description :** Il s'agit pour l'enseignant de réduire le groupe avec lequel il travaille en fonction de critères qu'il aura déterminés et favorisant la pédagogie différenciée. **Exemples :** Cela peut être le cas par exemple pour des élèves ayant besoin de la même aide identifiée dans un PPRE (voir Outil 32). **Avantages/inconvénients :** Cette forme de travail facilite la communication, surtout pour ceux que le grand groupe intimide. Cela permet aussi d'être un peu plus à l'écoute du rythme de chacun.	**Description :** Le travail en binôme, encore appelé tutorat, permet à deux élèves (voire trois) de travailler ensemble. **Exemple :** S'aider à, mettre ou retrouver un vêtement, appréhender un obstacle en EPS, etc. À l'élémentaire, ces échanges sont mis au service des apprentissages scolaires sans oublier la socialisation. C'est par exemple se dicter une liste de mots à apprendre, corriger un exercice ensemble, effectuer une parade en EPS, etc. **Avantages/inconvénients :** Dès la maternelle, ces échanges sont souhaitables. Ils développent la socialisation et « s'aider à » permet de prendre en compte l'autre et de sortir de la relation possessive et exclusive que chacun voudrait maintenir avec l'enseignant. L'enseignant doit tout de même prendre la précaution de choisir le binôme avec des niveaux différents (l'asymétrie est favorable aux conflits sociocognitifs) mais pas trop éloignés. Selon Vygotski, les deux élèves doivent être dans la même zone proximale de développement.
Individuel	**Description :** Cette forme de travail permet une aide individualisée. L'enseignant peut revoir avec un élève ce qui n'a pas été compris. **Exemples :** Alors que les autres élèves effectuent un travail d'entraînement en effectuant des opérations, l'enseignant pourra revoir avec l'élève la technique opératoire qui lui fait défaut. Autre exemple, il peut aussi aider un élève à corriger sa dictée. **Avantages/inconvénients :** Cela demande toutefois que les autres élèves soient placés pendant ce temps en travail en autonomie.	**Description :** Cette forme de travail est celle qui convient aux exercices individuels, **Exemples :** Des exercices d'entraînement, de correction ou de réinvestissement. **Avantages/inconvénients :** Bien souvent cette phase est précédée d'un travail en grand groupe, afin de passer les consignes de façon collective (voir Outil 15). L'élève peut alors se concentrer sur son travail. Les inconvénients de cette forme de travail sont l'absence de rétroaction de l'enseignant (comme pour le travail individuel avec l'enseignant) ou des pairs (comme pour le travail en groupe ou en binôme). L'élève peut alors fixer une réflexion erronée.

Remarques

Quelles que soient les formes de travail choisies, il ne faut pas oublier la phase de synthèse et de mise en commun à la fin d'une séance de travail. Ainsi, chaque séance se termine par un moment d'analyse réflexive : « sur quoi venons-nous de travailler ? », « qu'est-ce que nous avons appris ? », « qu'est-ce que nous allons retenir ? », « dans quelle situation allons-nous nous resservir de ce que nous avons appris ? », etc. Cela peut par ailleurs s'accompagner d'une trace du travail effectué et/ou de la mise en place d'outils pour l'élève, comme des procédures de révision pour les textes écrits.

SUITE OUTIL 19 →

EXEMPLE 2 - une forme de travail innovante : la classe inversée

À la maison, on se familiarise avec le cours grâce à des vidéos et du contenu intératif + Le lendemain en classe, des activités et des travaux de groupes... + ... une aide personnalisée + ... et des projets intéressants + « Motivé ! »

La classe inversée est perçue comme la simple inversion d'activités typiques d'un enseignement traditionnel : au lieu d'écouter l'enseignant en classe et de faire ses devoirs seul à la maison, l'élève réalise des apprentissages de manière autonome à l'aide de matériel numérique à la maison et fait des exercices en classe avec l'enseignant.

La classe inversée est une approche ouverte qui :

1. Met en œuvre des activités pédagogiques soutenues par la technologie numérique en dehors de la classe : l'élève se familiarise avec le cours chez lui ou en classe de façon individuelle à l'aide d'un ordinateur, grâce à des vidéos et du contenu interactif.

La classe inversée :

https://goo.gl/ptxTeK

2. Favorise la différenciation de l'apprentissage au moyen d'une inversion d'activités conventionnelles autant à l'intérieur qu'à l'extérieur de la classe : en classe l'enseignant propose des activités et des travaux de groupe en fonction du cours que l'élève a travaillé de façon individuelle.

3. Facilite l'aide personnalisé en fonction de ce que l'élève a perçu ou non du cours proposé. Le cours dans son ensemble est donc proposé à tous et approfondi pour certains. L'enseignant est alors davantage disponible pour cette différenciation.

4. Facilite les interactions entre les élèves et l'enseignant, notamment à travers les projets proposés selon ce dispositif. Les élèves se concentrent non plus sur les savoirs mais sur la mise en œuvre de ceux-ci.

Et cela est très motivant !

OUTIL 20

Intégrer les TICE dans sa pratique

INTÉGRER LES ÉLÉMENTS DE LA CULTURE NUMÉRIQUE NÉCESSAIRES À L'EXERCICE DE SON MÉTIER

(BO du 25 juillet 2013 - Référentiel de compétences des enseignants)

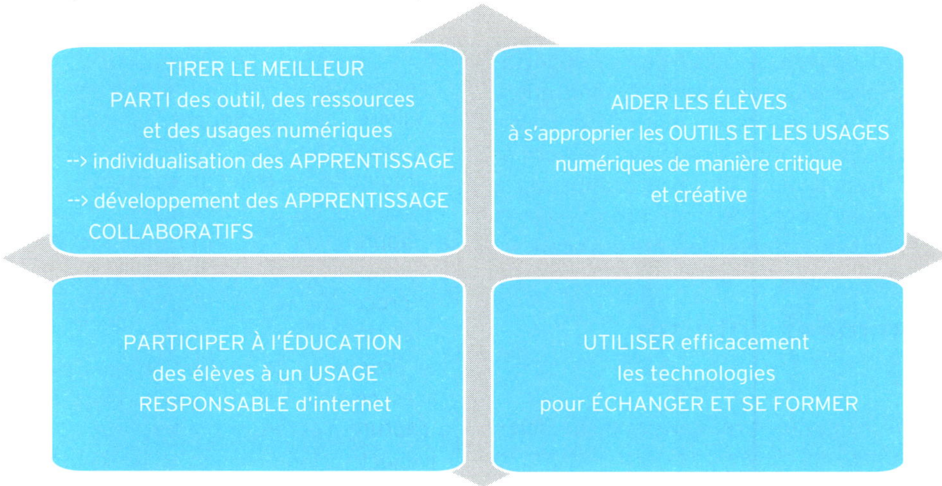

En résumé

Nul ne peut ignorer la place grandissante du numérique dans notre société. Il modifie notre relation au savoir et tous les repères initialement construits se trouvent réévalués. L'école ne peut faire abstraction de cette « révolution ». Il ne suffit pas seulement d'associer le développement du numérique à la seule diffusion des TICE et à l'équipement matériel des classes, mais aussi de transformer les pratiques d'enseignement, afin de réellement « Faire entrer l'École dans l'ère du numérique ». Ainsi, l'intégration des TICE (Technologies de l'Information et de la Communication pour l'Enseignement) fait partie des nouvelles compétences de l'enseignant selon 4 modalités :

Pour l'enseignant :

- connaître les outils et les ressources qui vont permettre d'apporter une plus-value aux enseignements proposés
- comprendre les TICE comme des outils d'échanges et de formation qui permettent d'améliorer et de réfléchir sur les pratiques

Pour les élèves :

- s'approprier outils et usages de façon consciente et réfléchie
- être éduqué aux avantages de cette utilisation mais aussi aux risques, notamment pour l'utilisation d'internet

Cette mutation de l'institution n'est cependant pas facile. Comment intégrer les TICE dans la pratique pour que les apprentissages soient efficients ? Quels sont les apports et les limites des TICE en matière d'apprentissage ?

Car les TICE n'ont pas pour vocation de se substituer à des enseignements « classiques ». Elles permettent simplement le développement d'une pédagogie plus efficace car plus participative et reposant sur le socio-constructivisme.

Pourquoi l'utiliser ?

Objectifs

- Lier savoirs et TICE.
- Éduquer à un usage responsable d'internet.
- Se former.

Contexte

L'école doit pouvoir se saisir de ces opportunités nouvelles que sont les TICE. Innovation, interaction entre les élèves, motivation, plaisir d'apprendre, adaptation à chacun, transformation de l'enseignement et des apprentissages, sont autant de mots clé pour promouvoir la réussite scolaire de tous et l'égalité des chances.

Comment l'utiliser ?

Étapes

- **Repérer les outils et ressources disponibles et utilisables en classe :** les ordinateurs, le tableau blanc interactif, les tablettes, l'appareil photo, etc. Privilégier une approche multimodale (image, son et vidéo) qui favorise la motivation des élèves. L'enseignant peut s'appuyer notamment sur un portail proposé par le ministère depuis 2016 : « Prim à bord ».

- **Analyser ces outils et ressources en fonction du projet pédagogique et des programmes :** à la fois outil et objet, le numérique est pleinement intégré aux enseignements. Il ne s'agit plus seulement de savoir utiliser techniquement l'outil mais aussi de réfléchir à une utilisation consciente et de développer une « attitude responsable ».

- **Intégrer les TICE dans les séquences d'enseignement :** tout comme n'importe quel autre outil ou support d'enseignement, leur utilisation doit être en adéquation avec les objectifs des programmes mais aussi avec le niveau des élèves. La pertinence de leur utilisation doit être évaluée et leur plus-value attestée.

Évaluer la pertinence : l'outil n'est pas utilisé pour lui-même mais pour ce qu'il apporte pour soutenir l'apprentissage. L'évaluation se fait en classe pour chaque séquence. L'enseignant se tient aussi informé des avancées des dernières recherches en la matière, notamment grâce à la « veille » pédagogique et numérique (voir Outil 58)

Méthodologie et conseils

Enseigner au et par le numérique a comme corollaire de développer la métacognition (connaissance qu'un élève a de ses propres stratégies et de celles des autres). Le rôle de l'enseignant est d'accompagner (et non guider) les apprenants. La métacognition peut être développée grâce à des outils soutenant :

- le processus de planification comme avec les cartes mentales, les tablettes ;
- le processus de réalisation en gardant des traces, comme avec le tableau blanc interactif, la capture d'écran, la photo ;
- l'objectivation, comme avec le développement d'une attitude responsable quant à l'utilisation d'internet.

« Les nouvelles technologies nous ont condamnés à devenir intelligents ! » Michel Serres.

Primabord :

https://goo.gl/czEXBA

Avantages

- L'utilisation des TICE provoque une réelle motivation chez les élèves.

Précautions à prendre

- Les TICE doivent être intégrées dans une séance d'enseignement au même titre que d'autres outils. Elles ne doivent pas être étudiées pour elles-mêmes.
- L'utilisation de l'outil n'est pas le but mais le moyen.
- Pour que l'activité soit une activité d'apprentissage, il en détermine précisément les objectifs, puis régule, aide les élèves à chercher et à trouver une information, à comparer et à choisir les meilleures stratégies et fait un retour sur l'activité proposée.

Intégrer les TICE dans sa pratique

EXEMPLE - entrer dans l'écrit par les illustrations en CE1

Cette séance est la première d'une séquence de littérature à partir de l'album « La caresse du papillon » de Christian Voltz. Les thèmes sous-jacents travaillés sont :

- la mort ;
- la lecture d'illustrations ;
- les procédés d'illustration (art pauvre).

Compétences

Langage oral :

- S'exprimer à l'oral comme à l'écrit dans un vocabulaire approprié et précis.
- Entrer en dialogue, respecter les règles de la communication.
- Prendre en compte le point de vue de l'autre.

Lecture :

- Observer des illustrations et apprendre à les traduire.
- Lire des images.
- Tenter de déceler l'implicite dans les illustrations.

Matériel

- Album littérature jeunesse « La caresse du papillon » de Christian Voltz.
- TBI pour la projection d'images choisies au tableau.
- Caméra pour filmer les réactions des élèves.
- Papier affiche pour la fin de la séance.

Séance

10 minutes	**Consigne :** Nous allons découvrir l'album intitulé « La caresse du papillon ». Pour cela, nous entrons dans l'histoire par les illustrations. J'ai caché le texte. Tels des détectives, nous allons observer page après page, nous allons regarder les détails, tenter de comprendre qui sont les personnages, ce qu'ils font.	
40 minutes	**Phase d'observation et émergence des hypothèses** **Objectifs** : • Regarder les illustrations • Tenter d'imaginer ce qu'elles signifient • Observer les indices (détails, personnages). **Justifier les hypothèses :** • Qui sont les personnages ? • Que font-ils ? Où sont-ils ? • Comment sont-ils représentés ? En quoi sont-ils faits ? • Est-ce qu'il se ressemble tous ? pourquoi ? • Pourquoi on voit un papillon ? • Qu'est-ce qui te permet de dire cela ? quel indice t'a aidé ?	**Réponses attendues des élèves** • C'est un papi et son petit-fils ? • Ils font du jardin. • En fil de fer... • Non, La mamie on la voit pas bien, elle est claire. • Le papillon, il se promène dans le jardin. • Remarquer que mamama est différente... Tenter de résoudre le pourquoi.
10 minutes	**Clôture de la séance** Récapituler les idées (les noter sur une affiche pour la prochaine séance) Exprimer les sentiments vis-à-vis de ce livre.	

Évaluation et bilan de la séance

› Respect des règles de communication, écoute, expression orale, partage : il est important de veiller à ce que tout le monde puisse s'exprimer et participer → donner la parole à tous et même à ceux qui au premier abord ne la demandent pas.

› Émergence d'hypothèses dont celle de la mort de la grand-mère, questionnement : stimuler, reformuler, réorienter la discussion et l'échange, accompagner dans le questionnement et l'observation.

› Lecture de l'image, observation du procédé d'illustration : mettre les élèves en groupe assis par terre. Sinon ceux du fond voient moins les illustrations et se sentent moins inclus/investis dans le travail.

Intérêt de l'utilisation des TICE

› L'histoire sur vidéo projecteur permet une bonne vision des images de l'album. L'enseignant doit veiller au choix des illustrations déterminantes pour la compréhension de l'histoire.

› La projection de certaines images doit favoriser l'entrée dans l'histoire de tous les élèves en facilitant l'imprégnation de l'album par chacun des élèves. L'utilisation des TICE permet aux élèves de fabriquer des images mentales collectives. L'observation des illustrations et la prise d'indices sont favorisées grâce aux interactions. Cette projection favorise aussi la spontanéité des interventions.

› Dans une séance ultérieure, le vidéoprojecteur servira à projeter les productions des élèves, valorisant ainsi la production de chacun, fier de découvrir ainsi leur travail.

› L'utilisation de la caméra et le fait de filmer la classe permettent à l'enseignant un retour sur les interventions et les réactions des élèves. Dans le feu de l'action, c'est un recul que l'on n'a pas toujours. La vidéo est un outil précieux d'autoévaluation.

OUTIL 21

Évaluer les apprentissages

L'ÉVALUATION AU SERVICE DE L'ÉLÈVE

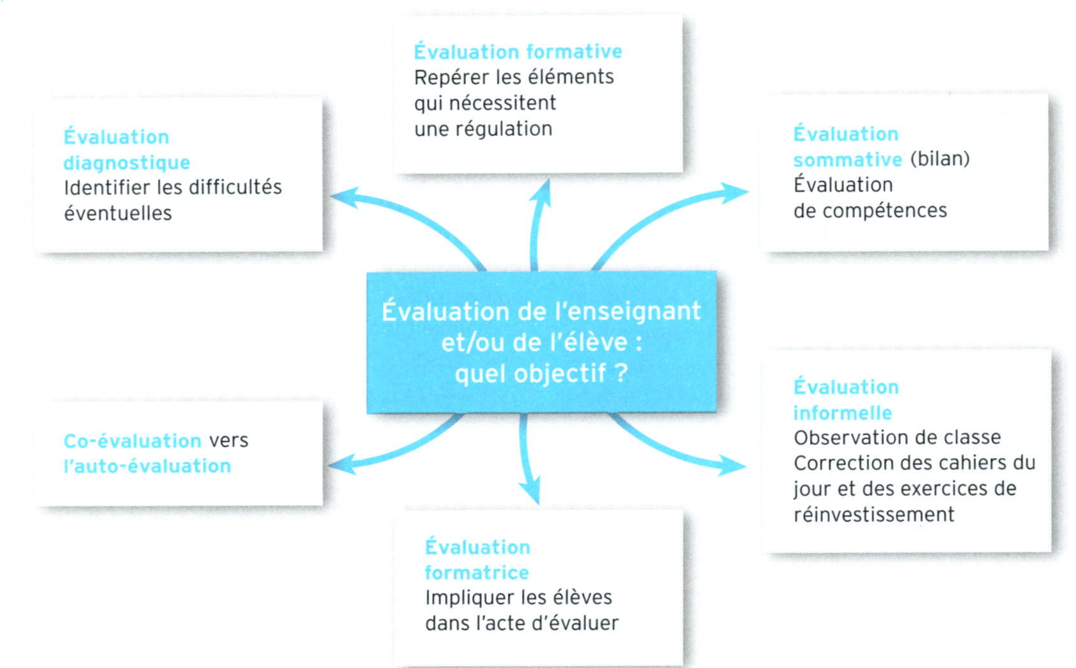

En résumé

Évaluer c'est prélever de l'information sur l'évolution et la construction des apprentissages. L'évaluation revêt une dimension particulière en regard du moment de l'apprentissage et de l'objectif visé. Quelle que soit cette particularité, elle ne doit pas être un acte figé mais doit refléter une évolution et permettre de suivre le cheminement de l'élève en cours d'apprentissage. Elle doit permettre à l'élève d'apprendre.

C'est aussi un outil de communication dans la mesure où elle informe les parents sur les apprentissages réalisés et sur les difficultés éventuelles.

Aux différents moments du processus d'enseignement-apprenirssage il est nécessaire de mettre en œuvre différents types d'évaluations.

- En amont /au début : évaluation diagnostique.
- En cours d'enseignement : évaluation formative.
- En fin d'enseignement : évaluation sommative.
- En continu : Évaluation informelle à travers les différentes productions et exercices.

Pour que les évaluations aient plus de sens et puissent favoriser la progression des élèves, il est nécessaire de les impliquer en mettant en œuvre de la co-évaluation et de l'autoévaluation.

Pourquoi l'utiliser ?

Objectifs

› Pour l'enseignant : planifier, organiser, remédier et faire des bilans afin de permettre aux apprentissages de se réaliser.

› Pour l'élève : prendre conscience de la construction de ses apprentissages, de ses difficultés éventuelles et de ses progressions.

Contexte

L'évaluation est un acte quotidien dans la mesure où elle peut-être formelle (les évaluations de fin de séquence) mais aussi (et surtout ?) informelle (questionnement des élèves, travail à l'oral, observation de classe...) Il ne s'agit pas de noter les élèves mais d'analyser avec eux leurs différentes productions, de leur donner des conseils et des pistes de remédiations afin de progresser dans les apprentissages. L'évaluation doit être perçue comme un étayage supplémentaire à la construction des apprentissages. L'évaluation se doit d'être au service de la réussite de tous les élèves.

Comment l'utiliser ?

Étapes

En amont : Évaluation diagnostique qui permet d'ajuster la séquence d'apprentissage aux savoirs et compétences des élèves.

Pendant : Évaluation formative et formatrice pour adapter au fur et à mesure les différentes séances de la séquence.

En aval : Co-évaluation, auto-évaluation et **évaluation sommative** pour s'assurer des acquis des élèves.

En ce qui concerne l'évaluation sommative il est nécessaire de penser les Trois degrés de compétence (Rey et al. 2006) :

› Savoir exécuter une action en réponse à un signal préétabli, après entraînement (compétence élémentaire ou procédure). Il s'agit des exercices d'application d'une règle. La situation est présentée sous la forme d'une suite de tâches dont chacune ne requiert qu'une procédure de base (degré 1).

› Savoir choisir, parmi les procédures que l'on connaît, celle qui convient à une situation ou à une tâche non connue (compétence élémentaire avec cadrage de la situation). À ce niveau-là les différentes étapes de la résolution de la tâche sont données aux élèves (degré 2).

› Savoir parmi les procédures que l'on connaît, choisir et combiner celles qui conviennent à une situation non connue et complexe (compétence complexe – degré 3).

Afin d'évaluer « des compétences » et « par compétences » la tâche doit être nouvelle et complexe (degré 3). C'est seulement en cas de non-réussite qu'on proposera des tâches de degré 2 ou 1.

« L'évaluation est un processus collaboratif qui est plus efficace quand elle implique : l'évaluation de soi, l'évaluation des pairs et l'évaluation par l'enseignant » Cooper Damian

Méthodologie et conseils

L'évaluation est un acte professionnel au service des élèves. Si l'acte d'apprendre est de la responsabilité de l'élève, l'enseignant se doit d'étayer ce processus ; l'évaluation est un étayage parmi d'autres.

Avantages

- Travailler la co-évaluation et l'autoévaluation avec les élèves favorise le développement des compétences métacognitives nécessaire pour devenir un apprenant autonome.

Précautions à prendre

- Des évaluations non réussies doivent alerter l'enseignant afin de diagnostiquer des difficultés potentielles et penser la mise en œuvre de la différenciation pédagogique nécessaire. (voir Outil 31).
- Petit rappel : les parents ont un droit à l'information et à la communication des résultats de leur enfant.

SUITE OUTIL 21 →

EXEMPLE - les trois phases de l'évaluation permettant d'observer les trois degrés de compétence (ici en français et mathématiques)

Les phases	Descriptifs des tâches	Objets de l'évaluation
Phase 1 (degré 3)	Réalisation d'une tâche complexe (résolution de problème), exigeant le choix et la combinaison d'un nombre significatif de procédures. Il est utile que cette tâche ait un caractère pluridisciplinaire et qu'elle soit fonctionnelle.	La compétence au sens plein : aptitude à saisir dans une situation nouvelle et complexe les traits pertinents qui indiquent qu'il y a lieu de choisir et de combiner d'une manière originale des procédures connues « compétence complexe ».
Phase 2 (degré 2)	Réalisation de la tâche complexe sous la forme de tâches élémentaires dont les consignes sont explicites et présentées dans l'ordre où elles doivent être accomplies pour parvenir à la réalisation de la tâche complexe globale.	Aptitude à choisir la procédure qui correspond à une tâche simple mais inédite : « compétence élémentaire avec cadre de la situation ».
Phase 3 (degré 1)	Réalisation d'une série de tâches simples décontextualisées dont les consignes sont celles qui sont utilisées ordinairement dans l'apprentissage des procédures élémentaires qu'on propose à l'école.	Procédures de base ou compétences élémentaires et leur degré d'automatisation.

Les phases	Français	Mathématiques
Phase 1 (degré 3)	Dictée. Production d'écrits.	Résolution de problèmes : Le fleuriste compose un bouquet de fleurs avec : 3 roses à 1,50 euros chacune, 5 lys à 2,30 chacun et des fougères à 0,50 euro chacune. Quel est le prix du bouquet ?
Phase 2 (degré 2)	Des exercices avec des consignes qui guident la réflexion. Par exemple : – cherche le verbe ; – cherche le sujet en utilisant l'encadrement par c'est qui ; – vérifie les accords sujet-verbe.	Le déroulé du problème est explicité : 1. Je calcule le prix total des roses. 2. Je calcule le prix total des lys. 3. Je calcule le prix total des fougères. 4. Je calcule le prix du bouquet fini. mais l'élève doit accomplir les choix et opérations nécessaires.
Phase 3 (degré 1)	Exercices du type : Dans les phrases ci-dessous, remplace les pointillés par « a » ou « à ».	Opérations de base telles que des additions, des soustractions et des divisions.

DOSSIER

5 LES ENSEIGNEMENTS SPÉCIFIQUES

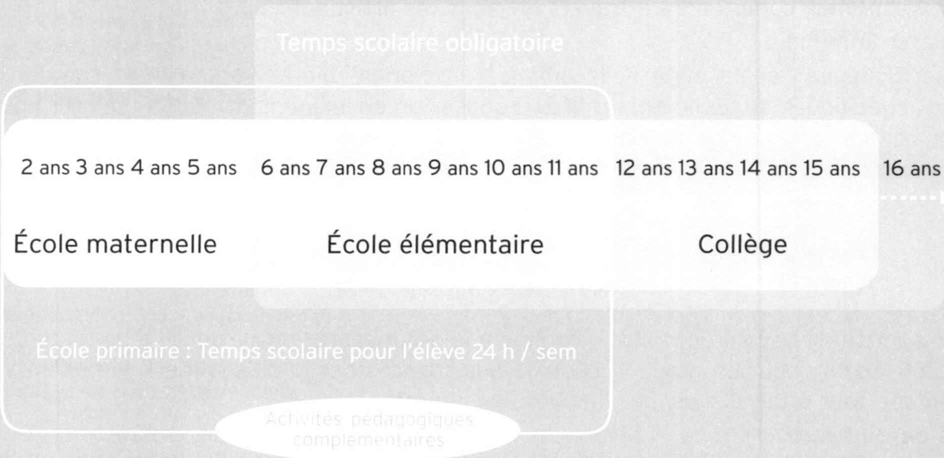

En dehors de la scolarité obligatoire de 6 à 16 ans, la loi pour la refondation de l'école souligne aussi la place fondamentale de l'école maternelle comme première étape pour garantir la réussite de tous les élèves. Et cela concerne aussi la scolarisation des moins de trois ans présentée comme un enjeu majeur de la réussite scolaire ultérieure. Il convient alors pour l'enseignant de tenir compte de cet enjeu et de proposer des enseignements spécifiques pour ce jeune public.

Le temps scolaire représente 24 heures semaine pour les élèves de l'école maternelle et de l'école élémentaire. Adossé à ce temps scolaire, et pour proposer un temps complémentaire permettant de consolider les apprentissages, le ministère de l'Éducation nationale prévoit des activités pédagogiques complémentaires (APC), qui ne font pas partie du temps scolaire pour l'élève mais qui représentent une obligation dans le temps de travail de l'enseignant.

Nous relevons ainsi trois types d'enseignements spécifiques :

› celui qui concerne les enjeux particuliers pour l'enseignement en maternelle ;
› celui qui concerne les élèves les plus jeunes avec une véritable spécificité de la scolarisation des moins de 3 ans ;

- celui des APC pour les élèves les plus fragiles.

Comment l'enseignant peut-il alors prendre en compte ces spécificités ?

À l'école maternelle

On peut lire dans les programmes de 2015 la place centrale qui est accordée à l'enfant, à ses découvertes sensorielles et surtout au développement du langage. Les apprentissages en maternelle sont divisés en cinq domaines :

- mobiliser le langage dans toutes ses dimensions ;
- construire les premiers outils pour structurer sa pensée ;
- agir, s'exprimer, comprendre à travers l'activité physique ;
- agir, s'exprimer, comprendre à travers les activités artistiques ;
- explorer le monde.

La spécificité de l'école maternelle amène l'enseignant bienveillant à tenir compte des besoins spécifiques du jeune enfant et à proposer un enseignement adapté : en termes de contenus, mais aussi de gestion du temps et de l'espace que l'on retrouve notamment dans les formes d'activités qui font alterner des groupes restreints appelés « ateliers » et des moments en grand groupe.

La scolarisation précoce

Elle revient sur le devant de la scène comme une des mesures phare de la loi de refondation de l'école (2013), pour promouvoir l'égalité des chances dès le plus jeune âge. Ces enfants, pas encore tout à fait élèves, ont des besoins importants :

- des besoins moteurs ;
- des besoins physiologiques ;
- des besoins cognitifs ;
- et des besoins psychoaffectifs.

L'enseignant doit alors proposer un enseignement tout à fait spécifique pour y répondre.

En ce qui concerne les APC

Elles visent tous les élèves à l'école primaire. Elles permettent alors à l'enseignant de développer les apprentissages proposés sur le temps scolaire, d'approfondir les notions vues en classe et aussi de soutenir les élèves les plus fragiles. Elles font l'objet d'un fonctionnement particulier que l'enseignement, pour qui c'est une obligation de service, ne peut ignorer.

Grâce à ces enseignements spécifiques, chaque élève doit pouvoir se sentir bien à l'école, y trouver sa place et réussir.

LES OUTILS

OUTIL 22

La spécificité de l'enseignant en maternelle

UNE ÉCOLE AUX ENJEUX IMPORTANTS : CINQ DOMAINES D'APPRENTISSAGE

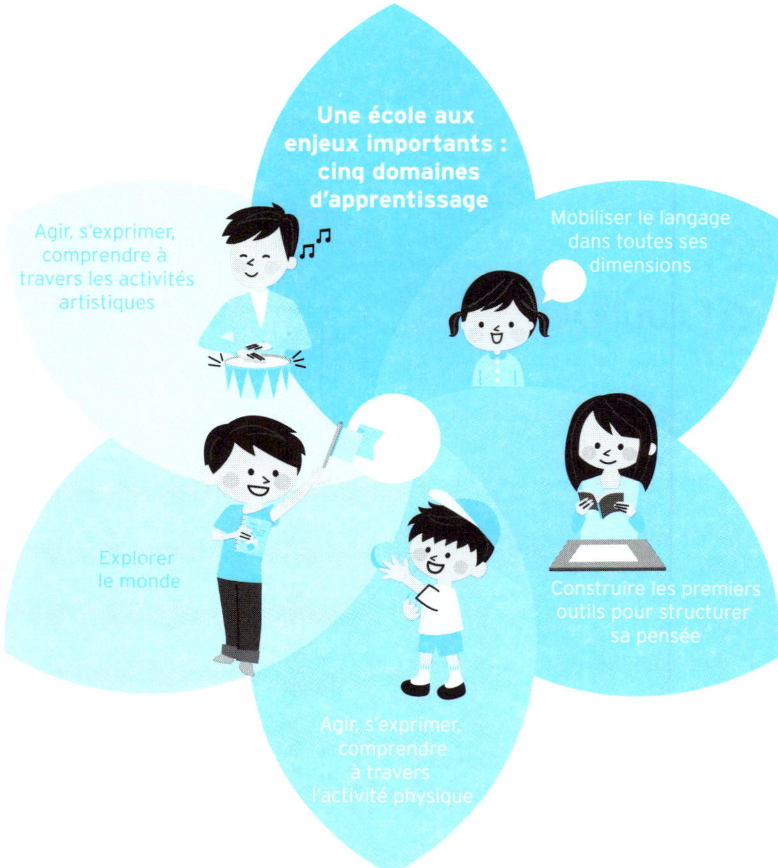

En résumé

Les ressources accompagnant les programmes

https://goo.gl/7KoASV

Le BO souligne la place fondamentale de la maternelle comme première étape garantissant la réussite de tous les élèves. Le cycle de la maternelle, cycle 1 des apprentissages premiers, dure trois ou quatre ans : toute petite section (voir Outil 23), petite section, moyenne section, grande section. L'enseignant en maternelle doit développer avant tout l'envie d'aller à l'école et d'apprendre en misant sur une bienveillance et une adaptation à chaque niveau. La maternelle s'adapte à l'âge des enfants qu'elle accueille, en tenant compte du développement et en organisant des modalités spécifiques d'apprentissage, comme le jeu ou le travail en ateliers. Les enfants vont petit à petit « apprendre ensemble » et « vivre ensemble ». C'est l'occasion pour le jeune enfant de « se construire comme personne singulière au sein d'un groupe ».

Pourquoi l'utiliser ?

Objectif

Établir les fondements éducatifs et pédagogiques pour le développement des futurs apprentissages des élèves.

Contexte

Avec le développement de l'école maternelle, on voit apparaître la notion de l'enfant comme « sujet », avec des besoins spécifiques. La loi de refondation de l'École souligne la place fondamentale de l'école maternelle comme première étape, pour garantir la réussite de tous les élèves.

Comment l'utiliser ?

Étapes

› Une mise en place spécifique des apprentissages

L'enfant de maternelle apprend en jouant, en réfléchissant et en résolvant des problèmes, en s'exerçant, en se remémorant et en mémorisant. Les programmes sont un guide pour la programmation et la progression car les écarts entre enfants peuvent être très grands. Charge aux enseignants d'adapter les instructions aux élèves qu'ils ont réellement en face.

› Apprendre ensemble et vivre ensemble

Les enfants entrés à l'école à deux ou trois ans deviennent progressivement des élèves. Les nombreux rituels mis en place participent de cette construction de la personne au sein d'un groupe.

› Une gestion particulière du temps

Plus ils sont jeunes, plus les activités doivent être courtes et variées. Un travail sur la temporalité et la succession des différents moments est indispensable à la construction de la notion de temps. Pour les plus petits ce sera un repérage des différents moments de la journée. Pour les plus grands ce sera un repérage sur la semaine, le mois, avec les événements prévus (piscine, sortie...) ou un repérage sur l'année, grâce au « train des anniversaires » par exemple.

L'enseignant doit aussi faire alterner des moments de regroupement, de travail en ateliers (petits groupes) et de temps individuels.

› Une gestion particulière de l'espace

- le coin regroupement aménagé généralement avec des bancs face au tableau ;
- l'organisation en « ateliers » composés d'environ 4 à 6 élèves (plus les élèves sont jeunes, plus le groupe doit être restreint) ;
- les différents « coins jeu » ;
- les déplacements entre et dans les différents espaces doivent être pensés et organisés.

› Un travail en partenariat avec un Agent territorial spécialisé des écoles maternelles

L'ATSEM est employé par la municipalité pour aider l'enseignant dans la gestion de la classe maternelle. Pour les spécificités de ce partenariat, nous renvoyons à l'Outil 42.

« L'école maternelle : un cycle unique, fondamental pour la réussite de tous » BO spécial n° 2 du 26 mars 2015

Les programmes :

https://goo.gl/MSaOcNl

Méthodologie et conseils

En maternelle, peu de « fiches toutes prêtes » mais une vraie réflexion sur le matériel utilisé et l'organisation proposée. C'est par exemple la disposition en trois types d'« ateliers » :

› Atelier dirigé : l'enseignant est très présent. Il guide les élèves.

› Atelier en autonomie : les élèves travaillent seuls.

› Ateliers dirigés par l'ATSEM : il ne s'agit pas de notions nouvelles mais d'un atelier pouvant se révéler délicat en autonomie, comme un atelier peinture par exemple.

Avantages

- L'organisation spécifique de la maternelle permet beaucoup de souplesse et donc à chacun de progresser à son rythme.

Précautions à prendre

- Souplesse ne veut pas dire totale autonomie ! D'autant plus que c'est une compétence encore en construction chez le jeune enfant.
- Tout ce travail spécifique ne peut se faire sans une coéducation avec les parents.

SUITE OUTIL 22 →

OUTIL 22

La spécificité de l'enseignant en maternelle

EXEMPLE 1 – proposition de mise en place de paliers pour la progression du langage en maternelle

Cette proposition de l'académie de Nancy, en référence au BO n° 2 du 26 mars 2015, souligne l'importance du langage et la nécessité d'une progression.
Elle est ici déclinée en paliers et non en âge ou en niveau de classe car les élèves de maternelle peuvent avoir des niveaux de compétences très variables qui ne correspondent pas à un âge donné. Ces paliers traduisent les progrès attendus.

Domaines	Palier 1	Palier 2	Palier 3	Palier 4	Palier 5	Palier 6
Mobiliser le language dans toutes ses dimensions L'oral	• Communiquer avec l'adulte par le regard, le verbal et le gestuel. • Écouter et comprendre ce que dit l'adulte, la mascotte… • Commencer à entrer en communication avec les autres enfants.	• Exprimer des besoins à l'adulte (par le verbal ou le non verbal) • Identifier quelques-uns de ses camarades en entendant leur prénom. • Prendre plaisir à écouter des jeux de doigts, des formulettes. • Échanger avec l'adulte à partir de photographies personnelles (prises en famille ou hors l'école)	• Prendre l'initiative d'échanger avec un autre enfant en relation duelle (par le verbal ou le non verbal) • Interagir avec la mascotte de la classe. • Prendre plaisir à participer à des jeux de doigts, des formulettes.	• Parler avec ses mots, de ce que l'on a fait dans une activité. • Échanger avec l'adulte à partir de photographies qui impliquent d'autres que soi. • Réutiliser, avec le guidage de l'adulte du vocabulaire entendu en situation. • Utiliser des structures simples. • Dire des comptines avec la mascotte.	• Dire ce que l'on va faire en utilisant ses propres mots (se projeter). • Prendre la parole en petit groupe. • Parler sur des images. • Réinvestir, en situation de jeux, du vocabulaire entendu. • Mémoriser et redire des comptines simples avec l'aide de l'adulte.	• Prendre la parole en grand groupe. • Parler avec l'adulte d'un événement vécu à partir de photographies (langage d'évocation). • Mémoriser et redire des comptines simples avec l'aide de l'adulte.

Domaines		Palier 1	Palier 2	Palier 3	Palier 4	Palier 5	Palier 6
Mobiliser le language dans toutes ses dimensions	L'écrit	• Découvrir des supports d'écrits simples : des imagiers variés, l'album photos de la classe.	• Découvrir et explorer des supports d'écrits d'un genre particulier : albums à toucher. • Les manipuler avec précaution.	• Découvrir et explorer des supports d'écrits d'un genre particulier : livres jeux à tirettes (montrer-cacher). • Les manipuler avec précaution.	• Découvrir et explorer des supports d'écrits d'un genre particulier : les imagiers sonores. • Manifester du plaisir pour les livres.	• Découvrir des supports d'écrits d'un genre particulier : albums animés. • Prendre plaisir à parler à partir d'un album.	• Découvrir des supports d'écrits d'un genre nouveau. • Prendre conscience du rôle de l'écrit.
		Agir avec ses mains pour laisser des traces et affiner son geste	Agir avec ses mains pour laisser des traces et affiner son geste.	Agir avec des objets pour laisser des traces et affiner son geste.	Agir avec des outils scripteurs pour laisser des traces et affiner son geste.	Agir avec des outils scripteurs pour décorer un support.	Agir avec des outils scripteurs pour imiter des tracés simples

SUITE OUTIL 22 →

EXEMPLE 2 - cahier journal d'une journée en petite section

Ne pas oublier la date, indispensable si un remplaçant doit prendre la classe

	Mercredi 16 mars 2016	**PS - Mme D....**
08 h 20	**ACCUEIL :** Accueil individualisé dans la classe **Ateliers d'accueil** : Coins jeu, jeux de construction, encastrement, dessins libres	
08 h 45	**Langage : en regroupement** Appel, les enfants manifestent leur présence, ils peuvent dire quelque chose à la maîtresse s'ils le souhaitent. (Le lundi, lecture des cahiers de vie ; chaque élève raconte ce qu'il a écrit dans son cahier et briefing collectif). *Comparaison des 2 albums lus des trois petits cochons* **Rituels :** distribution des étiquettes par groupe de couleur, comptage des présents, des absents, repérage sur la frise numérique, écriture du nombre, repérage sur les affichages de la classe, date, calendrier, météo, comptines.	
09 h 00	**Passage aux toilettes** par groupe de couleurs ou demi-groupe (filles/garçons)	
	ATELIERS	
09 h 10	**Atelier 1 : avec ATSEM - Groupe BLEU** **Compétences, objectifs :** Production plastique en plan • Maîtriser son geste, l'adapter aux contraintes matérielles, respecter les limites d'un contour. **Consigne :** Peins le cochon en rose (peinture + pinceau) en respectant les limites d'un contour	**Atelier 2 : avec maîtresse - Groupe ROUGE** **Compétences, objectifs :** L'écrit • Retrouver les lettres capitales d'un mot (Loup, Cochon) **Consigne :** Observe les lettres des mots puis colle les lettres mobiles sous le modèle proposé
	Atelier 3 : en autonomie - groupe VERT **Compétences, objectifs :** Formes et grandeurs • Reproduire un assemblage d'objets de formes simples à partir d'un modèle (4 pièces). **Consigne :** Assemble les pièces du puzzle de manière à reproduire le cochon.	**Atelier 4 : en autonomie - groupe JAUNE** **Compétences, objectifs :** Coordination motrice • Adapter son geste aux contraintes matérielles • Choisir des outils et des matériaux adaptés à une situation, à des actions technique spécifiques. **Consigne :** Fais des colombins puis coupe-les pour réaliser les dents du loup.
09 h 40	Goûter collectif, vivre ensemble	
09 h 50	Habillage pour la récréation	
10 h 00	Récréation	

Il peut être intéressant de changer de couleur ou d'écriture pour mettre en relief un contenu important

Il peut être utile de compléter ce cahier par des listes avec le nom des élèves pour les groupes couleur

Il n'est pas utile de détailler les objectifs pour tous les « moments » de la journée. En revanche, une réelle attention est portée aux ateliers d'apprentissages (objectifs, compétences, consignes...). Pour une séance précise, un renvoi peut-être fait à la fiche de préparation de séance mais l'essentiel doit être écrit sur le cahier journal, outil directement accessible

10 h 30	Corse Les jours de la semaine + les nombres de 1 à 5 à partir d'une comptine Travail sur Pâques	
11 h 00	**Bilan de la séance**	
11 h 10	**Jeux de rythmes, activités d'écoute, chants**	
11 h 20	**Sortie**	
	TEMPS DE MIDI	
13 h 20	**DORTOIR** : accueil et sieste avec réveil échelonné	
14 h 45	**Verre d'eau et passage aux toilettes**	
15 h 00	**Récréation**	
15 h 30	**ATELIERS** (jusqu'à 16 h 00)	
	Atelier 1 : avec ATSEM – groupe BLEU **Production plastique en volume :** Les œufs de Pâques	**Atelier 2 : avec maîtresse – groupe ROUGE** Tri de formes, de couleurs et de grandeurs à partir d'un jeu support
	Atelier 3 : en autonomie – groupe VERT **Jeu Coloredo :** pics de couleurs à encastrer sur une planche	**Atelier 4 : en autonomie – groupe JAUNE** Puzzle de visages de 4 à 8 pièces
16 h 20	**Lecture** d'un conte et chants	
16 h 25	**Sortie**	
	BILAN DE LA JOURNÉE	

Ne pas oublier la date, indispensable si un remplaçant doit prendre la classe

Et penser à laisser ce cahier OUVERT et facilement ACCESSIBLE pour s'y référer régulièrement !

Le minutage de chaque « moment » doit être minutieux et rien ne doit être oublié

Idem pour l'habillage, ou le verre d'eau après le réveil de la sieste…

L'enseignant doit toujours savoir avec quel groupe il se trouve

Incontournable !

OUTIL 23 La scolarisation des enfants de moins de 3 ans

MOINS DE TROIS ANS - DES BESOINS IMPORTANTS

Des besoins physiologiques
- se reposer
- se sentir propre et à l'aise
- manger, boire
- respirer l'air extérieur

Des besoins cognitifs
- communiquer, parler
- découvrir, comprendre, apprendre
- essayer, explorer
- imitier, imaginer

Des besoins moteurs
- être actif
- expérimenter
- déambuler

Des besoins psychoaffectifs
- se sentir en sécurité, en confiance, être reconnu, respecté
- éprouver le plaisir de faire

En résumé

Une entrée à l'école maternelle est souvent pour l'enfant, et ses parents, une première expérience de la vie collective. Et quand cette première scolarisation concerne les moins de trois ans, il est alors d'autant plus nécessaire pour l'école de s'adapter à ce jeune public.

Cette scolarisation des moins de trois ans n'est toutefois pas nouvelle. Suite à l'essor du travail des femmes, elle concerne même dans les années 80 et 90 environ 35 % d'enfants de cet âge. Néanmoins, si cette scolarisation est effective, les conditions d'accueil de ces jeunes enfants sont souvent pointées du doigt et ne sont pas toujours adaptées à leurs besoins.

Aujourd'hui, la scolarisation des enfants les plus jeunes est à nouveau au cœur des préoccupations du gouvernement. Elle revient sur le devant de la scène comme une des mesures phare de la loi de refondation de l'école (2013), pour promouvoir l'égalité des chances dès le plus jeune âge, notamment dans les zones les plus sensibles. Le développement de la scolarisation des enfants de moins de trois ans pour donner davantage de temps aux premiers apprentissages devient une priorité. Elle s'accompagne ainsi d'une politique de la petite enfance tenant compte de ses spécificités.

Le doudou

https://goo.gl/hQOUIM

Pourquoi l'utiliser ?

Objectif

Mettre en place l'égalité des chances dès le plus jeune âge.

Contexte

La loi de refondation de l'École souligne la place fondamentale de l'école maternelle comme première étape pour garantir la réussite de tous les élèves. La scolarisation précoce participe de cette réussite, notamment pour les écoles placées en REP (réseaux d'éducation prioritaire) et dont les élèves sont issus d'un milieu socioculturel défavorisé. Pour que cette scolarisation précoce soit une réussite, l'école doit tenir compte des besoins très spécifiques des enfants de cet âge. Une attention particulière doit aussi être accordée à la relation avec les parents, principaux partenaires pour que les conditions de cette réussite soient réunies. Le partenariat avec l'ATSEM est aussi crucial (voir Outil 42).

Comment l'utiliser ?

Étapes

La réussite de la prise en charge personnalisée de ces jeunes enfants oblige à prendre en compte les besoins spécifiques des tout-petits et de chacun, et doit reposer sur des précautions particulières.

› Prendre en compte les repères concernant le développement physique, moteur, affectif et social de l'enfant et les besoins liés à son âge.

› Créer et maintenir des relations de confiance avec les parents, condition indispensable à une intégration réussie à l'école et en particulier le premier jour de classe.

› Traiter les questions d'organisation particulière (disposition des locaux et équipements, conditions d'encadrement, distribution des sections dans les classes de l'école, déroulement de la journée).

› Réfléchir à la possibilité d'un accueil en milieu mixte, l'enfant partageant son temps entre l'école et les services de la petite enfance (crèche municipale). Certaines communes offrent la possibilité de ce dispositif et permettent une cohérence éducative au service de l'élève.

Méthodologie et conseils

Des horaires d'entrée et de sortie le matin et l'après-midi peuvent être assouplis par rapport à ceux des autres classes de façon à respecter le rythme de ces jeunes enfants et conforter la séparation menée en douceur. Les enfants sont accueillis de manière échelonnée avec une amplitude horaire adaptée à leurs besoins Une attention particulière doit être accordée au moment de la séparation. La participation des parents est essentielle. Ils peuvent aider à ce que la transition se fasse en douceur : en déshabillant les enfants, en restant un peu, en partageant un petit temps de jeu… L'objet transitionnel (doudou, tétine, photo de l'enfant avec ses parents…) peut aider l'enfant dans ce moment délicat

La bienveillance est de mise et le langage est là aussi important : l'enseignant et l'ATSEM parlent aux enfants, les appellent par leur prénom, les rassurent avec des mots simples.

« La scolarisation d'un enfant avant ses trois ans est une chance pour lui et sa famille lorsqu'elle correspond à ses besoins et se déroule dans des conditions adaptées »
Extrait de la circulaire n° 2012-202 du 18.12.2012

Avantages

- La scolarisation avant 3 ans apporte des bénéfices notamment au niveau du langage, surtout pour les élèves de milieux sociodéfavorisés.
- C'est une première expérience scolaire.

Précautions à prendre

- Veiller à toujours inclure les parents qui doivent être des partenaires

La scolarisation des enfants de moins de 3 ans

SUITE OUTIL 23 →

La scolarisation des enfants de moins de 3 ans

EXEMPLE 1 - comment prendre en compte les besoins des tout petits ?

La scolarisation des moins de trois ans nécessite pour l'enseignant, l'école et les partenaires (commune), de tenir compte des besoins spécifiques de cet âge.

Les besoins physiologiques

Se reposer, dormir, évoluer dans un environnement confortable et propre, manger, boire, prendre l'air... sont des besoins fondamentaux pour quiconque mais prennent une grande importance pour les moins de trois ans. Cela a des incidences sur l'aménagement de l'espace, du temps et des activités proposées en classe.

Aménagement de l'espace

La proximité « salle de classe - salle de repos - toilettes » facilite le déplacement mais aussi la surveillance. En classe, l'enseignant doit aussi réfléchir à des espaces permettant à l'enfant de se reposer à la demande et sans que cela ne gêne le cours de la classe, avec un aménagement spécifique (coussins, mini-tente...). Le passage aux toilettes doit se faire à la demande et ne doit pas être collectif.

Aménagement du temps

La journée d'un enfant de cet âge se rythme nécessairement avec des périodes de repos dont la sieste, qui nécessite une concertation entre équipe enseignante et parents. Celle-ci doit commencer au plus tôt après le repas de midi et durer un cycle de sommeil (1 h 30). Elle est surveillée par l'ATSEM qui veille ensuite au réveil en douceur. Certaines familles préfèrent faire manger et dormir l'enfant à la maison. Il est possible alors qu'il revienne ensuite à l'école pour profiter des activités d'apprentissages. Un temps de récréation pendant laquelle les enfants pourront s'aérer dans la cour de récréation doit être prévu même s'il ne fait pas très beau ! (Sortir sous un préau). L'organisation du temps de classe doit aussi prévoir des pauses pour que l'enfant boive.

Aménagement des activités

L'attention des tout-petits est brève et fragmentée. Les activités proposées doivent être courtes et variées en alternant situation d'apprentissage, jeux libres et moments de repos. Les moments individuels sont importants.

Les besoins moteurs

Un enfant de moins de trois ans aime et doit pouvoir bouger ! Voici quelques repères sur ce que l'enfant de 2 ans peut faire :

- monter et descendre un escalier mais sans alternance des pieds ;
- taper dans un ballon ;
- commencer à se tenir quelques instants sur un pied, à transporter un objet sans le faire tomber ;
- commencer l'enfilage de grosses perles (motricité fine).

Aménagement de l'espace

Des espaces doivent être pensés et aménagés pour permettre l'évolution et l'exploration motrice (petits engins, bancs, cerceaux...). Dans cette classe de moins de trois ans, il peut ne pas y avoir autant de places assises que d'enfants, l'espace doit être privilégié. Attention toutefois à la sécurité et à la surveillance qui doit toujours être assurée.

Aménagement du temps

L'accueil du matin doit tenir compte de ces besoins moteurs. Les enfants doivent pouvoir déambuler, construire... Dans le courant de la journée, de préférence le matin, une séance quotidienne dédiée à l'activité motrice est organisée. L'enseignant est aussi vigilant pendant les temps de récréation. Pas facile pour un tout-petit de trouver sa place dans une cour de récréation trop « remplie » ! En début d'année surtout, les récréations peuvent s'organiser spécifiquement pour cette classe.

Aménagement des activités

Les activités, courtes et variées, doivent aussi inclure des moments fréquents d'activités physiques. Le choix du matériel adapté à cet âge est important, passant d'une motricité large à une motricité fine. Attention : les déplacements « en petit train » souvent prisés à la maternelle ne sont pas adaptés à cet âge. Les déplacements individuels ou en tout petit groupe sont à privilégier.

Les besoins psychoaffectifs

Attention, reconnaissance, confiance, estime de soi… sont indispensables pour le développement. Quelques points à prendre en compte :

- la communication passe souvent par des moyens physiques ;
- l'opposition est fréquente (fameuse période du « non » !) ;
- le besoin de faire « seul » est récurrent.

Aménagement de l'espace

Chaque enfant doit se sentir reconnu et cela passe d'abord par le prénom : portemanteau à son nom, étiquette prénom qui symbolise sa présence en classe, travaux identifiés. Pour favoriser le « je fais seul », l'accès au matériel doit être facilité. Cela n'exclut toutefois pas de poser des règles strictes quant à cette utilisation. C'est un premier apprentissage de la vie collective.

Aménagement du temps

L'enseignant pense aussi aux rituels qui rythment la journée et rassurent : sur la chronologie de la journée afin que l'enfant se repère et prenne confiance, temps transitionnel maison/école pensé de sorte que cette transition se fasse en douceur (temps accordé aux parents, place du doudou…).

Aménagement des activités

L'adulte est toujours présent, bienveillant. Il rassure, encourage, réconforte, sécurise, valorise les réussites. Le cahier de vie de l'enfant dans la classe qu'il va pouvoir montrer et compléter avec la famille est un bon outil pour mesurer ces progrès. Progressivement l'enfant devient élève.

Les besoins cognitifs

L'enfant est à l'école pour apprendre, explorer, découvrir, imaginer, partager… notamment grâce au jeu. L'imitation est essentielle. Le langage est lui aussi un pivot des apprentissages. Entre 2 et 3 ans, l'enfant passe d'un stock d'environ 300 mots à 1 500. Il utilise peu à peu le « je ».

Aménagement de l'espace

Des coins jeux adaptés au développement du langage grâce à l'imitation doivent être installés : coin cuisine, coin poupées, coin téléphone, coin pour manipuler… L'adulte y est présent pour favoriser la communication duelle.

Aménagement du temps

Un temps conséquent doit être proposé pour ces « jeux ». Les moments de regroupement collectifs autour de l'enseignant doivent être limités, non imposés mais plutôt proposés.

Aménagement des activités

Les petits groupes et l'alternance des activités brèves doivent être privilégiées, avec des activités proposées et non imposées. Les fiches photocopiées sont à proscrire ! En revanche toute manipulation, découverte, observation en situation est la bienvenue. Le temps après la sieste est aussi propice aux temps d'apprentissages cognitifs de façon individuelle ou en petits groupes. Un réveil échelonné permet une attention de l'enseignant centrée sur chacun. La présence de l'ATSEM pour ces activités est importante et dès que c'est possible, des petits groupes sont constitués.

SUITE OUTIL 23 →

EXEMPLE 2 - un emploi du temps d'une classe d'élèves de moins de trois ans

Horaires	Domaines d'apprentissage (programmes 2015)	Activités et organisation
8 h 20	Mobiliser le langage dans toutes ses dimensions. Agir, s'exprimer, comprendre à travers les activités artistiques.	Accueil de l'enfant et des parents : bienveillance, disponibilité, écoute.
		Départ échelonné des parents.
		Découvrir les coins jeux avec l'enseignant et l'ATSEM : jeu libre.
		Découvrir des supports écrits : album photos, cahiers de vie, imagiers.
		Passage aux toilettes échelonné avec l'ATSEM.
		Regroupement proposé (les enfants ont le choix) : jeux de doigts, comptines...
9 h 15	Agir, s'exprimer, comprendre à travers l'activité physique.	Déplacements libres sur des petits engins : trotteurs, tricycles. Jeux avec de gros ballons.
9 h 45	Se construire comme personne singulière au sein d'un groupe.	Se repérer de la classe à la cour : récréation.
		Proposition de passage aux toilettes et d'un verre d'eau.
10 h 15	Mobiliser le langage dans toutes ses dimensions. Construire les premiers outils pour structurer sa pensée. Explorer le monde.	Plusieurs domaines sont proposés pour varier les activités et répondre au besoin de changement.
		Découverte et expérimentation avec l'enseignant et l'ATSEM dans les différents espaces de jeux.
11 h	Mobiliser le langage dans toutes ses dimensions.	Jeux de doigts, comptines...
		Écoute d'une histoire racontée (ou lue) par l'enseignant
11 h 30	Fin de la matinée	

Déjeuner		
13 h 20	Temps de repos	
15 h	Mobiliser le langage dans toutes ses dimensions	Réveil échelonné.
15 h 30	Mobiliser le langage dans toutes ses dimensions. Agir, s'exprimer, comprendre à travers l'activité physique. Construire les premiers outils pour structurer sa pensée. Explorer le monde.	Poursuite des activités du matin.
16 h	Se construire comme personne singulière au sein d'un groupe.	Rangement de la classe par les adultes, verbalisations.
16 h 15	Mobiliser le langage dans toutes ses dimensions.	Jeux de doigts, comptines... Écouter une histoire racontée (lue) par l'enseignant.
16 h 30	Fin de journée	

Remarque

Cet emploi du temps fait la part belle au langage. L'adulte est aussi très présent et assiste l'élève dans le déroulement de la journée. Les activités sont essentiellement des activités de manipulations et de verbalisations.

Conseils pour faire évoluer l'emploi du temps au cours de l'année scolaire

› **L'accueil** : le temps consacré à l'accueil se réduit progressivement pour tendre vers une durée de 20 minutes en fin d'année.

› **Le regroupement et les temps collectifs** : en début d'année, l'enseignant les proposera sans les imposer, il invitera peu à peu les élèves à y participer pour arriver à un regroupement collectif en petite section

› **Le temps d'activité physique** : en début d'année, la séance durera 15 à 20 minutes puis augmente peu à peu jusqu'à 30 minutes en fin d'année. Le temps réservé à ce domaine (30 minutes) inclut les déplacements, l'installation des enfants dans la salle, le temps de retour au calme.

OUTIL 24

Les Activités Pédagogiques Complémentaires (APC)

LES APC : MODE D'EMPLOI

Pourquoi ? | Pour qui ? | Quoi, quelles activités ? | Quand ? | Comment ?

Les APC :

https://goo.gl/yo41bl

Exemple de demande d'autorisation parentale :

https://goo.gl/5o9sIF

En résumé

« Instaurées dans le cadre de la réforme de l'organisation de la journée et de la semaine scolaires dans le premier degré, les APC font partie des obligations de service des professeurs qui les organisent et les mettent en œuvre dans toutes les écoles. Les APC ne relèvent pas du temps d'enseignement obligatoire pour les élèves mais s'ajoutent aux 24 heures hebdomadaires d'enseignement dues à tous. Ces heures nécessitent l'accord des parents concernés.

Leur organisation prend en compte l'offre péri-éducative existante, le cas échéant dans le cadre du projet éducatif territorial (PEDT)

Les APC offrent un large champ d'actions pédagogiques et permettent d'apporter :

- une aide aux élèves rencontrant des difficultés dans les apprentissages par un accompagnement différencié, adapté à leurs besoins ;
- une aide au travail personnel pour susciter ou renforcer le plaisir d'apprendre ;
- une activité prévue par le projet d'école en lien avec le projet éducatif territorial (PEDT), c'est-à-dire avec la municipalité et son personnel. »

Les APC s'inscrivent pleinement dans la loi de Refondation de l'école.

Pourquoi l'utiliser ?

Objectifs

Contribuer à la maîtrise des acquis des programmes, anticiper les obstacles, apporter des aides en fonction des besoins d'apprentissages, renforcer certaines compétences.

Contexte

Les APC mises en œuvre de par la Loi de Refondation de l'École (2013) et la réforme des rythmes scolaires s'inscrivent dans le projet d'école et s'appuient sur une réflexion collective de l'équipe pédagogique.

Les APC font partie intégrante du temps de travail de l'enseignant mais se déroulent hors temps scolaire pour l'élève.

Comment l'utiliser ?

Étapes

Tous les élèves peuvent être concernés par les activités pédagogiques complémentaires, à un moment ou un autre de l'année scolaire. Pour mettre en œuvre ces APC il faut :

› **Identifier les besoins des élèves.**
- difficultés dans la maîtrise des apprentissages qu'ils doivent effectuer ?
- gestion des activités lors d'un travail personnel ?
- Mise en œuvre de stratégies inefficaces ?
- Soutien nécessaire pour acquérir des méthodes de mémorisation, d'organisation, de planification des tâches à réaliser ?
- Manque de confiance en soi pour des prestations orales ?

› **Demande d'autorisation aux parents.**

› **Faire le choix des priorités** en regard des différents axes du projet d'école et des caractéristiques des élèves en regard des attentes institutionnelles. Ce travail se réalise en équipe pédagogique.

› **Organiser la mise en œuvre :**
- Le matin avant la classe ?
- Sur la pause méridienne si cela n'empiète pas sur le temps de pause obligatoire de 1 h 30 ?
- Le soir après la classe ?

› **Mettre en œuvre et évaluer les progrès des élèves bénéficiant des APC.**

Méthodologie et conseils

Les APC sont des moyens tant de prévention que de remédiation. Mais il est important de prendre en compte que les APC ne sont ni des temps d'enseignement permettant de finir des enseignements obligatoires, ni une mise en œuvre d'un temps d'aide aux devoirs écrits, ou des activités limitées à des exercices sur fiches photocopiées.

Les APC participent à « la réussite de tous les élèves, en donnant à chacun la possibilité [...] de s'épanouir socialement et personnellement. » Eduscol

Avantages

- Pouvoir proposer des activités non réalisables en groupe classe.
- Renforcer le travail sur la méthodologie et l'apprendre à apprendre.
- Conduire en classe des projets plus ambitieux en prenant appui sur ces activités pour les mener à terme avec les élèves les plus fragiles.

Précautions à prendre

- Demander l'autorisation des parents car les APC se déroulent hors temps scolaire pour l'élève.
- Décider les horaires des APC en regard des horaires de l'école et des rythmes de l'enfant.
- Ne pas négliger l'aide spécialisée (voir Outil 38) qui garde toute sa pertinence pour les élèves en grande difficulté.
- Ne pas enfermer un ou des élèves dans ce dispositif toute l'année.
- Ne pas omettre d'évaluer régulièrement les progrès des élèves afin d'adapter les activités proposées tant aux APC qu'en classe.

SUITE OUTIL 24 →

Les Activités Pédagogiques Complémentaires (APC)

EXEMPLE 1 - différentes façons de mettre en œuvre des APC

Un enseignant consacre 36 heures annuelles aux APC avec les élèves.
L'organisation est arrêtée pour l'année en cours par l'Inspection de l'Éducation nationale de la circonscription sur proposition du conseil des maîtres.
Les dispositions relatives à cette organisation sont présentées chaque année au conseil d'école.

Même si 36 heures annuelles doivent être consacrées aux APC, cela ne signifie pas que l'on doive les répartir de façon mathématique et mécanique à raison de 1 heure par semaine. Les activités peuvent être conduites sur des temps massés en regard des objectifs pédagogiques posés.

Exemple de répartition des APC en fonction du nombre de créneaux dans la semaine

Nombre de créneaux par semaine	Durée des APC	Nombre de semaines
1	1 heure	36
2	45 minutes	24
4	45 minutes	12 consécutives
4	45 minutes	12 réparties sur les 5 périodes
2	30 minutes	36

Exemple de répartition de ces différents créneaux en fonction des horaires de l'école

(Ex. de l'académie de Lille - Pas-de-Calais)

	Lundi	Mardi	Mercredi	Jeudi	Vendredi
09 h - 12 h	Classe	Classe	Classe	Classe	Classe
12 h - 13 H 30	Pause méridienne			Pause méridienne	
13 h 30 - 15 h 45	Classe	Classe		Classe	Classe
15 h 45 - 16 h 30	APC + TAP	TAP		APC + TAP	TAP

	Lundi	Mardi	Mercredi	Jeudi	Vendredi
8 h 30 - 11 h 30	Classe	Classe	Classe	Classe	Classe
11 h 30 - 13 h 30	Pause méridienne			Pause méridienne	
13 h 30 - 14 h 15	APC + TAP	TAP		APC + TAP	TAP
14 h 15 - 16 h 30	Classe	Classe		Classe	Classe

Remarque

Les APC sont organisées par les enseignants et mises en œuvre sous leur responsabilité, éventuellement en articulation avec les activités périscolaires.

EXEMPLE 2 – projet d'organisation des activités pédagogiques

Année scolaire 2017/2018

1. L'école

Nom de l'école : **Commune :**
Circonscription : **Mèl de l'école :**

2. Répartition annuelle des 36 heures d'APC

Dans ce tableau il s'agit de planifier les APC sur l'année. Attention total annuel : 36 heures.

Période 1 sept-oct 2017		Période 2 nov-déc 2017		Période 3 jan-fév 2018		Période 4 mar-avr 2018		Période 5 mai-juin 2018	
Heures par semaine		**Heures par semaine**		**Heures par semaine**		**Heures par semaine**		**Heures par semaine**	
Du 4 au 8 **sept**		Du 1 au 3 **nov**		Du 1 au 5 **janv**		Du 5 au 9 mars	1	Du 2 au 4 **mai**	1
Du 11 au 15		Du 6 au 10	1	Du 8 au 12	1	Du 12 au 16	1	Du 7 au 11	1
Du 18 au 22		Du 13 au 17	1	Du 15 au 19	1	du 19 au 23	2	Du 14 au 18	1
Du 25 au 29	1	Du 20 au 24	1	Du 22 au 26	2	Du 26 au 30	2	Du 22 au 25	1
Du 2 au 6 **oct**	1	Du 27 au 1 **dec**	1	Du 29 au 2 **fev**	2	Du 2 **avril** au 6	1	Du 28 au 1er juin	1
Du 9 au 13	1	Du 4 au 8 dec	2	Du 5 au 9	1	Du 9 au 13	1	Du 4 au 8	1
Du 16 au 20	1	Du 11 au 15	1	Du 12 au 16	1	Du 16 au 20		Du 11 au 15	1
Du 23 au 27		Du 18 au 22	1	Du 19 au 23		Du 23 au 27		Du 18 au 22	1
Du 30 au 31		Du 25 au 29		Du 26 au 2 **mars**				Du 25 au 29	
Total de la période	**4**	**Total de la période**	**8**	**Total de la période**	**8**	**Total de la période**	**8**	**Total de la période**	**8**
						Total annuel		**36 heures**	

3. Répartition hebdomadaire des APC

	Lundi		Mardi		Jeudi		Vendredi	
	APC	TAP*	APC	TAP*	APC	TAP*	APC	TAP*
Heure début		15 h 45	15 h 45	15 h 45	15 h 45	15 h 45		15 h 45
Heure fin		16 h 45	16 h 45	16 h 45	16 h 45	16 h 45		16 h 45

Remarque

Ce type de planning permet d'harmoniser les temps des APC et ceux des TAP (temps d'activités périscolaires) organisés par la commune.

SUITE OUTIL 24 →

4. Description des activités mises en œuvre

Domaine 1 : Aide aux apprentissages

À l'école maternelle : priorité donnée au langage oral, à la découverte de l'écrit, aux jeux symboliques et à l'approche des quantités et des nombres.

À l'école élémentaire : priorité donnée aux compétences de français et à celles de mathématiques.

Domaine 2 : Aide au travail personnel

À l'école élémentaire : apprendre à apprendre, les aspects méthodologiques

À l'école maternelle : priorité donnée au domaine « devenir élève » et à la découverte du temps et de l'espace.

Domaine 3 : Activités prévues par le projet d'école

Voir les Outils 45 « Projet d'école » et 46 « Projet de sortie ». Exemple pour une classe CM1-CM2

En période 1 nous privilégierons le travail sur le domaine 2 pour aider les élèves à mieux s'engager dans l'année scolaire et à construire des compétences organisationnelles fondamentales à l'entrée en sixième.

Période 1	Nombre d'élèves par groupe	Niveau concerné	Descriptif/professeur(s) concerné(s)
Domaine 1			
Domaine 2	Entre 5 et 8	CM1/CM2	Aider les élèves à s'organiser, travail sur les aspects méthodologiques : gestion de l'agenda, s'avancer dans son travail en prévision de la rentrée en 6e. Comment apprendre une leçon : recopier, se faire lire la leçon par quelqu'un d'autre, mettre des couleurs… Comment apprendre une poésie Compréhension des différentes disciplines : à quoi sert la grammaire, l'orthographe…
Domaine 3			

En période 2 les domaines 1 et 3 seront privilégiés.

Période 2	Nombre d'élèves par groupe	Niveau concerné	Descriptif
Domaine 1	Entre 5 et 8	CM1/CM2	Les compétences en français et/ou en mathématiques seront travaillées en regard de la programmation et de la progression prévues. Voir fiche outil progression dossier 2
Domaine 2			
Domaine 3	Entre 5 et 8	CM1/CM2	Travail d'organisation a priori et à postériori … sur la sortie au Mont Saint-Michel

Ce travail prévisionnel est à réaliser pour les 5 périodes de l'année en fonction des programmations et progressions et des difficultés rencontrées par les élèves.

Période 3	Nombre d'élèves par groupe	Niveau concerné	Descriptif
Domaine 1			
Domaine 2			
Domaine 3			

Période 4	Nombre d'élèves par groupe	Niveau concerné	Descriptif
Domaine 1			
Domaine 2			
Domaine 3			

Période 5	Nombre d'élèves par groupe	Niveau concerné	Descriptif
Domaine 1			
Domaine 2			
Domaine 3			

Projet transmis à l'IEN le __ / __ / 2017	Signature de la directrice, du directeur de l'école
Date de validation du projet par l'IEN le __ / __ / 2017	Signature de l'IEN

DOSSIER 6 LES SUPPORTS POUR LES ÉLÈVES

Si une gestion d'une classe réussie passe par une organisation des lieux et des temps aussi précise que possible, elle passe aussi par une utilisation judicieuse des supports pour l'élève !

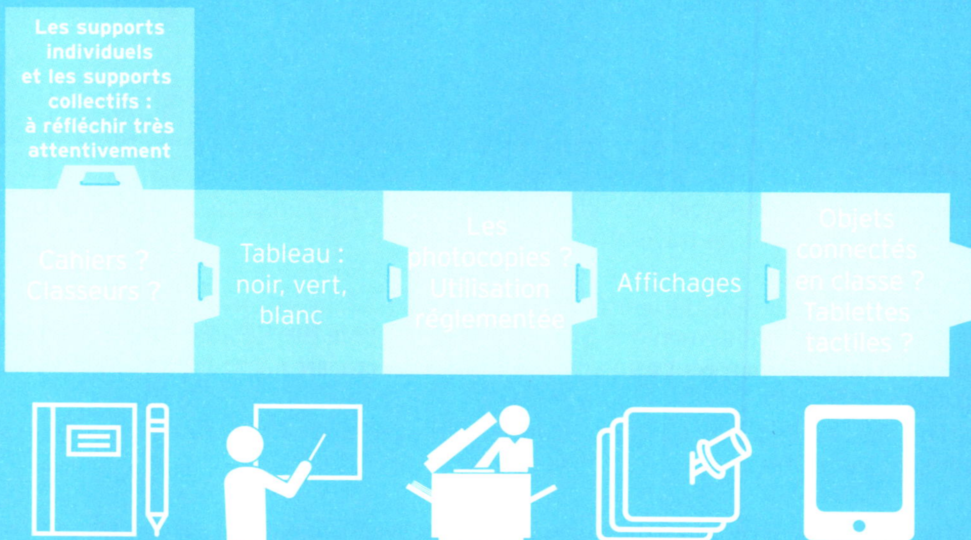

La diversité des supports…

Les supports pour les élèves doivent être :

› fonctionnels et adaptés aux élèves ou aux activités ;

› réfléchis en équipe de cycle ou d'école ;

› esthétiques et toujours propres lorsqu'il s'agit des affichages et du tableau mais aussi des photocopies.

Pour répondre à ces critères, il convient :

› D'adapter les cahiers à l'âge des élèves et aux activités auxquelles ils sont destinés. Les cahiers sont généralement des outils individuels mais peuvent être collectifs (cahier de vie de la classe en maternelle). Veiller à la qualité des outils cahiers (qualité du papier, solidité des reliures...).

› De décider en équipe de l'utilisation de tel cahier ou classeur, de l'utilisation des tablettes tactiles... et ceci en maternelle comme en élémentaire.

› De bien utiliserles photocopies qui peuvent être de deux types :

› photocopies de textes, d'articles de journaux, d'exercices... (groupements de textes à trier, cartes en histoire et géographie pris dans des journaux documentaires ou des manuels scolaires, mais aussi des albums ou des romans) ;

› photocopies d'exercices que l'on a préparés soi-même (fiches nécessaires soit en situation de découverte, soit pour l'évaluation car c'est souvent un gain de temps...).

› De penser les différents affichages en fonction deleur rôle. On distinguera les **affichages institutionnels** (listes d'élèves, liste des élèves inscrits aux activités périscolaires et déjeunant au restaurant scolaire, liste des PAI a l'attention d'éventuels remplaçants... et les **affichages pédagogiques** (emploi du temps de la classe, progressions/programmations, outils de mémoire pour les élèves...).

... et leurs contraintes

L'utilisation de la photocopie est régulée et en particulier par le bulletin officiel n° 3 du 19 janvier 2012 sur la propriété intellectuelle(à connaître expressément !).

Un point à ne jamais négliger : les photocopies doivent être propres ! pas de taches, pas de bordures noires, pas de travers !

Le tableau ou les tableaux doivent être utilisés comme supports collectifs incontournables dans la classe. Cette utilisation a évolué avec la pédagogie depuis Jules Ferry, cependant un tableau propre et bien écrit sera une aide précieuse à touset particulièrement aux élèves les plus en difficulté.

Attention : les élèves doivent durant l'activité se trouver face au tableau ou à tout le moins le voir sans difficultés

Les affichages : certains sont permanents, d'autres souvent changéscar dans le cas contraire, ils ne servent plus a rien.Il est indispensable que ces affichages soient propres, bien lisibles et judicieusement disposés.

Si l'on peut considérer le tableau blanc interactif comme support collectif, les tablettes tactiles sont des outils individuels ou du groupe. Attention, il est nécessaire de travailler avant toute utilisation sur la « fragilité » de ces objets et sur leur maniement afin d'en faire un usage sur le long terme.

LES OUTILS

OUTIL 25

L'affichage en classe

L'AFFICHAGE PARTICIPE À L'ATMOSPHÈRE DE LA CLASSE ET INFLUENCE LES ATTITUDES ET LES HABITUDES DES ÉLÈVES

Outil de communication,
outil de référence.

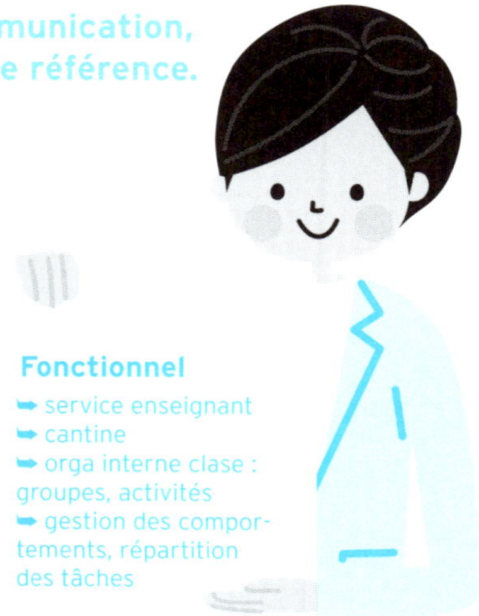

Institutionnel

- emploi du temps
- règlement intérieur de l'école
- consignes de sécurité, plan d'évacuation, n° d'urgence
- liste des élèves

Fonctionnel

- service enseignant
- cantine
- orga interne clase : groupes, activités
- gestion des comportements, répartition des tâches

Pédagogique et didactique

- Synthèses, règles, schémas, écrits d'élèves
- Mémoire de la vie de classe

Esthétique

- reproduction d'œuvre d'art, travaux d'élèves
- Musée de la classe

En résumé

Dans l'**agencement des espaces** muraux d'une classe, les **affiches** ont avant tout une fonction de communication et d'information à l'ensemble de la classe et doivent pouvoir être vues et lues.

Véritable outil pédagogique, ce support visuel joue un rôle non négligeable dans les apprentissages et la vie de classe. Si certains affichages institutionnels sont obligatoires et permanents, il revient à l'enseignant de s'approprier avec ses élèves l'espace affichage de sa classe à des fins organisationnelles, didactiques ou décoratives.

Au cours de l'année, l'affichage peut être amené à évoluer et peut ainsi se voir transformé, déplacé, voire archivé. L'affiche doit respecter un certain nombre de critères (localisation, présentation, périodicité) mais ces éléments ne suffisent pas à garantir une utilisation efficace : les élèves ne se référeront aux affichages que s'ils en ont besoin ou si des habitudes ont été mises en place (autonomie). Les inciter à participer à la création d'une affiche renforce les mécanismes d'appropriation.

Pourquoi l'utiliser ?

Objectifs

› Organiser au mieux les affichages en classe tout au long de l'année scolaire, pour participer à faire de cet espace un cadre agréable et fonctionnel.

› Faire des choix pédagogiques et didactiques facilitateurs d'apprentissages.

Contexte

Les affiches sont destinées en premier lieu aux élèves et à l'enseignant, mais aussi aux visiteurs que l'on accueille : parents, intervenants extérieurs, autres élèves...

Les affichages seront variables selon le cycle, le niveau de classe ou la disposition de la classe et reflètent le travail de l'enseignant. Il s'agit d'utiliser au mieux les murs, de tenir compte des différents espaces et de jouer sur les éclairages.

Comment l'utiliser ?

Étapes

Quand réaliser des affiches ?

Les affichages obligatoires sont mis en place dès le début de l'année. D'autres apparaissent en fonction des différents temps d'apprentissage. Ils peuvent être provisoires, rester toute l'année ou être complétés au fur et à mesure des besoins (ex. : frise du temps).

Quels types d'affichage ?

› L'affichage **institutionnel**, obligatoire et permanent : règlement intérieur, emploi du temps...

› L'affichage **fonctionnel**, recommandé : services des enseignants (cour), cantine...

› L'affichage **esthétique** : éduquer au regard, aux règles élémentaires de présentation, ou tout simplement décorer la classe.

› L'affichage **didactique** : aide-mémoire (ex. : tableaux de conjugaison), aide à apprendre (règles)... Il sert aussi à mettre en valeur les réussites des élèves : comptes rendus, productions d'élèves.

Méthodologie et conseils

› **Réaliser et organiser des affichages efficaces** implique :

Lisibilité et organisation, pour attirer l'œil et l'attention des élèves (= repères visuels). La lisibilité de ces affiches, si possible depuis n'importe quel endroit de la classe, dépend de la taille et de la police d'écriture, mais aussi de la place de l'affiche par rapport aux élèves. Ex. : les affichages de référence sont présentés face aux enfants pour qu'ils puissent s'y référer rapidement et sont regroupés par domaine disciplinaire, ce qui aide à structurer les apprentissages.

Esthétisme : les affiches doivent accrocher le regard tout en jouant sur la surprise (par une alternance écrit/image, de couleur...).

› **Faire participer les élèves** à la conception et à la réalisation de l'affichage. Ils pourront ainsi apprendre à extraire l'essentiel d'un message et se donner des règles communes de présentation.

› **Regrouper les affichages archivés** par domaine, dans un dossier facilement accessible ; ils constituent un élément de la mémoire de la classe et peuvent être consultés ou réaffichés si besoin.

« Un affichage qui ne bouge pas devient transparent »

Avantages

- Une bonne affiche, active l'imagination, exprime le concept, modifie et change la perception, incite au questionnement et à l'observation du détail.

Précautions à prendre

- S'il y a trop d'écrit l'information ne ressort plus, elle est perdue dans la masse.
- Faire évoluer l'affichage. Sinon, on finit par l'oublier.
- Ne pas négliger l'aspect esthétique.
- Ne pas afficher de renseignements confidentiels concernant des élèves à besoins particuliers.

SUITE OUTIL 25 →

OUTIL 25

L'affichage en classe

EXEMPLE – les fonctions de l'affichage et pistes à explorer

Les différentes fonctions de l'affichage

L'affichage dans une salle de classe remplit différentes fonctions qui peuvent être simultanées.

Une fonction pédagogique : un outil souvent construit en commun est réutilisé dans d'autres situations, telles une règle, la mise en forme d'une démarche, une grille de critères.

Une fonction de mémorisation : pour ne pas oublier, on affiche la liste des leçons, le planning de la journée, de la semaine, la date des visites à la bibliothèque, les programmations.

Une fonction référentielle : on se réfère, pour réguler une difficulté d'apprentissage ou d'organisation, à l'alphabet, à la frise numérique, à un texte de lecture, aux règles de vie ; Cela permet de développer des compétences en traitement de l'information : savoir trouver l'information dont on a besoin, puis progressivement la mémoriser pour devenir plus efficace.

Une fonction affective : la mise en valeur des travaux des enfants ou des documents créés pour eux et avec eux permet de mettre en avant les capacités de chacun et ce dans différents domaines.

Une fonction d'information : tous les affichages ont bien sûr cette fonction, mais certains plus spécifiquement, par exemple les affiches qui annoncent une manifestation et dont l'emplacement le plus pertinent sera dans un lieu de passage, les panneaux d'exposition sur un sujet d'étude, qui, après avoir été analysés, critiqués en classe, seront exposés en bibliothèque pour les autres classes et favoriseront les échanges de savoirs.

Une fonction culturelle : grâce à une mise en relation du patrimoine culturel avec les projets du moment, l'affiche peut concerner les domaines de la littérature, de l'histoire, comme des arts visuels.

Une fonction plastique : cette fonction se superpose à toutes les autres, par l'organisation de l'espace, des supports, de la couleur, des formes, des valeurs.

Une fonction civique : le respect du travail des autres et la coopération, pour créer un climat de classe agréable et stimulant, sont développés par la préparation des affichages en équipe ou en grand groupe.

De nombreux exemples d'affiches :

https://goo.gl/OnLNhF

Quels affichages dans votre classe ?

Voici quelques pistes à explorer, (variables selon le cycle).

Les affichages obligatoires
Emploi du temps de la classe : de la semaine, de la journée
Règlement intérieur
Consignes de sécurité, plan d'évacuation
Liste des élèves
Les affichages recommandés
Tableau cantine, APC
Répartition des tâches
Service enseignant, ATSEM (cour, etc.)
Liste des possibles (non exhaustif)
Le règlement de la classe (après élaboration avec les enfants).
Le mémo- consigne
Des guides de correction. de relecture, d'organisation (que mettre dans mon cartable)
Les dates d'anniversaire/un calendrier des anniversaires.
Des référents pour la production d'écrits (maquette).
Un tableau des responsabilités (distribuer les photocopies, plantes).
La préparation d'une sortie scolaire
Tableau des jours de la semaine (hier, aujourd'hui, demain).
Les calendriers de chaque mois de l'année.
Tableaux de sons, maisons de sons (pour la lecture).
Le vocabulaire nouveau et les mots difficiles à orthographier.
Un abécédaire
Les règles de grammaire, d'orthographe.
Les tableaux de conjugaison.
Dessins avec article + mots et graphème (lecture)
Textes produits par les enfants (poèmes, dessins...).
Cartes
Une frise numérique.
Une frise chronologique
Les tables d'addition, de multiplication
Les règles de mathématiques. (Bien poser une opération...)
Un code de correction (MD = mal dit, ACC = accord, etc.).
Travaux d'arts plastiques, reproduction de tableaux d'artistes peintres (pour décorer la classe)
Des affiches, des photographies (en rapport avec un thème de travail en vocabulaire, sciences, histoire, géographie, ou simplement pour décorer).
Vos propres affiches

Remarque

Gardez la mémoire de certains écrits sur le **tableau interactif** (les applications le permettent) ou sur le **tableau noir** (avec un appareil photographique) ! Ils pourront servir d'affiches par exemple pour réactiver les connaissances à la séance suivante.

OUTIL 26

Les cahiers des élèves

DE NOMBREUSES QUESTIONS À L'HEURE DU NUMÉRIQUE !

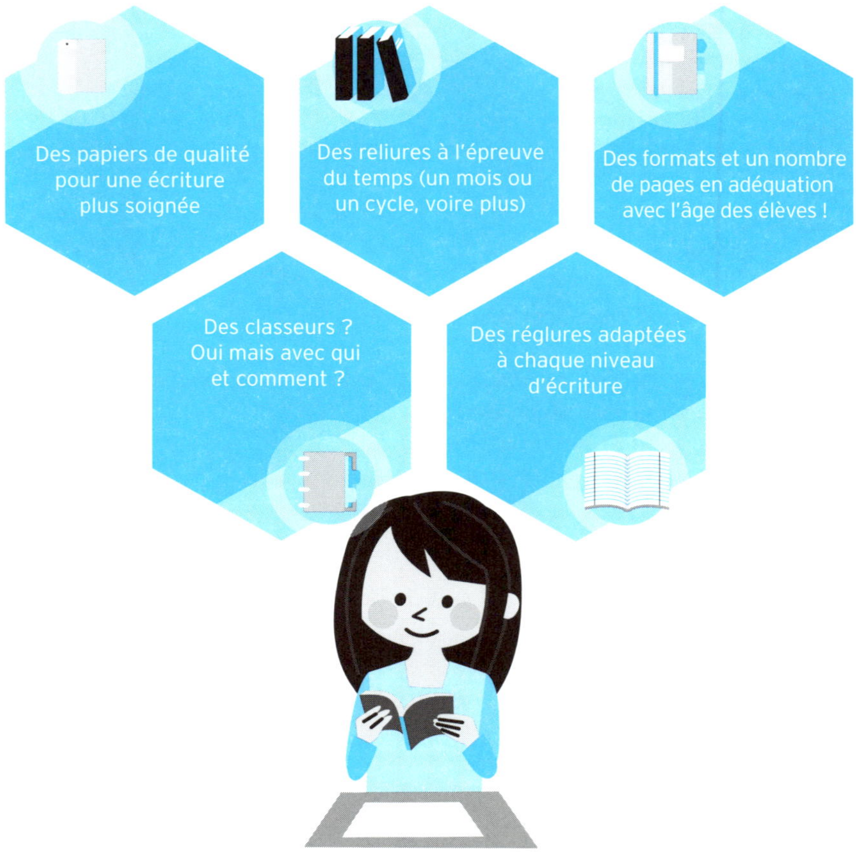

En résumé

Les cahiers ! Cela semble couler de source au moment de l'achat des fournitures et pourtant… Ils sont nombreux et très différents. Petits ou grands formats, lignés ou pages blanches, papiers de différents grammages, brochés, spiralés ou reliés, couvertures cartonnées ou plastifiées. Le choix s'avère à la fois difficile et pourtant très logique. Il en est de même pour les classeurs. Il faut avant tout considérer ce que l'on veut en faire et l'âge des utilisateurs.

Comme spécifié dans les circulaires de rentrée au sujet des fournitures scolaires, il sera intéressant de privilégier le papier recyclé. On en trouve d'excellents de nos jours. Afin d'éviter tout gaspillage, les commandes de cahiers se feront en fonction des programmes scolaires, des projets de classe ou de cycle et comme déjà précisé de l'âge des utilisateurs.

Enfin, si les cahiers sont utilisables pour tous les cycles, il sera plus intéressant d'utiliser les classeurs au cycle 3.

Pourquoi l'utiliser ?

Objectifs

Privilégier les économies et le recyclage du papier. Réfléchir aux économies pour les parents d'élèves et les écoles. Éviter le plus possible le gaspillage et amener les élèves à une structuration personnelle au travers de l'utilisation de leurs cahiers ! Amener les élèves au respect des cahiers qu'ils utilisent.

Contexte

C'est lors de la préparation des commandes de fournitures que l'on se penchera ensemble sur le problème parfois compliqué des cahiers. Comme pour les fournitures en général, il faudra d'abord consulter le cahier d'inventaire de l'école. Ainsi, on pourra éviter les doublons et voire plus !

Comment l'utiliser ?

Étapes

› Les cahiers en fonction du niveau

Ce choix s'avère nécessaire à faire en équipe de cycle ou d'école, d'abord en terme de continuité des enseignements, ensuite en terme de mémorisation des diverses activités.

Pour le cycle 2, utiliser des cahiers paraît pertinent ! On pourra introduire l'utilisation du classeur au cycle 3.

› Les cahiers en fonction de la matière

C'est en équipe de cycle que l'on pourra décider des formats de cahiers pour les différentes matières.

De plus, les formats différents seront une aide précieuse pour éviter lesconfusions au moment d'utiliser tel ou tel cahier, ceciplus particulièrement au cycle 2 ouen classe multiniveau.

› Expliquer aux élèves la fonction et l'organisation des cahiers

Il faut avoir des exigences pour rendre les élèves exigeants avec eux-mêmes. Tous les cahiers et classeurs seront régulièrement contrôlés et corrigés par l'enseignant. Exception faite des écrits personnels des élèves. Ceci sera signalé aux parents dès la réunion de rentrée.

Si l'on utilise des classeurs (cycle 3), on fera l'apprentissage de l'organisation. Les travaux en cours seront rangés dans une chemise cartonnée durant tout le temps de la séance. En fin du module d'apprentissage, les feuilles seront rangées dans l'ordre au bon endroit du classeur (grammaire, vocabulaire, dictées… ou numération, mesures…).

Enfin les élèves prendront peu à peu l'habitude de ranger soigneusement leurs cahiers ou classeurs et à prendre le bon cahier à rapporter à la maison.

Méthodologie et conseils

Si chaque enseignant a ses exigences sans tenir compte de l'avis de ses collègues, c'est l'élève qui en pâtit et les parents qui ne s'y retrouvent plus.

Le choix des cahiers s'effectue donc lors des commandes de fournitures mais aussi à l'occasion des conseils de cycle ou des maîtres afin de décider au mieux au regard des projets et de l'âge des élèves. Ce choix se fait aussi en préparant le projet d'école et plus précisément le projet de cycle.

Avantages

- Un cahier ou classeur de cycle prend tout son intérêt dans les disciplines humaines (découverte du monde, histoire et géographie) et scientifiques.

Précautions à prendre

- Réfléchir à la difficulté de gestion des différents supports pour l'élève, à la confusion qui s'ensuit… et au poids du cartable.
- Le format 24 cm x 32 cm est très inapproprié, en particulier pour les élèves les plus jeunes, de CP, de CE1 ou même de CE2.
- Ne pas utiliser des cahiers de plus de 96 pages.

SUITE OUTIL 26 →

OUTIL 26

Les cahiers des élèves

EXEMPLE - des cahiers, des cycles et des apprentissages !

Cahier ou classeur ?

	Avantages	Inconvénients
Cahier	• Choix du format possible. • Facilité d'organisation/repérage pour l'élève. • Pas de leçons de perdues. • Présentation en général plus soignée.	• Leur multiplicité et donc leur poids quand il faut les transporter. • Certains formats ne conviennent pas au collage des photocopies et autres documents. • Ne permet de souplesse s'il faut changer l'ordre des éléments. • Un cahier de perdu c'est tout son contenu de perdu !
Classeur	• Permet de classer, d'intercaler des documents… • Permet de sortir uniquement ce qui est nécessaire pour travailler ou réviser. • Peut être utilisé tout au long d'un cycle.	• Risque de perdre des documents. • Le volume peut-être important quand il faut le transporter en entier. • L'organisation doit être rigoureuse et les documents classés au fur et à mesure.

Un cahier commun à tous les cycles

Le cahier de liaison : il vaudra mieux le choisir solide et le faire couvrir afin qu'il ne finisse pas en charpie avant la fin du premier trimestre ! Il est personnel à chaque élève et à sa famille ! Souvent, il sera utilisé de manière commune **pour informer globalement les familles**, d'une sortie, d'un projet… une fiche photocopiée sera alors collée par le maître ou l'ATSEM en maternelle. Aux cycles 2 et 3, elle sera collée par les élèves. Ce travail fait partie des apprentissages transversaux.

Parfois, le cahier de liaison servira d'outil de **communication avec une famille en particulier** : demande de rendez-vous de l'école vers la famille ou vice versa.

Attention, écrire au stylo rouge sur le cahier de liaison est proscrit.C'est un signe irrespectueux de la part d'un maître. Le respect étant réciproque, c'est une convention à mettre en place lors de la réunion avec les parents.

Des cahiers pour le cycle 2 et le cycle 3

› **Le cahier de texte** : il servira à noter les leçons à apprendre, les mots à étudier au CP, en bref les petits travaux à effectuer à la maison. Le cahier de texte hebdomadaire pourra être remplacé au CM2 par un agenda scolaire(la plupart du temps demandé aux familles dans la liste de fournitures).

› **Le cahier d'essai-cahier de brouillon :** si le papierdu cahier n'est pas d'aussi bonne qualité que les autres cahiers, il doit être tenu aussi proprement que les autres. Comme le cahier du jour, on y inscrira la date du jour et les traits y seront tracés à la règle ! Très utile pour le travail en groupe où le rapporteur inscrira les notes, pour les premiers jets d'écriture ou les recherches en mathématique. C'est un cahier important de par son rôle dans les apprentissages.

› **Le cahier du jour :** introduit dès le CP, il sera le compagnon quotidien de tous les élèves jusqu'au CM2 ! On choisira un papier de qualité. Servant à l'évaluation journalière des élèves, il permettra

La main à la pâte :

https://goo.gl/aLNpDE

au maître de réguler les apprentissages. Il sera communiqué aux parents toutes les semaines, et pour cela, sera scrupuleusement corrigé par le maître et bien évidemment par les élèves.

Le **cahier d'expériences** pour la culture scientifique et technologique **:** l'esprit « main à la pâte » étant plus que jamais d'actualité, on pourra l'organiser selon les propositions du site (http://www.inrp.fr/lamap/).

› **Le cahier de chants et poésies :** indispensable outil de la mémorisation, ce cahier peut comporter une feuille à dessin ! Les élèves pourront bien sûr décorer leur cahier ! la calligraphie y sera soignée ainsi que la présentation des textes ! (Au début du CP, on s'autorisera le collage du texte photocopié, mais on introduira la copie du texte aussi vite que possible, en respectant le niveau d'apprentissage des élèves).

Des exigences à avoir pour la plupart des cahiers :

› Imposer le soin de l'écriture (au stylo-bille) et de la tenue du cahier, propreté, traits tirés à la règle...

› Éviter autant que possible les photocopies, il est indispensable que les élèves écrivent souvent et cela dès le CE1 !

› Corriger les cahiers tous les jours.

Des cahiers plus spécifiques

› En maternelle, utiliser un grand cahier (24 x 32), il servira de **cahier de vie de la classe**. On y collera des fiches, des photos, des dessins... on pourra le communiquer aux familles et celles-ci pourront intervenir dessus (ce weekend end, nous avons visité le zoo de... ou le musée...).

› **Le cahier de lecture/écriture :** au CP, il contiendra les tapuscrits des textes à lire, si le maître n'utilise pas de manuel. Mais il contiendra tous les écrits et travaux personnels des élèves, ainsi que la photocopie des textes produits par dictées à l'adulte. On le choisira de grand format, pages non lignées car les élèves pourront y coller leurs textes ou écrits plus proprement.

› **Le cahier d'apprentissage de l'écriture** : il évoluera en fonction des progrès des élèves.

de 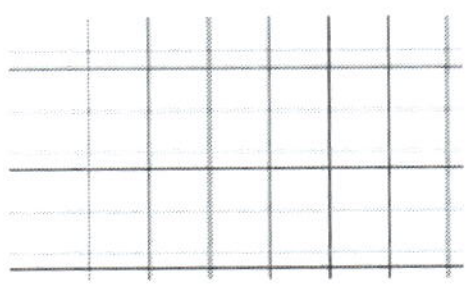 pour arriver à 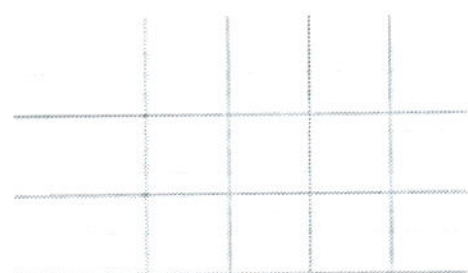

› **Le cahier de français** (cahier de cycle) : cahier de leçon et d'exercices sur l'étude de la langue. Il sera doté d'un sommaire que les élèves pourront compléter au fur et à mesure afin de mieux se repérer dans les différentes matières contenues dans ce cahier ! Choisir un cahier solide et relié de préférence !

› **Le cahier de mathématique** : comme le cahier de français, organisé selon le même modèle, il suivra l'élève tout au long du cycle.

Remplacer les deux cahiers précédents par des classeurs est tout à fait possible. Le sommaire sera toujours présent, mais les matières séparées par des intercalaires. Réserver toutefois ce procédé au cycle 3.

› **Le cahier d'évaluations :** choisir un cahier grand format, où l'on pourra coller proprement les différentes fiches et éventuellement, un bilan intermédiaire à l'intention des parents.

OUTIL 27

La photocopie

LA PHOTOCOPIEUSE : UNE ALLIÉE DE CHOIX !

En résumé

La photocopieuse mais aussi l'imprimante et le scanner sont présents dans les écoles. Une fois dépassés les petits tracas purement « matériels » évoqués ci-dessus, ces outils constituent un apport indéniable et peuvent permettre à l'enseignant de concevoir des supports pédagogiques pertinents (en particulier dans les classes multiniveaux). Il existe une diversité d'usages selon les niveaux, les écoles, les équipements en manuels. Devant les abus en tous genres (« photocopillage »), l'usage de la photocopie est encadré par la réglementation. Cet usage laisse de plus une empreinte environnementale non négligeable et peut avoir des conséquences positives et négatives sur les apprentissages. La photocopie est à la fois le reflet d'une évolution des pratiques professionnelles (personnalisation du travail et organisation du temps personnel de l'enseignant), et un support privilégié pour la différenciation du travail proposé aux élèves.

Pourquoi l'utiliser ?

Objectifs

› Avoir une pratique raisonnée et raisonnable de son usage dans le respect de la législation.
› Penser la photocopie termes pédagogiques.

Contexte

Toutes les écoles possèdent au moins un appareil, généralement financé par la mairie. Des quotas de photocopies sont souvent mis en place, en général en fonction du nombre d'élèves. Ces apparentes restrictions ont conduit de nombreux enseignants à se doter d'un photocopieur personnel, ce qui permet de ne pas rester à l'école pour préparer le travail et de simplifier l'organisation de la préparation des activités. Mais ne doit-on pas se poser la question de la pertinence de son usage ?

Comment l'utiliser ?

Étapes

Respecter la législation :

› La **reproduction totale ou partielle** d'une œuvre sans l'accord de son auteur est en principe illicite. Cependant, vous pouvez, pour illustrer votre enseignement, avoir recours à la photocopie d'extraits de publications (livres, manuels, périodiques...).
› La copie intégrale d'une publication est interdite. Les parties d'œuvres copiées ne doivent pas excéder :
- 10 % d'un livre ou d'une partition de musique ;
- 30 % d'un numéro d'une revue ou d'un journal ;

dans la limite **de 80 pages de copies par élève et par an** et en citant la référence : (titre, auteur, éditeur).

Utiliser la photocopie pour :

› Illustrer une leçon conçue par l'enseignant.
› Servir de modèle ou de support d'exercice.
› Rendre compte d'un travail (individuel ou collectif).
› Évaluer les acquis des élèves.
› Diffuser une information (parents d'élèves...).

Autres aspects à prendre en compte :

› Rapport à la lecture : le collage de documents divers peut entraîner de la confusion dans la compréhension ; le format des photocopies n'est pas toujours en cohérence avec celui des cahiers.
› Rapport à l'écriture : les photocopies sont souvent données comme support d'exercices ; quelle place est alors laissée à l'écriture de l'élève ?
› Organiser le « stockage » des photocopies : feuilles à coller dans un cahier, porte-vues ou classeur, (à définir en début d'année).
› Aspects économiques : coût par page élevé.
› Aspects environnementaux : consommation de papier, d'énergie et recyclage des cartouches.

« N'oubliez pas de respecter le droit d'auteur lorsque vous photocopiez des extraits de publications. »
Centre français d'exploitation du droit de copie

Méthodologie et conseils

Tout recours à la photocopie doit être pensé en termes d'apprentissages (ex. : réduction/agrandissement en arts visuels).
Tout recours à la photocopie doit être justifié (ex. : documents originaux créés par le professeur ou les élèves, sinon privilégier l'usage des manuels).
Définir une cohérence pour des documents créés par vous-même (titres, sous-titres, paragraphes) et veiller à disposer d'un accès aux originaux (BCD, affichage...)

Avantages

- La photocopie est particulièrement utile dans les classes multiniveaux.
- Elle permet de se concentrer sur un document et non sur sa réalisation.

Précautions à prendre

- Ne pas oublier que la propriété intellectuelle s'applique aussi sur les contenus en ligne !
- Pas d'excès : les élèves doivent continuer de produire à la main ou avec un ordinateur, sous forme écrite ou graphique, voire même recopier un texte écrit au tableau...

OUTIL 28

Le tableau

NOIR, VERT,BLANC... OU NUMÉRIQUE ! LE TABLEAU EST UN SYMBOLE DE L'ÉCOLE !

1 Repère spatial

2 Repère temporel : la date du jour

3 Support visuel aux apprentissages

4 Modèle à copier et/ou brouillon

5 Comment donner le maximum d'efficacité à l'utilisation du tableau !

6 Trucs et astuces pour une utilisation optimale !

En résumé

Qu'il soit noir, vert ou blanc, le tableau sert de support à la connaissance en construction ainsi qu'à sa formalisation. Il sert aussi à gérer la classe de manière dynamique.

Il peut physiquement revêtir plusieurs formes : accolé au mur, à pans rabattables, sur pied ! De couleur noire ou verte qui nécessite l'utilisation des craies. Blanc, on utilise des feutres spéciaux de couleurs variées comme les craies d'ailleurs !

Cet objet incontournable d'une salle de classe doit surtout rendre efficace la pédagogie du maître. Quelle qu'elle soit, le tableau noir y trouvera sa place. Le maître écrit au tableau, mais il n'en a pas l'unique privilège. Les élèves, des plus petits aux plus grands, peuvent aussi l'utiliser. Les uns pour y tracer leurs premiers graphismes, les autres pour y faire découvrir les schémas d'une expérience scientifique ou des phrases de synthèse en grammaire, ou... bien d'autres choses encore.

Enfin, pour une utilisation maximale du tableau, il faudra se poser autant de questions que possible et le penser dans sa préparation de classe.

Pourquoi l'utiliser ?

Objectifs

› Concentrer l'attention des élèves sur une information ou un exercice.

› Objectif secondaire mais incontournable : écrire soigneusement, utiliser un tableau aussi propre que possible. **Rester toujours lisible !**

Contexte

Le tableau est utilisé en classe en permanence. Il doit dans tous les cas d'usages (pédagogiques ou organisationnels) faire partie intégrante de la préparation des séances pédagogiques.

On peut utiliser le tableau comme support de projection si la classe est équipée d'un vidéo-projecteur.

Méthodologie et conseils

Le tableau doit toujours rester propre. On peut charger les élèves de l'effacer à tour de rôle. Choisir au moment d'écrire les couleurs à utiliser, s'entraîner à une écriture correcte et droite Un tableau abîmé peut être aisément repeint avec une peinture spéciale qu'on trouve facilement de nos jours ! De même, on peut facilement le recouvrir de tableau blanc adhésif (cela permet de réutiliser de vieux tableaux qui ne seront pas de trop dans une classe multi-niveaux)

« Faites que votre tableau soit toujours une ouverture au monde »

Comment l'utiliser ?

Étapes

› Les élèves, quelque soit le niveau de classe élémentaire (c'est un peu différent en maternelle) doivent avoir un visuel direct sur le tableau.

› L'écriture au tableau doit être lisible et bien organisée ! Pour les élèves cette écriture du maître a valeur d'exemple.

› L'utilisation du tableau est liée directement à la préparation de la séance, c'est un support de connaissances. Intégrer son utilisation aux divers stades de l'avancée de la séance.

› Organiser le tableau de manière à respecter le sens de lecture (de gauche à droite).

› Effacer régulièrement ce qui n'est plus utile.

Avantages

- Le tableau, en tant que support permanent est un indispensable recours de la mémoire pour la construction du savoir, pour l'apprentissage de l'autonomie, pour que les élèves s'exercent à la copie ! Il a le mérite de pouvoir se moduler quasiment à l'infini.

Précautions à prendre

- Le tableau doit être prêt à l'arrivée des élèves, (programme de la journée, consignes...) afin de ne pas leur tourner le dos trop longtemps.
- Veiller à la qualité d'écriture et à son orthographe.
- Penser soigneusement l'utilisation du tableau pendant la préparation des séances.
- Veiller à ce que le tableau soit toujours propre.
- Utiliser les outils appropriés (règles, équerres, compas) pour encore plus de netteté dans les tracés !

SUITE OUTIL 28 →

OUTIL 28

Le tableau

EXEMPLE – différentes manières d'utiliser le tableau noir

Comme support de connaissances en construction

› Pour y fixer les apports des mises en communs : après un travail de groupe, pour ne rien oublier de ce qui servira à synthétiser les apprentissages de la séance en cours. C'est le maître qui écrit, mais ce peut être également le rapporteur du groupe (CE1 et cycle 3).

› Pour y écrire des débuts de phrases, des exercices, des opérations à calculer, des problèmes à résoudre...durant la séance en cours, c'est le maître qui écrit.

› Pour noter les déroulements d'une expérience en courset les résultats successifs obtenus.

› Pour y écrire les nouveaux mots, les exercices d'encodage ou de décodage en apprentissage de la lecture au CP...

Comme support des connaissances formalisées

› Pour y écrire les synthèses, les règles à copier...

› Pour amener de fait l'enseignant à penser le contenu afin que les écrits ou les paroles des élèves soient compréhensibles pour tous.

› Pour que ces écrits à retenir soient aussi synthétiques que possible, tout en y retrouvant les écrits des élèves.

Comme moyen de dynamiser l'enseignement

› Pour donner des repères aux élèves (date du jour, programme de la journée...) et y revenir en cours de journée si nécessaire.

› Pour apporter des outils de différenciation : le maître s'occupe d'un groupe pendant que les autres trouvent les informations sur le tableau.

› Pour être, à certains moments le support de la voix du maître.

Qui peut écrire au tableau ?

Le maître mais aussi les élèves.

Essentiellement le maître dans la situation d'échanges verbaux entre élèves qu'il faut favoriser.

Apporter la plus grande attention à ne pas stigmatiser un élève face à ses camarades si son écriture est maladroite. Il n'y a pas d'obligation à faire écrire un élève au tableau.

Quelle écriture utiliser ?

Écrire en cursive comme sur les cahiers puisqu'un élève pourra venir apporter sa contribution lors d'exercices divers.

Au CP, utiliser l'écriture « bâton » que les élèves rencontrent dans leurs livres sera possible, mais très vite accompagnée de la cursive.

Utiliser une écriture cursive aussi nette et propre que possible, en pensant la taille des lettres par rapport à la taille des écrits.

Marquer pour les élèves la différence entre les écrits d'apprentissage (cursive sans fioritures) et des écrits en liens avec les arts de la rue comme les tags par exemple.

Quelles parties de la leçon écrit-on au tableau ?

Dans le cas des **connaissances en construction** : écrire ce qui rendra compréhensible à tous la pensée d'un élève ou d'un groupe en simplifiant le propos (sujet, verbe, complément). Noter aussi des mots clefs, voire des abréviations (au cycle 3 exclusivement). Il faudra conserver ces écrits pour en tirer ensuite la synthèse.

Les **connaissances formalisées** sont écrites de façon claire et concise, sans abréviations. Ce sera le modèle à recopier sur le cahier adapté. Il ne faut donc pas de fautes d'orthographe, pas de « parasites » autour : les prises de notes du maître auront été précédemment effacées.

Il faut par exemple qu'un élève absent puisse comprendre immédiatement de quoi il s'agit lorsqu'il rattrape le travail manqué. De même lorsqu'on procède à une copie en différé de la synthèse.

Organiser ces différents écrits est indispensable : écrire au tableau les consignes et les reformuler à l'oral est une garantie de réussite pour l'apprentissage en cours. Et a fortiori si ces consignes sont nombreuses. On aurait certes pu photocopier les consignes pour chaque élève mais...Le tableau rassemble les élèves alors quela photocopie les isole. Il en est de même pour la synthèse.

Et le tableau numérique interactif ?

Beaucoup de classes sont actuellement équipées de tableaux numériques interactifs ! (TBI ou TNI)

Il permet toutes les utilisations précitées mais va beaucoup plus loin.

Le TNI ou TBI fait partie des objets connectés qui depuis maintenant une dizaine d'années se développent dans les classes primaires.

De nombreuses utilisations s'offrent aux maîtres et aux élèves :

- Outil par excellence de l'apprentissage à l'autonomie, il permet aux élèves non seulement de rédiger en commun mais de sauvegarder cet écrit.
- Il permet au maître et aux élèves de partager certaines corrections, comme corriger des opérations, des problèmes mathématiques, des constructions géométriques.
- Il permet aux élèves de travailler en groupe sur une situation de recherche proposée par le maître.
- Enfin, il s'avère d'une grande utilité en classe multiniveau ou il devient un outil de délestage mais aussi d'apprentissage de première importance.

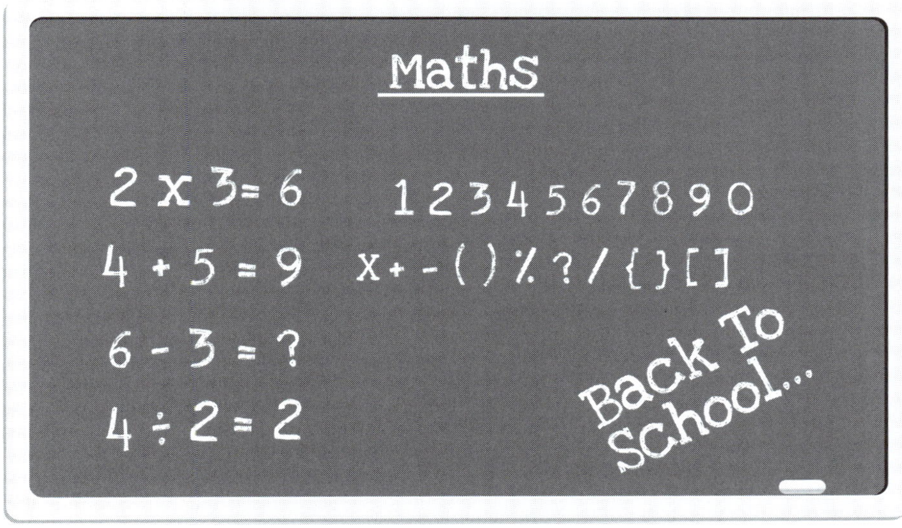

Illustration : Created by freepik.com

OUTIL 29

La tablette numérique

NOUVEL OBJET À DÉCOUVRIR ET EXPLOITER POUR AMÉLIORER SA PÉDAGOGIE !

En résumé

De plus en plus de classes sont équipées d'objets connectés tels les tablettes tactiles. Il faut rappeler que les tablettes font partie des équipements scolaires expérimentés au titre des dotations publiques.

On trouvera à l'école primaire deux sortes essentielles de tablette que sont la tablette à Stylet et l'ardoise tactile, éventuellement une tablette hybride à clavier adaptable.

Des potentialités pédagogiques nouvelles sont offertes par les tablettes tactiles. Si elles ne se substituent pas à l'ordinateur, elles apportent rapidité de mise en œuvre, simplicité d'utilisation, autonomie et mobilité.

L'objet tablette est un outil dispendieux : il n'est pas obligatoire d'en posséder un par élève dans toutes les écoles ! Ces contraintes vaincues, la tablette tactile s'avère un outil précieux pour le travail de groupe. En effet, couplé au TBI, il permet un affichage rapide du travail de chaque groupe et un gain de temps pour parvenir à la synthèse de l'activité et ceci dans pratiquement tous les domaines d'enseignement. Ainsi tablettes et tableau forment un ensemble cohérent d'outils devenant encore plus efficaces.

Pourquoi l'utiliser ?

Objectifs

› Pour faire progresser les élèves dans leur maniement mais surtout pour intégrer l'utilisation de ces objets comme outils d'apprentissage.

› Utiliser la tablette comme outil d'accession à l'autonomie.

› Utiliser la tablette comme outil facilitateur du passage de l'individuel au collectif.

Contexte

Cet outil se veut une ouverture vers une pédagogie en phase avec le monde actuel. On pourra l'utiliser de nombreuses manières à condition de faire entrer cette utilisation aussi simplement que l'on utilise le cahier et le stylo,de façon totalement intégrée aux activités courantes de la classe en considérant qu'elle apporte plus d'autonomie et rapidité d'action aux élèves.

Comment l'utiliser ?

Étapes

Utiliser la tablette détermine un projet pédagogique précis, qui englobe les objectifs à atteindre à tel ou tel niveau et les moyens pédagogiques mis en œuvre pour y parvenir.

› Mettre les élèves en situation de s'approprier la tablette.

› Les responsabiliser face à l'outil qu'ils ont en main.

› Choisir des activités simples pour les familiariser avec l'outil.

› Travailler en atelier si les tablettes ne sont pas disponibles pour tous les élèves d'une classe.

› Choisir des entrées différentes d'utilisation suivant les projets mis en place et le nombre de tablettes à disposition(donner un exemple).

Méthodologie et conseils

La tablette est utilisée par le maître pour tous les domaines d'apprentissage ; dans sa classe individuellement mais aussi pour le travail de groupe. Elle est utile tout au long de l'année et pour pratiquement tous les domaines d'apprentissages : créations, entraînement, situations de découverte, préparations de classes de découvertes en échange direct avec la structure accueillante...

Cet outil, nomade par excellence, pourra être utilisé par plusieurs maîtres dans le cadre de communications interclasses voire interécoles.

« Nous avons l'impression que [...] les nouvelles technologies transforment notre vie de tous les jours bien davantage que nos ministres ou nos parlementaires »
Luc Ferry

Avantages

- Les tablettes numériques intégrées aux apprentissages peuvent participer d'un gain de temps remarquable lorsqu'elles sont utilisées dans le cadre d'un projet précis.
- Elles s'intègrent aussi facilement que le cahier ou le stylo dans les activités classiques quotidiennes.
- Elles sont bien adaptées aux élèves à besoins particuliers car plus souples d'utilisation que l'ordinateur.
- Elles deviennent très vite un indispensable outil de l'autonomie des élèves.

Précautions à prendre

- L'objet « tablette » devra être protégé pour éviter la « casse » (coques de protection).
- Les tablettes numériques ne pourront en aucun cas être emportées par l'élève dans son cartable.
- L'utilisation optimale de la tablette ne peut se concevoir qu'avec une solution Wi-Fi dans l'école.
- Les connexions internet devront être sous contrôle des adultes lors de situation de recherche individuelle et autonome.

SUITE OUTIL 29 →

La tablette numérique

EXEMPLE - une mise en place d'utilisation des tablettes numériques

Mettre les élèves en situation de s'approprier la tablette et les responsabiliser face à l'outil qu'ils ont en main.

› Présenter l'objet que les élèves connaissent déjà certainement tout en spécifiant que cet objet est réservé à l'utilisation en classe, donc ne se glissera jamais dans le cartable.

› Préciser qu'éventuellement cet objet appartiendra à tous les élèves du cycle voire de l'école à tour de rôle.

› Amener les élèves à ranger la tablette après utilisation dans sa housse ou la positionner sur le support chargeur (valise ou meuble qui intègrent les dispositifs d'alimentation).

› Proposer des activités qui diffèrent de l'utilisation classique du cahier et du stylo.

› Enfin, les travaux réalisés devront être stockés sur un serveur commun qui permettra le partage mais aussi la vérification par le maître.

Choisir des activités pédagogiques différentes (et différenciées) pour optimiser l'utilisation des tablettes.

› La tablette tactile, objet nomade, s'intègre très bien dans l'environnement de travail de l'élève.

› Il n'est pas nécessaire que chaque élève possède son outil. On peut de façon plus pertinente travailler en atelier avec des supports pédagogiques différents. Ceci tend à conforter l'autonomie de l'élève.

› Montrer que la tablette peut être plus qu'un objet de consultation (éventuellement connu dans la famille) et devenir objet de production.

› Utiliser des applications qui permettent une prise de main sur le TNI afin de passer de l'individuel ou du groupe au collectif.

› Utiliser le clavier virtuel pour des productions écrites par tous les élèves y compris les élèves en situation de handicap.

Choisir des entrées différentes d'utilisation.

Suivant les projets mis en place et le nombre de tablettes à disposition : on peut envisager trois entrées classiques afin de progresser dans une pédagogie différente pour le maître et une meilleure intégration de l'objet aux apprentissages des élèves.

1. Utiliser les outils natifs intégrés à la tablette : l'appareil photo, la vidéo, l'enregistrement sonore pour créer des répertoires de sons, comptines, situations en EPS, poésies à travailler, expériences scientifiques...
2. Utiliser par atelier des applications d'entraînement dans les divers domaines d'enseignement.
3. Utiliser des applications de création : en sciences, en français, en mathématique mais aussi en Arts Visuels et musique qui permettent de travailler « in situ » lors de visites ou de sorties sportives.

Deux ou trois exemples concrets pour utiliser les outils natifs intégrés à la tablette (1).

› L'appareil photo intégré : au cours d'une sortie nature, on peut décider de donner une consigne, liée à l'apprentissage d'une poésie. Il s'agira pour chaque élève de rechercher dans son environnement une image qui évoque pour lui la poésie en question. Revenu en classe, on pourra discuter d'un choix à faire pour conserver deux ou trois photos pour la classe, sachant que chaque élève pourra conserver la sienne pour sa propre illustration. Ceci vers l'apprentissage au choix objectif par débat, toutes les photos ayant été affichées sur le TNI.

› Le système vidéo : en EPS, un groupe d'élèves observe un autre groupe en action à l'aide d'une grille d'observation. Dans le groupe des observateurs un élève filme l'activité. Durant la synthèse des groupes, en classe après l'activité, ce petit film sera d'une grande importance pour objectiviser les corrections et permettra de modifier les remarques de la grille en les affinant.

› En science, on pourra arriver par ce biais à une synthèse de groupe plus rapide en gommant l'aspect répétitif puisque les images seront immédiatement accessibles sur le TNI.

› L'enregistrement sonore : il sera possible d'enregistrer autant de bruits, de chants, de sons que l'on pourra intégrer immédiatement comme bande sonore d'une production filmée

Gain de temps en productions, accès à l'autonomie des élèves face à diverses présentations et mises en communs, accès à un choix plus objectif qui permet de barrer un maximum l'affectif lorsque ce sera nécessaire, présentation plus claire et plus lisible, voilà ce que l'on obtiendra de plus positif au travers de l'utilisation des tablettes numériques !

Remarque

Afin de progresser au travers de cet outil, il sera intéressant de consulter les propositions nombreuses sur le site EDUSCOL du ministère de l'Éducation nationale et particulièrement le site de pédagogie de l'académie de Nantes sur le thème numérique et enseignement ; les tablettes à l'école primaire.

DOSSIER

7 LES ÉLÈVES À BESOINS SPÉCIFIQUES

Ma classe, mes élèves, des besoins différents donc des outils institutionnels et dispositifs différents à mettre en œuvre.

Question : quel dispositif pour cet élève qui a tels besoins ?

Besoins	Acteurs	Dispositif
Santé : pathologies chroniques, allergies	Médecin scolaire et directeur d'école	**PAI** Traitement médical, accompagnement à la scolarité, protocole d'urgence
Difficultés scolaires	Enseignant de la classe	**Différenciation pédagogique**
Difficultés dans la maîtrise des compétences du socle	Concertation parents-enseignant -directeur	**PPRE** Pratiques pédagogiques diversifiées et différenciées
Troubles des apprentissages	Conseil de maîtres et parents	**PAP** Aménagements et adaptations pédagogiques
Situation de handicap	Parents -enseignant référent MDPH	**PPS** Orientation et accompagnement, aménagements et adaptation pédagogiques, aide humaine; attribution de matériels pédagogiques adaptés
EANA , EFIV, Élèves précoces	Enseignant + partenaires	**Adapatations pédagogiques**

DOSSIER 7

Il est nécessaire de prendre en compte la diversité de tous les élèves car « tous les élèves sont différents, dans leur parcours scolaire, personnel, dans leur relation aux apprentissages et à la scolarité. » Cette prise en compte et cette adaptation permettront d'accompagner les élèves dans leur parcours de formation et favorisera la réussite de **tous.**
Une classe, c'est souvent 30 élèves avec leurs propres problèmes et difficultés. Comment faire donc avec des dispositifs qu'il est souvent difficile de mettre en place et de suivre ainsi que des parents qui insistent : « leur enfant n'est pas comme les autres ».
On peut poser une des facettes de cette diversité comme allant de la difficulté ordinaire à la situation de handicap ce qui nécessite la mise en œuvre d'outils institutionnels. Une autre facette de cette diversité s'incarne dans la présence d'élèves allophones, intellectuellement précoces ou malades au sein de l'école.
Mais quels que soient les besoins des élèves, l'enseignant doit tout mettre en place pour tenter d'y répondre.

Des élèves différents ? en quoi ?

C'est à partir de l'observation quotidienne de l'élève en situation d'apprentissage que l'on va pouvoir analyser les différentes difficultés rencontrées dans la construction des compétences attendues.

J'ai repéré un élève en difficulté dans ma classe, qu'est-ce que je peux faire ?

Les différents dispositifs disponibles pour les élèves à besoins spécifiques sont inscrits dans les politiques éducatives tant au niveau national qu'au niveau des territoires. Ces dispositifs vont de la **différenciation pédagogique** à la mise en œuvre d'un **dispositif spécifique** selon le diagnostic posé par les professionnels spécialisés. En effet, si les textes ministériels et les lois fondatrices émanent du MEN (niveau national), leur mise en œuvre est généralement du ressort des partenaires territoriaux (Région, département et commune).

On parle souvent d'aide ordinaire et d'aide spécialisée, quelle différence ?

Aide ordinaire : pédagogie différenciée (pendant les 24 heures classe) et APC (36 heures année qui se déroulent hors temps scolaire).

Aide spécialisée : intervention des Membres du Réseau d'Aides Spécialisées aux Élèves en Difficulté (RASED) pendant les 24 heures classes.

LES OUTILS

OUTIL 30 Enfants malades et projet d'accueil individualisé (PAI)

LES RECOMMANDATIONS DU PAI

En résumé

Un projet d'accueil individualisé (PAI) est mis en place lorsque la scolarité d'un élève, notamment en raison d'un trouble de santé invalidant, nécessite un aménagement. Hormis les aménagements prévus dans le cadre du PAI, la scolarité de l'élève se déroule dans les conditions ordinaires.

Les enfants concernés sont atteints de maladie chronique (asthme par exemple), d'allergie et d'intolérance alimentaire. Il est important de préciser que sans PAI aucune action ne peut être mise en œuvre en cas d'urgence par les différents personnels des structures d'accueil.

Les étapes de la mise en place du PAI :

- la famille fait une demande au médecin traitant ;
- le médecin traitant établit une ordonnance et un protocole de soins d'urgence ;
- le médecin scolaire rédige et suit la mise en œuvre du PAI ;
- le directeur d'école et les personnels des structures d'accueil (école/ALAE/cantine) sont informés et formés au protocole d'urgence.

Le PAI sera révisé chaque année à la demande des parents si la situation de l'enfant évolue.

Pourquoi l'utiliser ?

Objectifs

› Préciser, durant les temps scolaires et périscolaires, les traitements médicaux et/ou les régimes spécifiques liés aux intolérances alimentaires.

› Préciser, le cas échéant, les aménagements de la scolarité en lien avec l'état de santé.

› Indiquer comment, en cas de périodes d'hospitalisation ou de maintien à domicile, les enseignants de l'école veillent à assurer le suivi de la scolarité.

Contexte

Le PAI est une démarche d'accueil résultant d'une réflexion commune des différents intervenants impliqués dans la vie de l'enfant malade. Il prend la forme d'un document écrit. Sa rédaction et sa mise en œuvre concernent uniquement les enfants ayant des problèmes médicaux chroniques ou ayant des traitements de longues durées.

Comment l'utiliser ?

Étapes

La mise en œuvre d'un PAI nécessite un protocole particulier qui se déroule en plusieurs étapes :

1. Diagnostic de la maladie par le milieu médical et bilan des besoins thérapeutiques de l'enfant.
2. Demande de PAI par la famille auprès du directeur d'école et du médecin scolaire afin que l'enfant puisse bénéficier de certains aménagements (ex. : apporter ses propres repas dans le cadre de la restauration scolaire) et que certaines actions d'urgence puissent être mises en œuvre si besoin.
3. À partir des besoins thérapeutiques (cf. ordonnance médicale) le médecin scolaire élabore le PAI en concertation avec tous les acteurs concernés (enfant, parents, médecin traitant, personnel de l'école et des différentes structures qui accueillent l'enfant).
4. Validation du PAI par la signature des parents, du directeur de l'école, des responsables des différentes structures d'accueil (ALAE/restauration/collectivités territoriales...).
5. Mise en œuvre du PAI sous la responsabilité des différents partenaires :

› directeur d'école sur le temps scolaire ;

› collectivités territoriales sur les temps périscolaires (NAP/Cantine) ;

› directeur ALAE sur les temps périscolaires assurés par l'ALAE (garderie...).

6. Adaptation et révision du PAI à la demande des parents selon l'évolution de la maladie ou du traitement.

« Le PAI favorise la scolarisation de l'élève par une amélioration de son vivre l'école et à l'école. »

Méthodologie et conseils

Le PAI doit être mis en place dès que la maladie de l'enfant est diagnostiquée ou dès que le traitement longue durée est prescrit.
Le protocole prévu par le PAI est validé pour les temps scolaire et périscolaire si les différents partenaires ont signé le protocole.

Avantages

- Le PAI facilite l'accueil de l'enfant ou de l'adolescent malade à l'école.
- Il précise le rôle de chacun dans le cadre de ses compétences.
- Les enseignants et les différents personnels des structures d'accueil peuvent être sollicités pour dispenser certains soins ou réaliser les gestes nécessaires en cas d'urgence.

Précautions à prendre

- Ne pas réaliser des gestes de soin non prévus par le PAI.
- Ne pas administrer un traitement non stipulé dans le PAI.
- Ne pas se substituer à la responsabilité de la famille.
- Ne pas déroger au devoir de discrétion quant aux problèmes de santé de l'enfant concerné.

SUITE OUTIL 30 →

OUTIL 30

Enfants malades et projet d'accueil individualisé (PAI)

EXEMPLE - un PAI pour une allergie alimentaire

Il est important d'adapter le projet d'accueil individualisé à chaque pathologie et à chaque cas individuel et de n'inclure que ce qui est indispensable à l'enfant concerné. Il convient de l'actualiser chaque année. Afin de respecter le code de déontologie, aucun diagnostic médical ne peut apparaître sur ce document. Avec l'accord de la famille, toutes informations pouvant être utiles à la prise en charge de l'enfant seront jointes au projet. Les informations qui relèvent du secret médical seront placées sous pli cacheté et adressées avec l'accord des parents au médecin désigné par la collectivité qui accueille l'enfant ou l'adolescent.

Exemple de PAI

Situation de l'élève

Nom : Martin Prénom : Paul

Nom des parents ou du représentant légal : Martin Jean & Élisabeth

Date de naissance : 23/03/2007

Adresse : 20 rue des fleurs

Téléphone domicile : +33 1 25 36 77 88 Téléphone travail : +33 6 52 66 45 66

Collectivité d'accueil

- ☒ école
- ☐ établissement scolaire
- ☐ établissements d'accueil de la petite enfance
- ☒ Garderie/ALAE

Coordonnées des adultes qui suivent l'enfant

Les parents : +33 1 25 36 77 88
Le directeur d'école : Monsieur Tapis Dorian +33 1 25 36 78 95
Le médecin qui suit l'enfant dans le cadre de sa pathologie :
Docteur Piquebien +33 1 25 36 55 99

Les urgences : 15 ou 112

Le service hospitalier : Hôpital des enfants heureux +33 1 25 36 55 99

PAI :

https://goo.gl/iwRh3O

Besoins spécifiques de l'enfant ou de l'adolescent

<u>En restauration scolaire :</u>

☒ Paniers repas seuls autorisés (traces de l'allergène non autorisées)

☐ Régimes spécifiques garantis par le distributeur de restauration collective : présence de traces de l'allergène possible

☐ Menus habituels avec éviction simple : lecture des menus et signature par les parents

☐ Autre (préciser)

<u>Les goûters :</u>

☐ Goûters habituels autorisés

☐ Consommation des goûters habituels avec éviction simple

☒ Aucune prise alimentaire autre que le goûter apporté par l'élève

<u>Les activités d'arts plastiques :</u>

Une attention particulière doit être portée à la manipulation de certains matériaux :

☒ Fruits à coque, Cacahuètes (arachide)

☐ Pâtes à modeler

☐ Pâte à sel

☐ Autres (préciser) :

Traitement médical

Selon l'ordonnance adressée sous pli cacheté au médecin de la collectivité.

☐ Nom du médicament.

☐ Doses, mode de prise et horaires.

☐ Pas de traitement

☒ Injection dose en cas de crise allergique

Protocole en cas d'urgence qui sera joint au PAI

À faire remplir par le médecin prescripteur et à rapporter au médecin concerné par l'accueil.

Protocole de soins d'urgence

Nom : Martin Prénom : Paul

Date de naissance : 23/03/2007

Classe : CM2

Établissement : École des capucines

Allergie : Fruits à coque, Cacahuètes (arachide)

SUITE OUTIL 30 →

EXEMPLE (SUITE) - un PAI pour une allergie alimentaire

Composition de la trousse d'urgence (déposée à l'école) : L'ordonnance détaillée pour les soins, et la liste des médicaments à faire figurer dans la trousse d'urgence sont jointes en annexe.

☒ Antihistaminique :
☐ Corticoïdes :
☒ Bronchodilatateur :
☒ Adrénaline injectable :
☐ Autres :

Dès les premiers signes, prévenir les parents et le médecin traitant
Appeler le SAMU (15 ou 112 sur portable) et pratiquer :

Situations	Signes d'appel	Conduite à tenir
Urticaire aiguë	Démangeaisons, boutons comme des piqûres d'ortie, plaques rouges	Antihistaminique
Œdème sans signe respiratoire	Gonflement des lèvres, du visage ou d'une partie du corps	Antihistaminique
Crise d'asthme	Toux sèche, gêne respiratoire, sifflements audibles, l'enfant se plaint de ne pas pouvoir respirer correctement	Bronchodilatateur
Œdème avec signes respiratoires	Toux rauque, voix modifiée Signes d'asphyxie, d'étouffement	Adrénaline injectable
Choc ou malaise	Malaise avec démangeaisons, gêne respiratoire, douleurs abdominales, nausées, vomissements	Adrénaline injectable

Noter la date, l'heure des signes et des médicaments donnés.
Rester à côté de l'enfant ou de l'adolescent.

Date : **Signature et cachet du médecin scolaire :**

Référents à contacter

Numéroter par ordre de priorité.

Parents ou tuteur, Tél. domicile : +33 1 25 36 77 88 Tél. travail : +33 6 52 66 45 66

Médecin traitant : Docteur Piquebien Tél. : +33 1 25 36 55 99

Médecin spécialiste. Docteur Amande Tél. : +33 1 25 66 55 22

SAMU : 15 ou 112 par portable

Pompiers : 18 ou 112

Service hospitalier : Hôpital des enfants heureux Tel : +33 1 25 36 55 99

Signataires du projet

Les parents ou représentant légal - L'enfant ou l'adolescent - Le responsable de l'institution - Les personnels de santé - Le représentant de la municipalité.

Date :

OUTIL 31

Difficulté ordinaire et différenciation pédagogique

DIFFÉRENCIER OUI MAIS QUOI ?

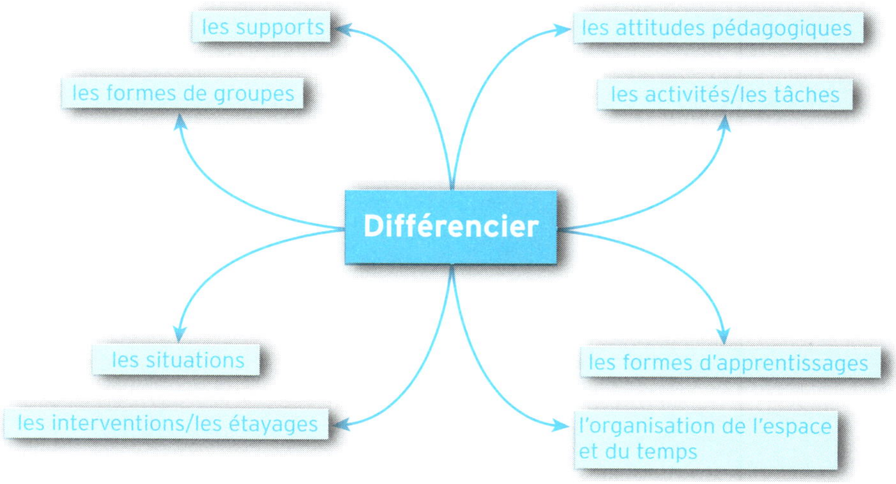

En résumé

La différenciation est une démarche pédagogique qui fait partie intégrante de l'accompagnement pédagogique. En effet, il n'y a pas deux élèves qui :

- progressent à la même vitesse ;
- soient prêts à apprendre en même temps ;
- utilisent les mêmes techniques d'étude et d'apprentissage ;
- résolvent les problèmes de la même manière ;
- possèdent le même répertoire de comportements ;
- possèdent le même profil d'intérêt ;
- soient motivés pour atteindre les mêmes buts.

En prenant appui sur ces principes, il peut être envisagé de différencier de façon successive (tous les élèves rencontrent les différentes propositions d'activités) ou de façon simultanée (chaque élève, chaque groupe d'élève, s'adonne à des activités différentes selon leurs ressources et besoins).

La différenciation peut porter sur différents éléments (outils, situations d'apprentissages, rythme de travail…), sans perdre de vue qu'il ne faut pas baisser le niveau d'exigence mais travailler de façon différente selon les besoins des élèves. Différencier c'est favoriser l'acte d'apprendre car si c'est l'élève qui apprend (nul ne peut le faire à sa place), c'est l'enseignant qui doit tout mettre en œuvre pour permettre ce processus.

Pourquoi l'utiliser ?

Objectifs

› Favoriser pour tous les élèves l'entrée dans les apprentissages.

› Inciter l'approfondissement pour tenter d'éviter l'ennui des élèves qui réussissent.

Contexte

La difficulté, dite ordinaire, est pour beaucoup d'élèves une étape normale de l'apprentissage. C'est en ce sens que l'on parle de difficulté ordinaire qui nécessite la mise en œuvre d'adaptation et de différenciation pédagogiques. Les élèves diagnostiqués comme ayant des troubles de l'apprentissage ou étant en situation de handicap ne relèvent pas de la difficulté ordinaire.

Comment l'utiliser ?

Étapes

Différencier demeure un moyen qui s'inscrit dans une démarche pédagogique et non une finalité. Dans cette perspective, nous pouvons mettre en œuvre la démarche proposée par Guay et al. (2007) et qui se décline en 5 étapes pensées et posées dans la préparation de la classe et des séances d'APC.

› **Définition de la situation actuelle et d'une problématique** en réalisant une évaluation diagnostique afin de cibler les ressources et besoins des élèves en regard de la compétence ciblée.

› **Définition de la situation désirée :** il est précisé ce que les élèves doivent maîtriser en termes de connaissances et de compétences. Différents objectifs peuvent être fixés en vue d'une progression vers la compétence visée.

› **Planification de l'action :** l'enseignant sélectionne certaines ressources, prévoit l'adaptation de ces interventions, prépare de façon spécifique le travail de l'élève concerné par la différenciation.

› **Action :** mise en œuvre effective de ce que l'enseignant a prévu et qui va permettre de progresser de la situation actuelle vers la situation désirée.

› **Évaluation :** individualiser l'évaluation (les tâches et la correction) et donc expliciter ce que l'élève a réussi et ce qu'il doit faire pour progresser en regard de compétences bien ciblées.

› **Évaluation de la démarche de différenciation :** vise à évaluer l'impact des actions mises en œuvre dans la progression de l'élève vers la compétence visée.

« Dans leur scolarité, à peu près tous les élèves sont à un moment ou un autre en difficulté d'apprentissage. »
M. Perraudeau

Méthodologie et conseils

L'enseignant doit mettre en œuvre des dispositifs étayants et facilitateurs que ce soit dans des dyades « enseignant-élève » que « élève-élève ». Cela suppose qu'il dispose d'un répertoire de situations, de techniques et d'outils appropriés et diversifiés.

La différenciation se met en place Dès que la difficulté semble entraver les apprentissages

Les actions menées par l'enseignants se réalisent sur les 24 heures classe et les heures d'APC si nécessaire.

Avantages

- Permet d'anticiper les difficultés des élèves.
- Propose différentes entrées dans les apprentissages pour tous ou en s'adaptant aux besoins de chacun.
- Permet de soutenir la motivation à apprendre.

Précautions à prendre

- Ne pas enfermer l'élève dans un statut d'élève en difficultés.
- La différenciation implique l'acquisition d'une certaine autonomie de travail de la part des élèves.

SUITE OUTIL 31 →

Difficulté ordinaire et différenciation pédagogique

EXEMPLE – différenciation pédagogique en classe, inventaire des adaptations possibles

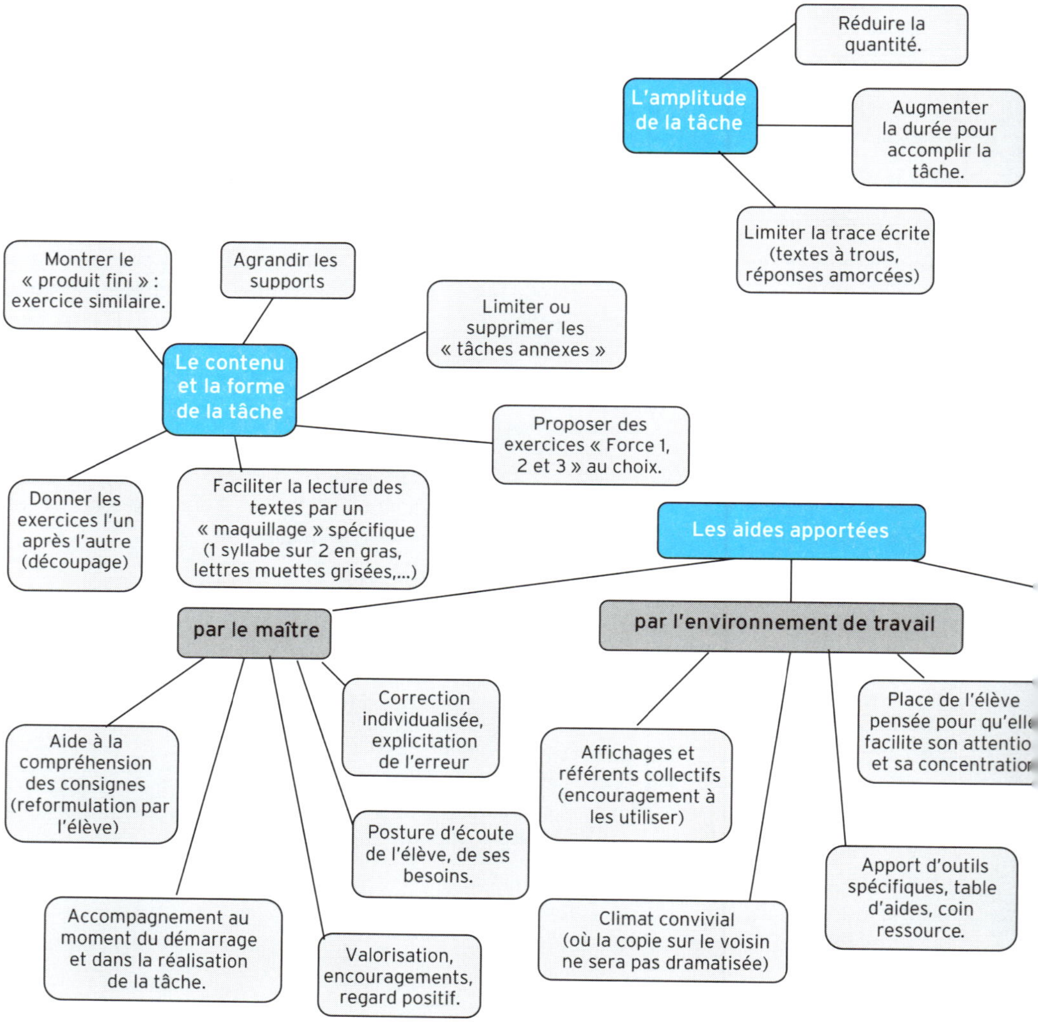

Document élaboré par Pascale Mignot Vota - CPC ASH Lyon 5ème 1er 2 Rhône

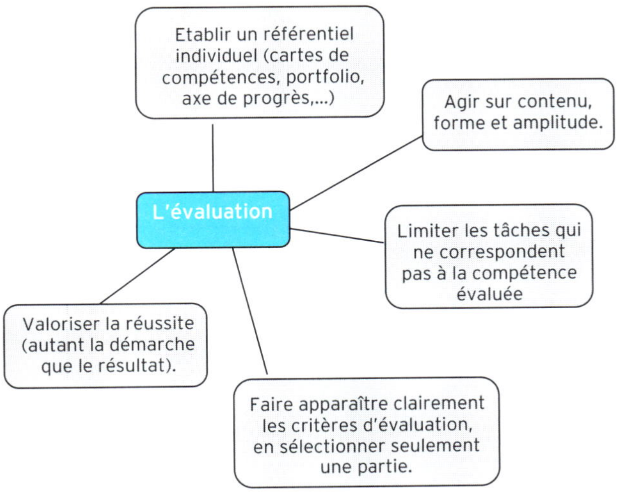

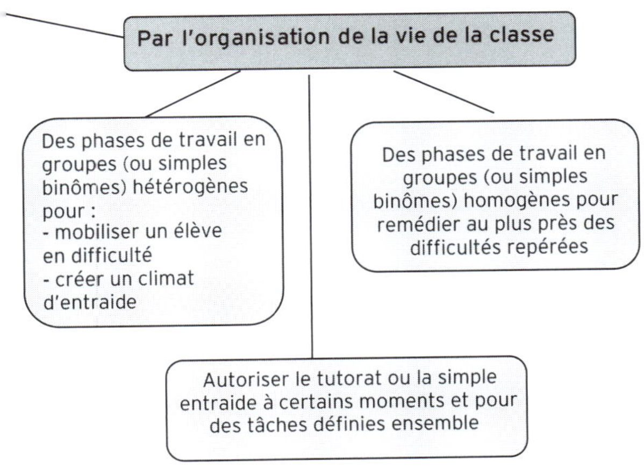

Actualisé mars 2016

Ce schéma établit le panorama des différentes entrées possibles pour différencier avec les élèves ayant des difficultés d'apprentissage ou avec les élèves intellectuellement précoce. Il est aussi nécessaire de différencier pour ces derniers afin de s'adapter à leurs besoins.

OUTIL 32

Difficultés d'apprentissages et PPRE

MISE EN PLACE D'UN PPRE

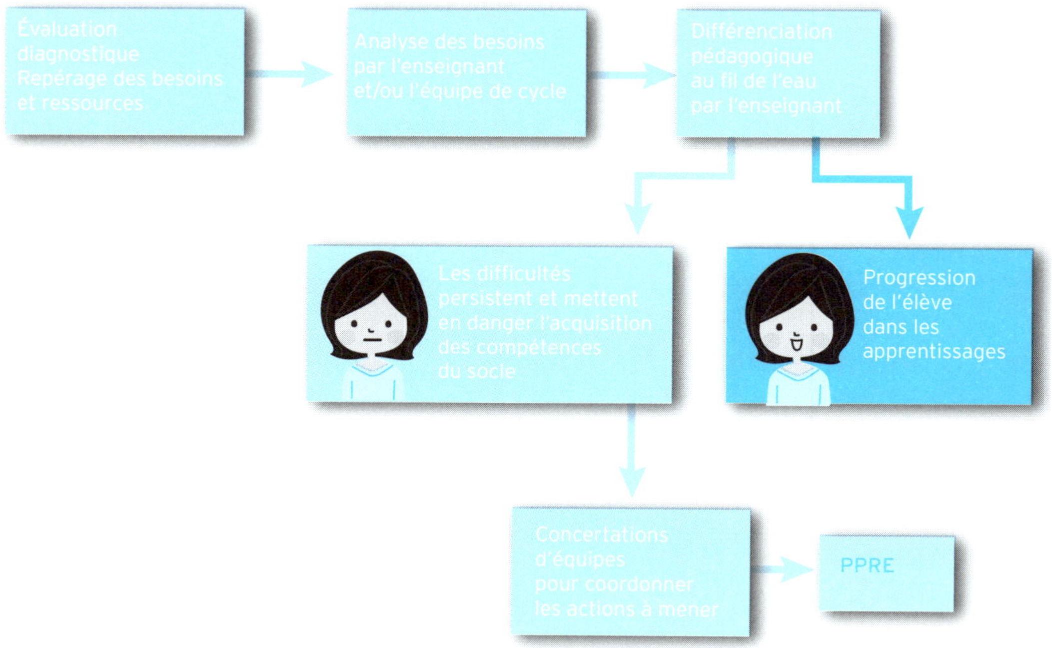

En résumé

« Un programme personnalisé de réussite éducative (PPRE) est un plan coordonné d'actions conçu pour répondre aux besoins d'un élève lorsqu'il apparaît qu'il risque de ne pas maîtriser les connaissances et les compétences du socle commun. Il est proposé à l'école élémentaire et au collège. Il est élaboré par l'équipe pédagogique, discuté avec les parents et présenté à l'élève. » (Eduscol 2011)

Pour la réussite du PPRE et la progression de l'élève dans ses apprentissages, il est nécessaire d'impliquer les parents ou représentants légaux et de les accompagner dans la mise en œuvre des actions qui leur sont dévolues lors de l'élaboration du PPRE.

Pourquoi l'utiliser ?

Objectif

Le PPRE vise à articuler, coordonner, rendre cohérentes les différentes actions, interventions des différents professionnels impliqués dans l'aide à l'élève en difficultés. Ces aides peuvent êtres pédagogiques, médicales, rééducatives bien que l'élève concerné ne présente aucun trouble de l'apprentissage ni aucun handicap.

Contexte

Ses actions peuvent concerner des professionnels de champs d'action différents (enseignants, psychologue, orthophoniste…). Il convient donc de travailler en équipe pluri-professionnelle et dans le cadre de la coéducation.

Comment l'utiliser ?

Étapes

La mise en œuvre d'un PPRE nécessite un protocole pédagogique et administratif qui se déroule en plusieurs étapes :

1. Observation et repérage des difficultés de l'élève.
2. Analyse de ces difficultés.
3. Mise en place de différenciations pédagogiques.
4. Les difficultés persistent.
5. Réunion de l'équipe éducative.
6. Avec accord des parents, élaboration et formalisation d'un PPRE répondant aux besoins de l'élève.
7. Définir les objectifs prioritaires, les actions, les modalités de mise en œuvre et la durée.
8. Mise en œuvre par l'enseignant des actions pédagogiques lui incombant.
9. Bilan afin de réguler et évaluer les actions menées.

Méthodologie et conseils

Il est nécessaire de distinguer difficultés et troubles. En effet, les difficultés sont considérées comme temporaires et nécessitent la mise en œuvre de la différenciation pédagogique et/ou d'un PPRE alors que les troubles d'apprentissages sont durables et persistants. Le PPRE est donc limité dans le temps afin de répondre aux besoins de l'élève et à ses difficultés du moment.

Il convient de travailler en équipe et dans le cadre de la coéducation car la mise en œuvre du PPRE est conditionnée par l'autorisation des parents.

Le PPRE est à penser dès que les difficultés deviennent importantes et mettent en danger l'acquisition des compétences du socle commun de connaissances, de compétences et de culture. En amont les enseignants auront mis en œuvre une démarche de différenciation pédagogique.

Les actions menées par l'enseignant se réalisent sur les 24 heures classe et les heures d'APC si nécessaire.

« Tu me dis, j'oublie.
Tu m'enseignes, je me souviens.
Tu m'impliques, j'apprends »
B. Franklin

Avantages

- Concertation d'équipe face aux difficultés d'un élève.
- Mise en œuvre d'actions spécifiques pour répondre à des problématiques individuelles.
- Mise en place d'un soutien pédagogique spécifique (pendant le temps scolaire et en dehors) de manière modulable mais pour une courte durée.

Précautions à prendre

- Ne pas enfermer l'élève dans un statut d'élève en difficulté.

SUITE OUTIL 32 →

EXEMPLE – la mise en place d'un PPRE

Exemple de PPRE

A. SITUATION DE L'ÉLÈVE

NOM et prénom : Martin Pierre — Date de naissance : 22/01/2007

Sexe : ☒ M ☐ F — Classe : CE2

REPRÉSENTANT(S) LÉGAL (AUX) :
Nom et Prénom : Monsieur et Madame Martin
Adresse(s) : 27 rue de la poésie
Ville(s) : 09200 Saint-Girons
Téléphone(s) :

Classe fréquentée l'année scolaire précédente : CE1 à l'École du Pré Fleuri à Barat (09)

A déjà été maintenu : NON ☒ OUI ☐

Accompagnement antérieur	Suivi RASED	Suivi extérieur
APC Différenciation pédagogique	non	Orthophoniste

B. CONSTAT INITIAL

Français	Mathématiques	Autres domaines d'enseignement
Problèmes de vocabulaire Difficultés liées à la structure de la langue française	Très bien	Très bien

C. ACTIONS SPÉCIFIQUES À CONDUIRE

Compétence(s) à faire acquérir prioritairement par l'élève en français et/ou en mathématiques :

- Acquisition de vocabulaire
- Formuler des phrases correctes à l'oral comme à l'écrit
- Remplir un répertoire personnel

	Aide apportée par l'enseignant	Aide apportée par le RASED
Durée de l'Aide	Sur l'année	
Fréquence	Tous les jours en classe APC quand nécessaire pour renforcer l'aide	
Accompagnement individuel / groupe de besoins	• Constitution d'un répertoire personnel • Reformulation et aide à la compréhension • APC	

D. ÉVALUATION DU PPRE

Date de l'échéance du PPRE : 1er bilan aux vacances de Noël

Indicateurs de réussite : à l'issue du dispositif mis en œuvre, l'élève doit être capable de :	Date de l'évaluation	A	ECA	NA
1. Maîtriser un plus grand nombre de mots (lexiques des repères temporels, de la vie quotidienne et du travail scolaire)	9/12/16	x		
2. Remplir le répertoire de façon autonome	10/11/16	x		

E. CONTRACTUALISATION DU PPRE

Selon les compétences à travailler précisées ci-dessus, ce Programme Personnalisé de Réussite Éducative est établi pour une durée de : 3 mois.

À l'issue de cette période, un bilan sera réalisé.

Ce programme a été présenté aux parents de l'élève le : 14/09/16

	La directrice	L'enseignante	les parents
Signatures			

BILAN Du PPRE

Date : 16/12/2016

L'élève a acquis la compétence identifiée : NON ☐ OUI ☒

Décision du Conseil des maîtres du cycle :

☒ Fin du PPRE

☐ Prolongation du PPRE pour une période de :

☐ Mise en place d'un nouveau PPRE

Observations complémentaires :

Le travail est à poursuivre de façon individuelle et autonome

Le bilan du PPRE a été présenté aux parents et à l'élève le : 15/12/2016

	La directrice	L'enseignante	les parents
Signatures			

Remarque

Si au bout de la durée du PPRE les compétences visées n'ont pas été acquises (ou n'ont été acquises qu'en partie), alors le PPRE est reconduit.

OUTIL 33 Troubles des apprentissages et plan d'accompagnement personnalisé (PAP)

MISE EN PLACE D'UN PAP

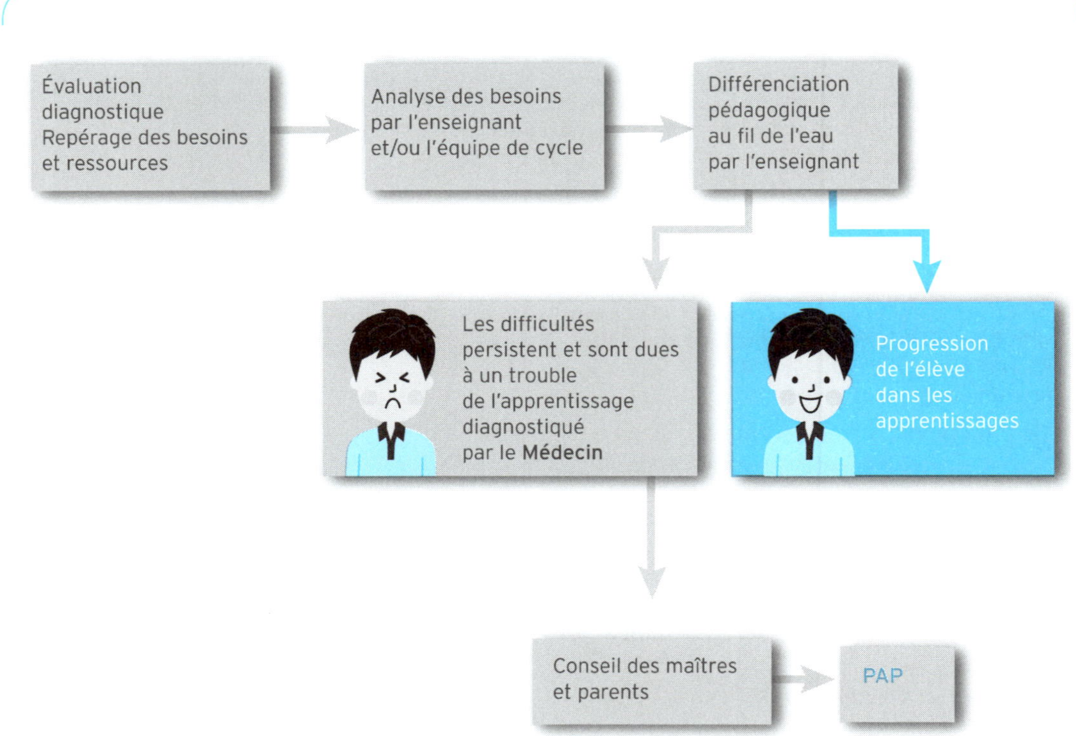

En résumé

« Le plan d'accompagnement personnalisé est un dispositif d'accompagnement pédagogique qui s'adresse aux élèves du premier comme du second degré pour lesquels des aménagements et adaptations de nature pédagogique sont nécessaires, afin qu'ils puissent poursuivre leur parcours scolaire dans les meilleures conditions, en référence aux objectifs du cycle. » (Eduscol, 2015)

Élaboré par l'équipe pédagogique, qui associe les parents et les professionnels concernés, le PAP définit les aménagements et adaptations pédagogiques dont bénéficie l'élève. Sa mise en œuvre est assurée par les enseignants au sein de la classe. Si précédemment un PPRE était rédigé mais que la difficulté perdure, le PAP remplace le PPRE. Le PAP ne peut pas comporter de décisions qui relèvent de la commission des droits et de l'autonomie des personnes handicapées (CDAPH). Le PAP suit l'élève tout au long de sa scolarité et sera réactualisé selon les besoins. Il sera analysé et discuté en conseil de cycle, notamment pour le cycle 3 avec le passage en sixième, et ce afin d'assurer une continuité et une cohérence dans la prise en compte de la gestion du ou des troubles d'apprentissage.

Pourquoi l'utiliser ?

Objectifs

› Répondre « ...aux besoins des élèves qui connaissent des difficultés scolaires durables ayant pour origine un ou plusieurs troubles des apprentissages pour lesquels ni le programme personnalisé de réussite éducative (PPRE) ni le projet d'accueil individualisé (PAI) ne constituent une réponse adaptée. » (BO du n° 5 du 29 janvier 2015)

› Aménager la scolarité : prise en charge extérieure durant les heures scolaires (orthophoniste, psychologue...)

› Aménagement pédagogique et adaptation des apprentissages (allégement du travail scolaire, aménagement des contrôles...).

Contexte

Le PAP est inscrit dans la loi de refondation pour l'école de la République dont l'objectif premier est une meilleure réussite de tous en mettant en œuvre des dispositifs appropriés à chacun. Il s'adresse aux élèves dont les difficultés sont durables et dues à un trouble des apprentissages (mais sans reconnaissance de handicap).

Comment l'utiliser ?

Étapes

La mise en œuvre d'un PAP nécessite un protocole pédagogique et administratif qui se déroule en plusieurs étapes :

1. Observation et repérage des difficultés de l'élève.
2. Analyse de ces difficultés.
3. Mise en place de différenciations pédagogiques.
4. Les difficultés persistent et le Médecin Scolaire diagnostique un trouble des apprentissages.
5. Réunion de l'équipe éducative.
6. Avec accord des parents, élaboration et formalisation d'un PAP répondant aux besoins de l'élève.
7. Définir les objectifs prioritaires, les actions, les modalités de mise en œuvre et la durée.
8. Mise en place des partenariats.
9. Mise en œuvre par l'enseignant des actions pédagogiques lui incombant.
10. Bilan afin de réguler et évaluer les actions menées.

Méthodologie et conseils

Il faut distinguer difficultés et troubles : les difficultés sont considérées comme temporaires et nécessitent la mise en œuvre de la différenciation pédagogique et/ou d'un PPRE, alors que les troubles d'apprentissages sont durables et persistants et nécessitent la mise en place d'un PAP.

Il convient donc de travailler en équipe pluriprofessionnelle et dans le cadre de la coéducation car sa mise en œuvre est conditionnée à l'avis du médecin scolaire qui constate la présence ou non d'un trouble au vu de l'examen qu'il effectue et, le cas échéant, des bilans psychologiques et paramédicaux réalisés auprès de l'élève.

Le PAP doit être mis en place dès que le diagnostic de trouble est posé.

« Impossible de décrire un "enfant type" ; chaque situation est différente, chaque enfant apprenant, en fonction de sa personnalité, de son histoire, de son passé scolaire et de ses éventuels troubles associés. »
Enseignante anonyme

Avantages

- Permet la concertation d'équipe face aux difficultés d'un élève et un regard pluri-professionnel pour éclairer la pratique.
- Permet à l'élève la construction de stratégies de compensation.
- Permet une Mise en œuvre très rapide.

Précautions à prendre

- Ne pas enfermer l'élève dans un statut d'élève en difficultés.
- Ne pas tomber dans le fatalisme même si le trouble est persistant et durable.

SUITE OUTIL 33 →

EXEMPLE – un formulaire de PAP pour l'école élémentaire

B.O. Bulletin officiel n° 5 du 29 janvier 2015

Logo de l'académie et/ou du département

Plan d'accompagnement personnalisé

Vu la loi n° 2013-595 du 8 juillet 2013 d'orientation et de programmation pour la refondation de l'École de la République ; vu le code de l'éducation et notamment ses articles L. 311-7 et D. 311-13.

Nom et prénom(s) de l'élève :

Date de naissance :

Responsables légaux :

Adresse :

Besoins spécifiques de l'élève (à remplir par le médecin de l'éducation nationale)

- Points d'appui pour les apprentissages :

- Conséquences des troubles sur les apprentissages :

B.O. Bulletin officiel n° 5 du 29 janvier 2015

Adaptations et aménagements à mettre en place en fonction des besoins de l'élève

ÉLÉMENTAIRE

L'ensemble des items n'est pas à renseigner. Seuls les items indispensables à l'élève sont à cocher.

Adaptations transversales :	CP	CE1	CE2	CM1	CM2
Installer l'élève face au tableau					
Veiller à la lisibilité et à la clarté de l'affichage					
Utiliser un code couleur par matière					
Privilégier l'agenda au cahier de textes					
Vérifier que l'agenda soit lisiblement renseigné					
Agrandir les formats des supports écrits (A3)					
Donner des supports de travail ou d'exercices déjà écrits (QCM par exemple)					
Fournir des photocopies pour privilégier l'apprentissage et le sens donné					
Surligner les énoncés ; surligner une ligne sur deux					
Proposer à l'élève des outils d'aide (cache, règle, etc.)					
Fournir à l'élève des moyens mnémotechniques					
S'assurer de la compréhension du vocabulaire spécifique					
Aider à la compréhension par une explicitation ou une reformulation de la part de l'enseignant					
Mettre en place un tutorat par l'intermédiaire d'un élève qui lit à voix haute les consignes					
Énoncer l'objectif de la séance et en faire une synthèse à la fin					
Proposer des activités qui pourront être achevées avec succès, qui valoriseront l'élève					
Permettre l'utilisation de la calculatrice dans toutes les disciplines					
Utilisation de l'informatique :					
Permettre l'utilisation de l'ordinateur et de la tablette					
Permettre l'utilisation d'une clef USB					
Permettre l'utilisation de logiciel ou d'application spécifique					
Permettre à l'élève d'imprimer ses productions					

Évaluations :	CP	CE1	CE2	CM1	CM2
Accorder un temps majoré					
Donner les consignes à l'oral					
Adapter la situation, les supports de l'évaluation de façon à limiter l'écrit : - proposer des QCM ; - proposer des schémas à légender ; - proposer des exercices à trous, à cocher, à relier.					
Autoriser différents supports (tables de calcul, fiches chronologiques, fiches mémoire)					
Privilégier les évaluations sur le mode oral					
N'évaluer l'orthographe que si c'est l'objet de l'évaluation					
Ne pas pénaliser le soin, l'écriture, la réalisation de figures, etc.					
Évaluer les progrès pour encourager les réussites					

Leçons :	CP	CE1	CE2	CM1	CM2
Proposer l'apprentissage des mots clés uniquement					

SUITE OUTIL 33 →

EXEMPLE (SUITE) - un formulaire de PAP pour l'école élémentaire

B.O. Bulletin officiel n° 5 du 29 janvier 2015

Fournir une fiche « mémoire » (dessins, symboles, etc.)					

Lecture / langage oral :	CP	CE1	CE2	CM1	CM2
Recourir de manière privilégiée à des jeux proposant un travail de la conscience phonologique					
Accentuer le travail sur la combinatoire					
Avant même de lire le texte, lire les questions qui seront posées afin de faciliter la prise d'indices par l'élève					
Proposer à l'élève une lecture oralisée (enseignant ou autre élève) ou une écoute audio des textes supports de la séance					
Surligner des mots clés / passages importants pour faciliter la lecture de l'élève					
Proposer à l'élève un schéma chronologique du récit (l'amener à indiquer ce qu'il a retenu, paragraphe après paragraphe, à l'aide d'un schéma)					

Production d'écrits :	CP	CE1	CE2	CM1	CM2
Simplifier les règles en introduisant des indices visuels (pictogrammes, croquis en plus du texte)					
Adapter les quantités d'écrit (dictée à trous, à choix, etc.)					
Privilégier l'apprentissage des mots en passant par l'oral (épeler, faire le geste dans l'espace) et non par la copie					
Limiter les exigences sur l'emploi de règles précises					
Recourir à la dictée à l'enseignant					
Diminuer la quantité d'écrit sur chaque feuille					

Mathématiques :	CP	CE1	CE2	CM1	CM2
Autoriser l'utilisation des tables de multiplication (ou de la calculatrice) pendant les cours et les contrôles					
Privilégier la présentation des calculs en ligne					
Présenter les calculs en colonnes avec des repères de couleur (ex : colonne des unités en rouge, des dizaines en bleu et des centaines en vert)					
Admettre que la réponse ne soit pas rédigée si les calculs sont justes					
Ne pas sanctionner les tracés en géométrie					
Laisser compter sur les doigts					
Utiliser la manipulation (pliages, objets 3D, etc.)					
Travailler sur les « qui…qui » (qui est perpendiculaire à… et qui passe…) et les syllogismes					
Colorier les différentes colonnes des tableaux à double entrée (en utilisant des couleurs différentes)					
Favoriser, autoriser la résolution des problèmes avec recours à la schématisation					

Pratique d'une langue vivante étrangère :	CP	CE1	CE2	CM1	CM2
Veiller à ce que la perception de départ soit correcte : prononcer le plus distinctement possible et pas trop vite, écrire clairement au tableau en gros caractères					
Travailler la prononciation des sons même exagérément					
Utiliser un enseignement multi sensoriel ; entendre, lire, voir (images), écrire					
Grouper les mots par similitude orthographique/phonologique, faire des listes					
Utiliser des couleurs pour segmenter les mots, les phrases					

B.O. Bulletin officiel n° 5 du 29 janvier 2015

Expliquer et traduire la grammaire, les tournures de phrases					

Autres aménagements et adaptations :	CP	CE1	CE2	CM1	CM2

Date :	Visa des parents :	Signature et tampon du directeur d'école :
Date :	Visa des parents :	Signature et tampon du directeur d'école :
Date :	Visa des parents :	Signature et tampon du directeur d'école :
Date :	Visa des parents :	Signature et tampon du directeur d'école :
Date :	Visa des parents :	Signature et tampon du directeur d'école :

Bilan des aides apportées au primaire :

- Aménagements n'ayant pas atteint les objectifs escomptés :

- Aménagements profitables :

Entrée au collège

Liaison primaire-collège (à remplir par l'enseignant de l'école en lien avec un enseignant du collège) :

OUTIL 34 Situation de handicap et projet personnalisé de scolarisation (PPS)

MISE EN ŒUVRE DU PROJET PERSONNALISÉ DE SCOLARISATION

Établissement scolaire repère et analyse les difficultés et propose l'élaboration d'un projet (GEVA SCO)

↕

Enseignant référent constitue le dossier pour la MDPH accueille et informe, favorise l'articulation des actions (pédagogiques, médicales, etc.), réunit et anime le suivi de scolarisation

Équipe de suivi de scolarisation facilite la mise en œuvre du PPS assure le suivi, évalue le progrès de l'élève, propose des aménagement ou la révision du PPS

Élève concerné et Parents expriment leurs souhaits et leurs attentes et sollicitent la mise en œuvre des décisions

La MDPH

Équipe pluridisciplinaire instruit le dossier et élabore le PPS si diagnostic de situation de handicap

Commission des Droits à l'Autonomie valide le PPS si accord des parents et décide du plan de compensation

En résumé

Le projet personnalisé de scolarisation (PPS) est un dispositif mis en œuvre pour un enfant et un seul, reconnu en situation de handicap.

Le PPS prend la forme d'un document écrit national. Il organise le déroulement de la scolarité de l'élève handicapé et assure la cohérence et la qualité des actions pédagogiques, éducatives, sociales, médicales et paramédicales répondant aux besoins de l'élève (article L-112-2 du CE). C'est la feuille de route du parcours de scolarisation de l'enfant en situation de handicap. À partir d'une évaluation globale de la situation et des besoins de l'élève, il organise le parcours de formation en précisant les aménagements et adaptations pédagogiques nécessaires, et donne les préconisations utiles pour la mise en œuvre du projet. C'est également un outil de suivi de la mise en œuvre.

Pourquoi l'utiliser ?

Objectifs

› Mettre en œuvre des adaptations si une situation de handicap est reconnue par l'équipe pluridisciplinaire de la MDPH.

› Faciliter la scolarisation et favoriser la réussite éducative.

Contexte

C'est un outil de suivi qui court sur la totalité du parcours de scolarisation et fait l'objet d'un suivi annuel par l'équipe de suivi de la scolarisation (ESS).

Comment l'utiliser ?

Étapes

1. Évaluer et observer les apprentissages des élèves (Outil 21).
2. Mettre en œuvre les différents dispositifs d'aide pour les élèves en difficulté (Outils 31 et 32).
3. Si les difficultés persistent, et s'aggravent, réunir l'équipe éducative.
4. Si nécessaire, convaincre les parents de saisir la MDPH via le référent de scolarisation.
5. Transmettre les évaluations pédagogiques au référent pour constitution du dossier.
6. Le référent constitue le dossier le transmet à la MDPH.
7. L'équipe pluridisciplinaire diagnostique la situation de handicap et élabore le PPS.
8. Présentation du PPS à la famille qui doit accepter.
9. La CDA (commission des droits à l'autonomie) valide le PPS et le transmet au référent de scolarisation pour mise en œuvre.
10. L'équipe de suivi de scolarisation (à laquelle l'enseignant participe) évalue de façon régulière (au moins une fois par an) le PPS afin que l'équipe pluridisciplinaire fasse les ajustements nécessaires à l'évolution de la situation de handicap.

Méthodologie et conseils

Il est nécessaire que les enseignants tiennent un « cahier d'observation » dès que les premières difficultés apparaissent et ce afin de mieux analyser l'évolution et repérer les situations problématiques. En effet, garder les traces écrites de ces évaluations permet de pouvoir rendre compte de la progression ou de la détérioration des apprentissages notamment aux parents lors de l'équipe éducative.

Les enseignants doivent poser leur propos en des termes pédagogiques et en regard des attentes institutionnelles relatives aux compétences et connaissances à acquérir. Ils doivent s'appuyer uniquement sur leurs observations et sur les apprentissages pour parler des difficultés scolaires de l'élève (cf. programmes en vigueur et socle commun). Les termes relatifs au diagnostic d'un trouble de l'apprentissage ou d'une situation de handicap relèvent d'un autre champ professionnel non maîtrisé par les enseignants.

« Il ne s'agit pas seulement de permettre la scolarisation de ces élèves avec et comme les autres, encore faut-il qu'ils puissent être traités comme leurs pairs non handicapés »
P. Bourdon

Avantages

- Le PPS permet d'obtenir des moyens humains et matériels à destination des élèves en situation de handicap, ainsi qu'une gestion d'équipe de la problématique handicap.
- Le PPS renforce le lien entre l'enseignant et la famille ce qui va dans le sens de la coéducation telle qu'elle est définie dans la loi de refondation de l'école.

Précautions à prendre

- Ne pas perdre de vue qu'un enseignant parle d'un élève à des personnes qui entendent parler de leur enfant. Les aspects affectifs peuvent donc entraver la compréhension de la situation et nuire à la communication.
- Une fois validé, le PPS est une injonction : il doit être mis en œuvre.

SUITE OUTIL 34 →

EXEMPLE -un formulaire de PPS

B.O. Bulletin officiel n° 8 du 19 février 2015

Annexe 1

Académie de ...	MDPH de ...

Projet personnalisé de scolarisation

Ce PPS est valable jusqu'à la fin du cycle en cours. Il peut être révisé à la demande de la famille.

1. Situation actuelle (à la date du __ / __ / ____)

Renseignements administratifs :

N°dossier MDPH : ________________________________
Nom et prénom de l'élève : ______________________ Date de naissance : __/__/____
N° et rue ________________________________
Code postal : __ ___ Ville ________________________________
Tel __ / __ / __ / __ / __ Courriel : ________________________________

Parents / Responsables légaux	
☒ Mme / ☒ M. Nom et prénom : ____________	☒ Mme / ☒ M. Nom et prénom : ____________
N° et rue : ____________	N° et rue : ____________
CP Ville : ____________	CP Ville : ____________
Tél. : ____________ Courriel : ____________	Tél. : ____________ Courriel : ____________

☒ Choix d u mode de communication dans le cadre d'un parcours linguistique

(nomenclature 1 : modes de communication)

Établissement scolaire fréquenté : ________________________________

Si différent, établissement scolaire de référence : ________________________________

Établissement médico-social (le cas échéant) : ________________________________

Autre établissement (sanitaire, social...) fréquenté : ________________________________

Enseignant référent : ________________________________
Téléphone : ________________________________
Adresse e-mail : ________________________________

Scolarisation actuelle :

Modalité de la scolarisation : (nomenclature 2 : modalités de scolarisation)

Classe : (nomenclature 3 : classes)

B.O. Bulletin officiel n° 8 du 19 février 2015

Temps effectif de scolarisation par semaine (en demi-journée) :
Si la durée de scolarisation est inférieure à une demi -journée, préciser la durée :

Lieux (Ets scolaire, EMS, ...)	temps

(nomenclature 4 : lieux de scolarisation) (nomenclature 5 : temps de scolarisation)

Projet de vie de la famille, projet de formation :

2. Priorités et objectifs

- Objectifs pédagogiques (en référence au socle et aux référentiels des formations suivies)
  Exemple : Acquisitions comparables à la moyenne de la classe d'âge, ou programmation adaptée des objectifs d'apprentissage (préciser si le niveau n'est pas homogène)

- Articulation entre les temps d'enseignement, les temps périscolaires et les interventions psychologiques, éducatives, sociales, médicales et paramédicales
  Exemple : Interventions prioritairement en dehors du temps scolaire
  Interventions prioritairement sur temps scolaire

- Priorités complémentaires
  Exemple : Socialisation, maitrise de l'outil informatique, autonomie (dans les déplacements, hygiène...), vie scolaire

3. Réponses aux besoins : propositions de l'équipe pluridisciplinaire

• Orientation scolaire

(nomenclature 6 : orientation concernant la scolarité)

• Orientation médico-sociale

(nomenclature 7 : orientation vers un établissement ou service médico-social)

• Matériel pédagogique adapté

(nomenclature 8 : matériel pédagogique adapté)

• Aide humaine
☒ Aide humaine individuelle :

Nombre d'heures : _______

ou % du temps de scolarisation en milieu ordinaire : _______

SUITE OUTIL 34 →

EXEMPLE (SUITE) -un formulaire de PPS

B.O. Bulletin officiel n° 8 du 19 février 2015

☒ Aide humaine mutualisée

Déclinaison des activités principales indiquées sur la notification

(nomenclature 9 : activités des personnels chargés de l'aide humaine)

4. Décisions

Orientation scolaire

(nomenclature 6 : orientation concernant la scolarité)

Du __ / __ / ____ au __ / __ / ____
Nom d'Établissement (si indiqué sur la notification) : ______________________________________

- Orientation médico-sociale

(nomenclature 7 : orientation vers un établissement ou service médico-social)

Du __ / __ / ____ au __ / __ / ____
Nom d'Établissement (si indiqué sur la notification) :______________________________________

- Matériel pédagogique adapté

(nomenclature 8 : matériel pédagogique adapté)

Du __ / __ / ____ au __ / __ / ____

- Aid e humaine

☒ Aide humaine individuelle :

Nombre d'heures : ______

ou % du temps de scolarisation en milieu ordinaire : _______

☒ Aide humaine mutualisée

Du __ / __ / ____ au __ / __ / ____

Déclinaison des activités principales indiquées sur la notification

(nomenclature 9 : activités des personnels chargés de l'aide humaine)

B.O. Bulletin officiel n° 8 du 19 février 2015

5. Préconisations
(nomenclature 10 : Préconisations)

OUTIL 35 Élèves allophones nouvellement arrivés (EANA)

LA MISE EN PLACE DE L'EANA

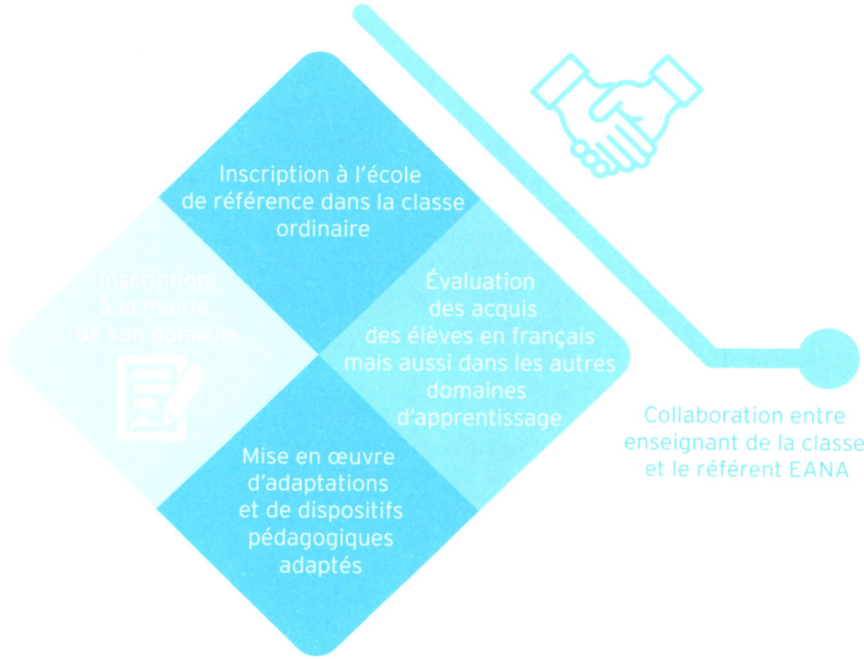

En résumé

« Si l'école est une chance pour tous, c'est également une chance pour l'école française d'accueillir les enfants et jeunes étrangers nouvellement arrivés sur le territoire français. Dans un contexte de mondialisation et de mobilité géographique accrue, de nouveaux défis se posent dans les domaines de l'éducation. Les enjeux d'une telle transition sont multiples et de grande portée pour l'ensemble des élèves et des acteurs éducatifs. La mixité linguistique et culturelle d'un établissement scolaire est un atout supplémentaire de formation pour l'ensemble des membres de la communauté ». (Eduscol)

Le projet d'inclusion des élèves allophones (parlant une autre langue que le français), se construit sur des principes partagés par l'ensemble des acteurs de l'éducation :

- l'éthique et la posture professionnelle nécessaires à la prise en compte de l'altérité linguistique et culturelle ;
- le sens donné à la notion d'« inclusion », en termes de signification et de traductions en actions ;
- la participation à un projet collectif qui engage une communauté scolaire dans son ensemble ;
- l'inscription dans une logique de parcours personnalisé, du positionnement initial à l'autonomie linguistique ;
- le renouvellement des pratiques pédagogiques dans les classes ordinaires.

Pourquoi l'utiliser ?

Objectifs

› Adapter les différents dispositifs pédagogiques afin de favoriser la scolarisation et la réussite des EANA.

› Proposer à l'élève Un véritable parcours scolaire d'inclusion.

Contexte

L'école est un droit pour tous les enfants résidant sur le territoire national quels que soient leur nationalité, leur statut migratoire ou leur parcours antérieur comme le précise le code de l'éducation : obligation d'instruction pour tous les enfants, obligation de mettre en place des actions particulières pour l'accueil et la scolarisation des enfants allophones arrivants. 25 500 élèves allophones ont été scolarisés dans des écoles élémentaires pour l'année 2014-2015.

Méthodologie et conseil

L'ensemble de la communauté éducative est concerné et notamment les acteurs du Centre Académique pour la Scolarisation des élèves allophones Nouvellement Arrivés et des enfants de familles itinérantes et de Voyageurs (CASNAV).

Un dossier doit retracer, dans le temps, des différentes étapes de cet accueil, des évaluations ponctuelles non exhaustives mais diversifiées et de tout élément jugé utile à une inclusion réussie. Ce suivi de scolarité prend actuellement la forme d'un livret de suivi ou d'un bulletin de compétences. Il prendra progressivement la forme d'un portfolio numérique des connaissances enrichi durant toute la scolarité de l'élève par les différents intervenants et l'élève lui-même, notamment grâce à l'application FOLIOS, dans les académies où elle est actuellement déployée.

« Il revient à l'école de créer les conditions d'inclusion des nouveaux arrivants » Eduscol

Application FOLIOS :

https://goo.gl/YbXqUv

Comment l'utiliser ?

Étapes

Il est nécessaire d'évaluer leurs acquis et leurs besoins. L'évaluation diagnostique doit mettre en évidence :

› son degré de familiarisation avec l'écrit dans sa langue de première scolarisation, quel que soit le système d'écriture ;

› les compétences scolaires construites antérieurement, en mathématiques notamment ;

› les savoir-faire acquis en langue française pour vérifier si l'élève est débutant complet ou s'il a déjà acquis des éléments du français parlé et/ou écrit ;

› les compétences orales et/ou écrites acquises dans d'autres langues vivantes enseignées dans le système éducatif français ;

› en fonction des résultats obtenus aux évaluations diagnostiques et de l'âge de l'enfant, le conseil de cycle pourra déterminer la classe dans laquelle l'enfant sera admis.

Avantages

- Permet à l'élève d'intégrer au plus vite une classe fréquentée par les enfants d'un âge le plus proche possible du sien.

Précautions à prendre

- Les modalités d'accueil et de scolarisation des EANA doivent figurer dans les projets d'école.
- À l'école maternelle, analyser les besoins par l'observation de l'enfant dans les diverses activités en situation et non par des passations d'épreuves d'évaluation.
- À l'école élémentaire, l'évaluation se fait dans la langue première de scolarisation.

SUITE OUTIL 35 →

OUTIL 35

Élèves allophones nouvellement arrivés (EANA)

EXEMPLE – l'organisation et les ressources pédagogiques

Afin de favoriser les apprentissages des élèves allophones, il est nécessaire de travailler différemment et donc de penser les enseignements et les relations en termes de (re)médiations. Il s'agit alors de travailler avec différentes ressources tant humaines que matérielles et pédagogiques.
La médiation est l'ensemble du dispositif qui permet de mettre en œuvre une relation favorisant les apprentissages. Il y a donc ces ressources humaines (les acteurs) et des ressources matérielles (les outils).

Les différents acteurs de cette médiation peuvent être :

- les enseignants, l'équipe éducative ;
- les intervenants extérieurs ;
- les intervenants CASNAV ;
- les pairs (des élèves arrivés depuis plus longtemps dans la classe, partageant la même langue d'origine et maîtrisant mieux la langue cible ;
- les autres élèves de la classe.

Les différents outils de cette médiation peuvent être :

- des dictionnaires bilingues ;
- des lexiques illustrés ;
- des lexiques sonores fabriqués par les pairs ;
- des logos ;
- des vidéos ou fichiers sons du type « mode d'emploi » réalisés par des élèves ayant déjà vécu la même situation et l'ayant résolue.

EXEMPLES DE SUPPORTS

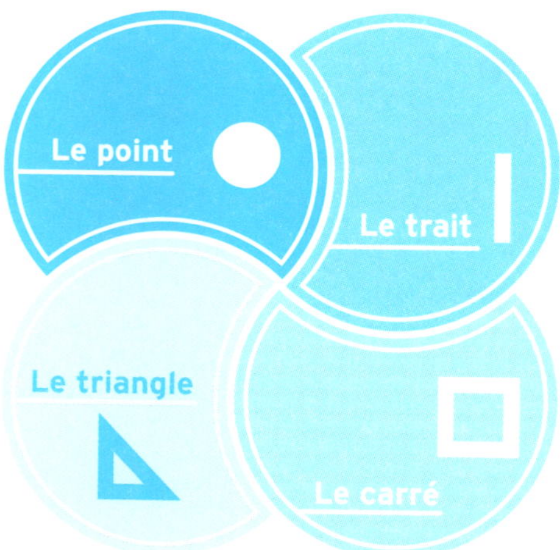

Figures géométriques

Imagier

https://goo.gl/pzSVSQ

Différents outils tels que les imagiers permettent d'une part de faire le lien entre l'objet et son nom en français et en langue maternelle – ce qui favorise l'acquisition de la langue - et d'autre part (exemple des figures géométriques) de travailler sur des compétences disciplinaires (ici les maths). En effet, l'utilisation de ces ressources permettra à l'enseignant de lever l'obstacle de la langue pour favoriser la compréhension et la réalisation de la tâche demandée. De plus cela permettra de cibler si les difficultés rencontrées relèvent de la non-maîtrise de la langue ou de la non-maîtrise d'une compétence ou connaissance disciplinaire.

En classe de maternelle certains outils utilisés quotidiennement comme la frise du temps qui passe peuvent être utilisés en rajoutant les mots dans la langue d'origine de l'enfant allophone.

OUTIL 36

Enfants de familles itinérantes et de voyageurs (EFIV)

MISE EN PLACE DE L'ACCUEIL DES EFIV

Inscription à l'école maternelle à la demande des parents

Favoriser l'accueil des enfants de familles non sédentaires

Modalités :
- Organiser un accueil privilégié des parents, éventuellement en partenariat, avec une présentation de l'école, et des différents services annexes,
- Privilégier la scolarisation dans l'école maternelle du secteur, même si des dispositifs intermédiaires et non définitifs, à temps partiel le plus souvent, sont parfois nécessaires.

Enjeu : l'école maternelle constitue le socle éducatif : les apprentissages premiers

Objectifs :
- renforcer la confiance des parents
- obtenir leur adhésion,
- expliciter les règles de fonctionnement de l'école
- conduire à une plus grande assiduité des enfants.

Inscription à l'école élémentaire à la demande des parents

Un principe : l'accueil dans le cadre des classes ordinaires. (des dispositifs spécifiques peuvent, si nécessaire, être envisagés à titre transitoire, mais uniquement comme passerelles vers la scolarisation en milieu ordinaire).

Objectifs :
- Priorité à la maîtrise de la langue française dans ses usages oraux et écrits ;
- l'apprentissage du vivre ensemble.

Modalités :
- Mettre en place un accueil en classe ordinaire correspondant à l'âge des élèves
- avec l'organisation, en tant que de besoin, de regroupements temporaires hebdomadaires pour un soutien en français et parfois en mathématiques,
- Participation aux actions mises en œuvre en faveur des élèves en difficulté si nécessaire.
- Veiller à ce que les élèves restent dans la dynamique de la classe.
- effectuer un suivi de leur situation en fin de scolarité primaire et constituer un dossier d'admission en sixième réalisé en temps utile.

En Résumé

Scolarisation des EFIV :

https://goo.gl/PmolzS

Les enfants de familles itinérantes et de voyageurs (EFIV) correspondent à un large public. La circulaire n° 2012-142 du 02-10-2012 qui définit le cadre de la scolarisation de ces élèves précise qu'il s'agit d'enfants « issus de familles itinérantes et de familles sédentarisées depuis peu, ayant un mode de relation discontinu à l'école ». « L'enjeu est de garantir une scolarisation immédiate par la mise en place d'une coopération efficace entre les institutions et les différents partenaires associatifs au niveau académique, départemental et local (voir Outil 41).

La loi n° 2013-595 du 8 juillet 2013 d'orientation et de programmation pour la refondation de l'école de la République promeut, dans l'article L.111-1 du code de l'éducation, « l'inclusion scolaire de tous les enfants, sans aucune distinction » comme enjeu « pour lutter contre les inégalités sociales et territoriales en matière de réussite scolaire et éducative ».

Pourquoi l'utiliser ?

Objectifs

Il s'agit de reconnaître et d'identifier les besoins des EFIV puis d'y apporter une adaptation pédagogique orientée par les priorités des politiques éducatives actuelles :

- instruction, formation et culture pour tous ;
- accès à la citoyenneté, à l'autonomie et à l'initiative pour tous ;
- insertion sociale et professionnelle pour tous.

Contexte

« Conformément au Code de l'éducation et aux engagements internationaux de la France, les enfants de familles itinérantes et de voyageurs sont, comme tous les autres enfants des deux sexes âgés de six à seize ans présents sur le territoire national, soumis au respect de l'obligation d'instruction et d'assiduité scolaire. Le droit commun s'applique en tout point à ces élèves : ils ont droit à la scolarisation et à une scolarité dans les mêmes conditions que tous les élèves, quelles que soient la durée et les modalités du stationnement et de l'habitat, et dans le respect des mêmes règles. »

Comment l'utiliser ?

Étapes

- L'inclusion dans les classes ordinaires est celle qui doit être favorisée. Pour ce faire il faut :

1. Faciliter l'adaptation à l'école et au groupe.
2. Réaliser des évaluations diagnostiques notamment en français et en mathématiques.
3. Mettre en œuvre des enseignements adaptés (voir Outil 31).
4. Assurer le suivi des progrès des élèves.
5. Renseigner le livret scolaire afin de faciliter le suivi scolaire lors des changements d'école. Les aspects administratifs sont à la charge des IEN et des directeurs d'école.

Méthodologie et conseils

L'ensemble de la communauté éducative est concernée par l'accueil et la scolarisation de ces élèves et notamment les acteurs du Centre Académique pour la Scolarisation des élèves allophones Nouvellement Arrivés et des enfants de familles itinérantes et de Voyageurs (CASNAV)

- Les EFIV sont accueillis à la maternelle ou à l'école élémentaire, à la demande des familles, de même que tous les enfants de la commune. Ils sont inscrits obligatoirement dans une classe au plus près de leur âge, comme l'exige le principe d'inclusion.

« Les enfants du voyage sont concernés au même titre que les autres enfants par l'acquisition du socle commun de connaissances, de compétences et de culture inscrite dans la loi de Refondation de l'École. »

Avantages

- Permet à l'élève d'intégrer au plus vite une classe fréquentée par les enfants d'un âge le plus proche possible du sien.

Précautions à prendre

- Positionner l'élève en tenant compte des compétences qu'il a effectivement acquises antérieurement et non par rapport à celles attendues.
- Ne pas enfermer les EFIV dans une catégorie d'élèves particulière et homogène.
- Une vigilance particulière doit être apportée aux situations d'absentéisme, dans un dialogue étroit avec les parents, en insistant sur le lien entre assiduité et apprentissages et sur les questions de sécurité. Il est important de mettre en place un suivi dès les premières absences constatées et de proposer des solutions pédagogiques et éducatives individuelles.
- L'inscription au CNED ne peut être le mode habituel de scolarité mais peut intervenir dans les cas avérés de déplacements fréquents.

SUITE OUTIL 36 →

OUTIL 36

Enfants de familles itinérantes et de voyageurs (EFIV)

EXEMPLE – préconisations pour un meilleur accueil et un meilleur suivi

Pour un meilleur accueil

1. Prendre le temps d'écouter les parents, de clarifier leurs attentes et leurs besoins en utilisant un mode de discours commun.
2. Si la famille est itinérante, s'informer sur ses intentions quant à la durée de son séjour et insister sur l'importance de prévenir l'école ou l'établissement à l'approche du départ.
3. Pour tous les renseignements administratifs, vérifier avec les parents que les documents peuvent être lus et facilement renseignés. Au besoin, les compléter avec leur concours.
4. Expliquer aux parents les enjeux de l'assurance scolaire et les orienter, si nécessaire, vers les services sociaux qui pourront les aider à trouver la meilleure solution.
5. Faire visiter l'école/l'établissement aux parents et à l'enfant ou à l'adolescent, si possible en présence d'autres parents et d'élèves pouvant jouer le rôle de relais.
6. Présenter le ou les enseignant(s) aux parents et expliquer la possiblité pour l'élève de bénéficier de temps de soutien en plus de la prise en charge au sein de la classe : activités pédagogiques complémentaires, accompagnement personnalisé, unité pédagogique spécifique, ou encore présence d'un enseignant ressource.
7. Préciser les règles et les horaires ainsi que les consignes nécessaires à la vie de l'école ou de l'établissement (récréation, cantine, sanitaires), informer également les parents des activités périscolaires (garderie, nouveaux accueils périscolaires, activités sportives, soutien scolaire) ainsi que des sorties prévues (piscine, visites).
8. Dans certains cas, et dans un premier temps, il peut être souhaitable de rassurer les élèves en ne séparant pas les fratries, notamment dans la cours de récréation des grands groupes scolaires.
9. En présence d'enfants en âge de fréquenter l'école maternelle dans la fratrie, sensibiliser les parents sur l'importance de cette première scolarisation et les inciter à une inscription.

Ressources pour les EFIV :

https://goo.gl/pAiJ9S

D'après : Eduscol.education.fr « Repères sur la scolarisation des enfants de familles itinérantes et de voyageurs. »

Préconisations pour un meilleur suivi de la scolarité

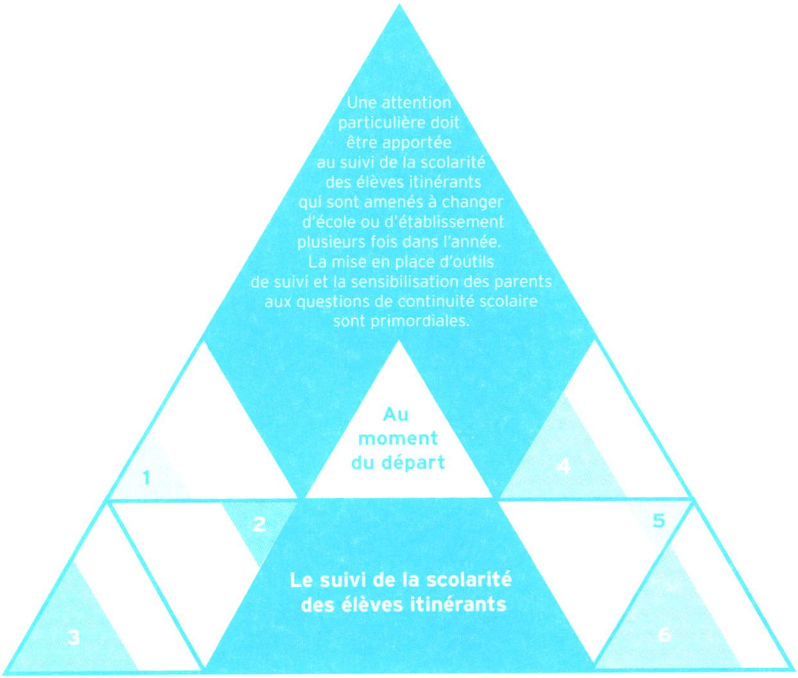

1 Trouver le temps nécessaire pour faire un dernier point avec les parents et l'élève.

2 Remettre à la famille le livret scolaire complété par l'enseignant de la classe ou le professeur principal - même si l'élève est resté peu de temps - ainsi que la fiche de suivi de scolarité, en insistant sur l'importance de ces outils.

3 S'assurer que les parents connaissent les procédures d'inscription et d'affectation pour faciliter leurs démarches lors de l'inscription dans la prochaine école ou le prochain établissement.

4 Veiller à remettre un certificat de radiation ou un exeat afin de faciliter l'admission dans l'école ou l'inscription dans l'établissement suivant. Dans le premier degré, penser à radier l'élève de l'application Base-Élèves et du registre matricule.

5 Insister sur la nécessité du lien entre les différentes écoles ou établissements fréquentés et l'importance d'une scolarisation sans délai dans le prochain lieu de stationnement.

6 Donner aux parents les coordonnées du CASNAV concerné pour un accompagnement éventuel à la scolarisation dans le prochain département de résidence.

D'après : Eduscol.education.fr « Repères sur la scolarisation des enfants de familles itinérantes et de voyageurs. »

OUTIL 37 Élèves intellectuellement précoces (EIP)

QUELQUES CARACTÉRISTIQUES D UN ÉLÈVE INTELLECTUELLEMENT PRÉCOCE

Caractéristiques cognitives

- Accès rapide au langage oral, vocabulaire riche et varié
- Acquisition rapide et parfois spontanée de la lecture
- Difficultés à entrer dans l'écrit (graphisme, écriture malhabile, voire douloureuse)
- Décalage entre la production écrite et les performances verbales
- Grande facilité de mémorisation
- Très bonne capacité d'abstraction, recherche de la complexité
- Argumentation permanente, cohérente et pertinente
- Pensée intuitive : l'élève donne le résultat sans pouvoir l'expliquer
- Irrégularité inexpliquée des résultats

Caractéristiques socio-affectives

- Hyperesthésie (perception exacerbée de stimuli extérieurs)
- Fortes sensibilité et réactivité affective, hyperémotivité
- Sens aigu de la justice, réaction vie face à l'injustice
- Difficulté à acquérir les règles de communication en groupe
- Besoin de sens pour accepter les règles et les consignes
- Grand besoin de reconnaissance de ses capacités
- Anxiété, sentiment d'être incompris, mésestime de soi
- En quête de la compagnie d'enfants plus âgés et des adultes
- Potentiellement victime de harcèlement

Caractéristiques comportementales

- Curiosité et questionnement abondant ; élève très observateur
- Désir de savoir et de comprendre, pas nécessairement d'apprendre
- Imagination débordante, créativité
- Grand sens de l'humour (maitrise précoce du second degré)
- Souvent désordonné, travail peu soigné ou perfectionnisme invalidant
- Ennui pouvant aller jusqu'au refus de l'école
- Capacité à faire plusieurs activités à la fois, donne l'impression de ne pas écouter
- Agitation, provocation, comportement parfois difficile
- Rejet fréquent par ses camarades
- Réticence face à l'entrainement et la répétition
- Préférence à travailler seul

En résumé

Un élève intellectuellement précoce (ou à haut potentiel) est un élève ayant des caractéristiques particulières donc des besoins éducatifs particuliers.

Les caractéristiques présentées ci-dessus sont des indices potentiels de précocité. Cependant, « Aucune de ces caractéristiques n'est à elle seule un indicateur de précocité intellectuelle. La conjonction de plusieurs de ces caractéristiques doit attirer l'attention et amener à poser la question d'une éventuelle précocité. Comme tout besoin particulier, la précocité doit être diagnostiquée par un professionnel spécialisé. »

On peut dire que l'examen de la situation de ces élèves révèle quatre besoins :

1. Un besoin de reconnaissance.
2. Un besoin de prévention, de remédiation.
3. Un besoin de motivation.
4. Un besoin d'équilibre.

Scolariser les EPI :

https://goo.gl/nA1t1X

Pourquoi l'utiliser ?

Objectif

Engager l'EIP dans l'acte d'apprendre, mais surtout de comprendre ce qu'il apprend et pourquoi il l'apprend afin de limiter les difficultés scolaires liées à la précocité.

Contexte

Les EIP doivent bénéficier de réponses individualisées, dans le cadre de la personnalisation des parcours scolaires. Dans chaque académie, un référent EIP est l'interlocuteur privilégié pour les parents et la communauté éducative. Prendre en compte la diversité des élèves et mettre en œuvre la différenciation pédagogique pour y répondre concerne aussi les élèves intellectuellement précoces.

Certains élèves intellectuellement précoces peuvent se voir proposer de mettre en place un programme personnalisé de réussite éducative (PPRE) (voir Outil 32). Les EIP sont en effet particulièrement sensibles à la définition d'un programme aux objectifs clairs et à la notion d'engagement. L'accélération du cursus scolaire est une réponse possible, mais non systématique, aux attentes de certains enfants en termes de connaissances. Elle peut être envisagée sous la forme d'un saut de classe quand tous les autres dispositifs pédagogiques ont été étudiés.

« Un grand nombre de ces élèves poursuit une scolarité sans heurt, cependant certains peuvent rencontrer des difficultés passagères ou durables, pouvant aller jusqu'à l'échec scolaire. »

Comment l'utiliser ?

Étapes

- Observation de l'élève.
- Repérage de certaines caractéristiques des élèves intellectuellement précoces : caractéristiques cognitives, comportementales et socio-affectives. C'est la conjonction de plusieurs caractéristiques de ces différents domaines qui doit alerter.
- Adaptations pédagogiques.
- Demande d'un bilan au psychologue scolaire avec accord des parents.
- Si l'élève est diagnostiqué intellectuellement précoce (QI supérieur à 130), mise en place des adaptations pédagogiques.

Méthodologie et conseils

L'adaptation pédagogique voire la prise en charge doivent se mettre en place dès que l'enseignant prend conscience des besoins particuliers de l'élève concerné ou quand les parents l'informent de certaines caractéristiques.

La prise en compte de la précocité intellectuelle passe par de la différenciation pédagogique.

Avantages

- Les adaptations pédagogiques et didactiques vont permettre de répondre aux besoins spécifiques de l'EIP tant en termes de contenu qu'en terme de confiance, reconnaissance, et équilibre.

Précautions à prendre

- Le seul outil communément admis pour délimiter ce groupe d'enfants est le quotient intellectuel (QI) déterminé à partirde batteries de tests tels que le WISC (dernière édition en vigueur).
- Le seuil de 130 est le repère le plus communément admis (ce qui représenterait autour de 2,3 % de la population, soit un peu moins d'une personne sur 40).
- Seul un psychologue est habilité à faire passer ces tests. Le psychologue scolaire est donc la personne vers qui se tourner quand la situation se présente.

SUITE OUTIL 37 →

OUTIL 37

Élèves intellectuellement précoces (EIP)

EXEMPLE - recensement des postures, aménagements, dispositifs favorables dans le 1er degré, pour les élèves à haut potentiel

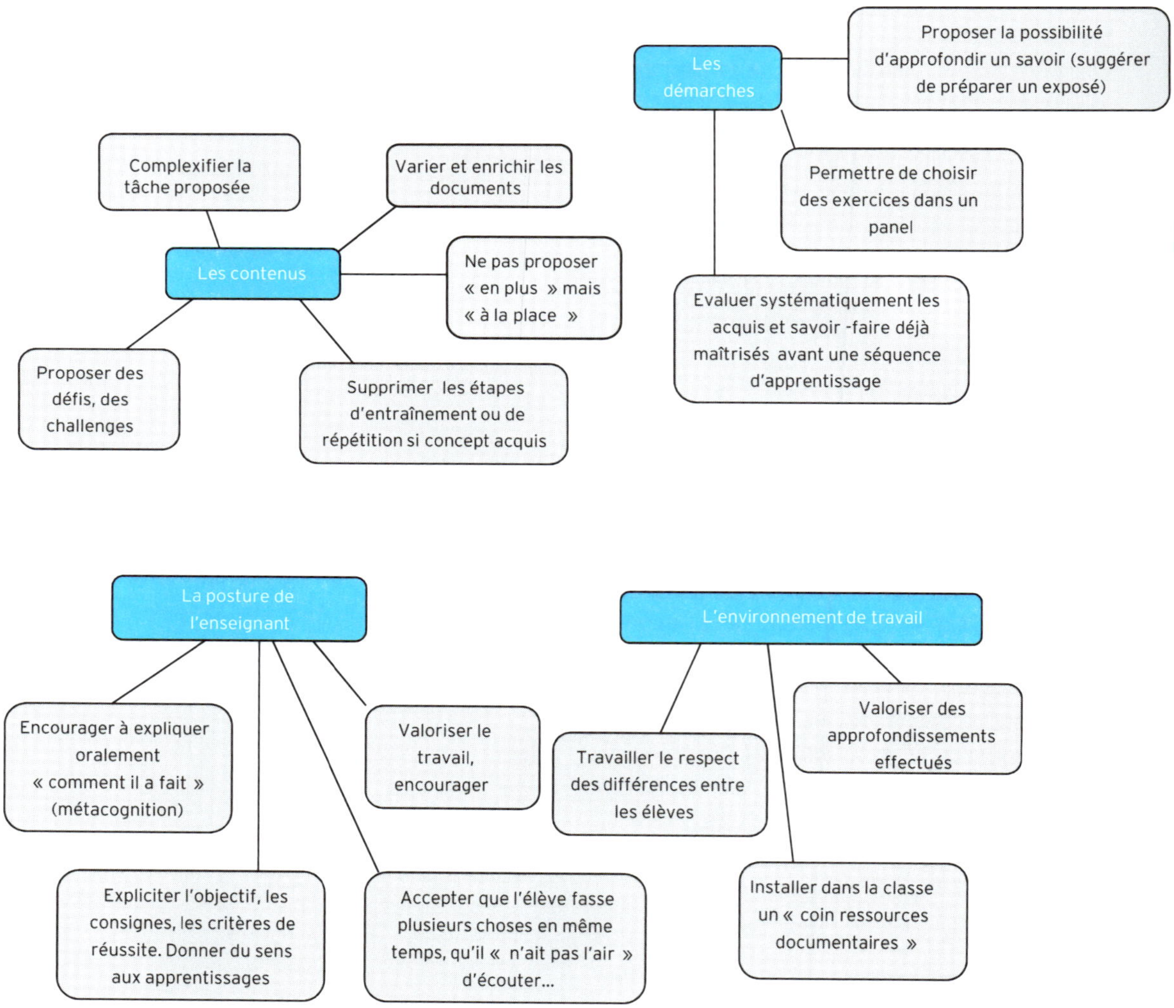

Pascale Mignot Vota, CPC ASH 2 Rhône

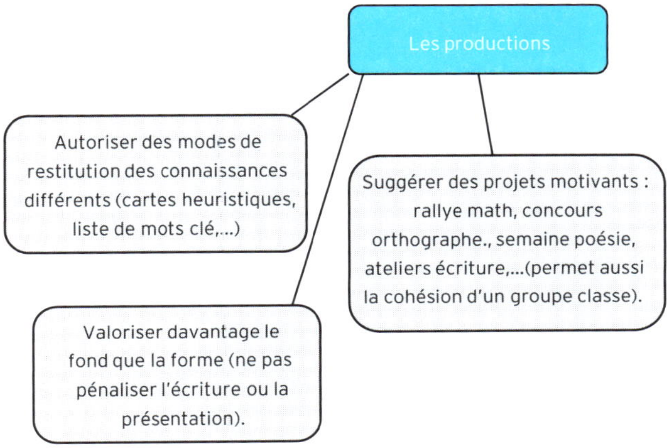
Les productions
Autoriser des modes de restitution des connaissances différents (cartes heuristiques, liste de mots clé,...)
Suggérer des projets motivants : rallye math, concours orthographe., semaine poésie, ateliers écriture,...(permet aussi la cohésion d'un groupe classe).
Valoriser davantage le fond que la forme (ne pas pénaliser l'écriture ou la présentation).

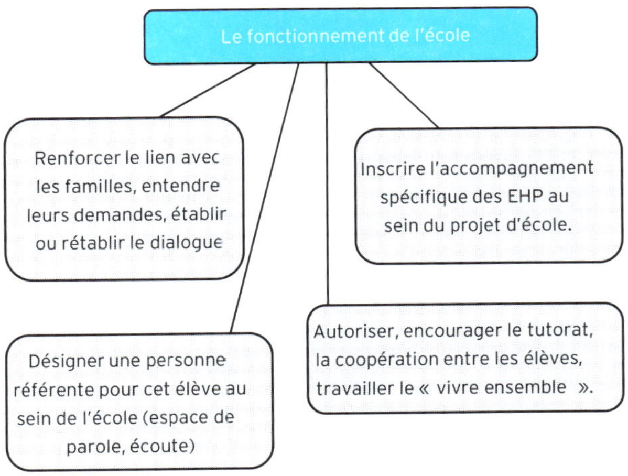
Le fonctionnement de l'école
Renforcer le lien avec les familles, entendre leurs demandes, établir ou rétablir le dialogue
Inscrire l'accompagnement spécifique des EHP au sein du projet d'école.
Autoriser, encourager le tutorat, la coopération entre les élèves, travailler le « vivre ensemble ».
Désigner une personne référente pour cet élève au sein de l'école (espace de parole, écoute)

OUTIL 38

Réseaux d'Aides Spécialisées aux Élèves en Difficulté (RASED)

LE FONCTIONNEMENT DU RASED

Le RASED, réseau d'aides spécialisées aux élèves en difficulté (pour les écoles maternelles et élémentaires)

Un psychologue

Un maître E (aide pédagogique)

Un maître G (aide rééducative)

La prévention

Elle consiste en un ensemble de démarches qui vise à éviter l'apparition d'une difficulté ou son amplification. Elle se fonde sur l'observation ; soit lors d'activités collectives ; soit en petits groupes dans ou hors de la classe

La remédiation

Concertation entre le maître de la classe et les intervenants du Rased et élaboration d'un projet d'aide spécialisée.

Les parents sont régulièrement informés sur le projet. Pour toute intervention, ils doivent donner leur accord.

Les trois interventions possibles :

- le suivi psychologique ;
- l'aide spécialisée à dominante pédagogique : maîtrise des méthodes de travail et des acquisitions ;
- l'aide spécialisée à dominante rééducative : reconquête du désir d'apprendre et de l'estime de soi.

En résumé

L'objectif de l'école est de développer les potentialités de tous les élèves, de les conduire à la maîtrise du socle commun de connaissances, de compétences et de culture en assurant pour chacun d'entre eux les conditions de sa réussite. La difficulté, inhérente au processus même d'apprentissage, est prise en compte par chaque enseignant dans son action quotidienne en classe. Toutefois, l'aide apportée par l'enseignant, avec l'appui de l'équipe pédagogique du cycle et, là où il est mis en œuvre, du dispositif « Plus de maîtres que de classes », peut ne pas suffire pour certains élèves. Les écoles voulant faire partie du dispositif « plus de maîtres que de classes doivent en faire la demande à partir d'un projet pédagogique.

Dès l'école maternelle, certains élèves attirent l'attention des enseignants car leurs attitudes, leurs réponses aux consignes et leur adaptation à la vie collective révèlent des difficultés susceptibles de nuire à leur avenir scolaire. À l'école élémentaire, des élèves sont très en dessous des exigences des programmes.

Les aides spécialisées et les aides personnalisées peuvent concerner successivement ou simultanément un même élève.

Ces aides spécialisées relèvent du RASED et des intervenants spécialisés.

Le RASED :

https://goo.gl/PGK8QM

Pourquoi l'utiliser ?

Objectif

Permettre de travailler en équipe et avec les élèves pour prévenir et remédier à la difficulté de façon ciblée selon la source et les conséquences de la difficulté.

Contexte

Les enseignants spécialisés et les psychologues de l'éducation nationale des RASED dispensent des aides spécialisées aux élèves d'écoles maternelles et élémentaires en grande difficulté. Ces aides sont pédagogiques ou rééducatives. Leur travail spécifique, complémentaire de celui des enseignants dans les classes, permet d'apporter en équipe une meilleure réponse aux difficultés d'apprentissage et d'adaptation aux exigences scolaires qu'éprouvent certains élèves

Les prises en charges par le RASED se déroulent sur le temps scolaire (pendant les heures de classe). Selon les besoins des élèves il sera mis en œuvre :

› Des aides spécialisées à dominante pédagogique pour apprendre et comprendre avec le maître E. Les élèves concernés sont ceux qui présentent des difficultés dans l'apprentissage des connaissances et compétences scolaires, dans l'utilisation des différents outils et méthodes proposées par l'enseignant.

› Des aides spécialisées à dominante rééducative pour mieux s'adapter aux exigences scolaires avec le maître G. Les élèves concernés sont ceux qui rencontrent des difficultés liées à la confiance en soi, à la motivation, du mal-être...

› Les bilans cognitifs sont assurés le psychologue scolaire.

Les RASED aident à analyser les situations des élèves en grande difficulté et à construire des réponses adaptées.

Comment l'utiliser ?

Étapes

1. Évaluer et observer les apprentissages des élèves (Outil 21).
2. Mettre en œuvre les différents dispositifs d'aide pour les élèves en difficulté (Outil 31).
3. Si l'aide dite ordinaire n'est pas assez aidante, solliciter l'aide du RASED.
4. Présenter le projet d'aide spécialisée aux parents qui doivent donner leur accord pour une prise en charge individuelle.
5. Collaborer avec les membres du RASED et les parents pour une meilleure efficacité.
6. Évaluer les différentes actions menées et les progrès de l'enfant afin d'adapter les aides selon les besoins.
7. Rencontrer régulièrement les parents afin de les informer.

Méthodologie et conseils

Concerne les élèves ayant des besoins particuliers que ce soit dans le domaine des apprentissages scolaires, dans l'apprendre à apprendre.

Avantages

- Les membres du RASED sont des acteurs spécialisés pour faire de la prévention et de la remédiation.
- Différentes formes d'interventions sont possibles selon les besoins des élèves.

Précautions à prendre

- Ne pas délaisser l'aide ordinaire qui reste complémentaire de l'aide spécialisée.
- Ne pas perdre de vue que le psychologue scolaire ne fait pas de suivi thérapeutique. Ce suivi relève du psychologue libéral ou en milieu hospitalier.
- Attention à ne pas induire de désavantage (privation systématique du même type d'activité par exemple) pour les élèves qui bénéficient d'une aide spécialisée.

SUITE OUTIL 38 →

Réseaux d'Aides Spécialisées aux Élèves en Difficulté (RASED)

EXEMPLE – fiche de demande d'aide au RASED

Afin de remplir cette demande d'aide, il est nécessaire de poser un regard d'observation sur différents domaines :
- apprentissages disciplinaires ;
- attitudes ;
- comportement global et relationnel.

Pour cela une grille d'observation permet d'outiller le regard.
Ces grilles sont un support pour l'observation ce qui signifie que pour chaque élève concerné les items renseignés ne seront pas toujours les mêmes et que des mentions complémentaires peuvent être portées.

Exemple de fiche de demande d'aide au RASED

R.AS.E.D Circonscription de : Date de la demande d'aide : 22/03/2017

Ecole : Du bonheur

NOM : Pataugas Prénom : Charlotte Date de Naissance : 24/12/2011

Classe : Grande Section Enseignant(e) : Madame Bonté

1. Description des difficultés de l'élève :
Langage oral : des difficultés à mettre en mots ses émotions et ce qu'elle ressent.

Langage écrit : néant

Mathématiques : néant

Motricité/EPS : des difficultés à canaliser son énergie pour réaliser les tâches liées à la consigne.

2. Quels sont les compétences déjà maitrisées ou en voie d'acquisition ?
Charlotte n'est pas encore en difficulté mais ses débordements émotionnels et comportementaux nuisent à sa concentration et à son implication dans le travail.

3. Quel regard portent les parents sur les difficultés de leur enfant et les aides déjà proposées ?
Les parents disent aussi que Charlotte est une enfant très agitée, qui a du mal à accepter les règles. Ils se disent démunis.

4. Aides déjà mises en place ? Aucune
❑ APC ❑ PPRE ❑ RASED ❑ CMP ❑ Autres (lesquelles) :

5. Cet élève a-t-il déjà bénéficié d'un maintien ? Non **Si oui en quelle classe ?**

6. Autres informations ou renseignements que vous jugez importants ?

Grille d'aide à l'observation pour remplir la demande d'aide
au RASED Circonscription de Vienne 2

1. Observations au niveau du comportement
Comportement global
immaturité / tristesse / manque d'intérêt scolaire / troubles de l'attention ou de la concentration
instabilité / inhibition / manque de confiance en soi agressivité / passivité
fatigabilité / lenteur / comportement perturbateur / opposition adulte/élève
soumission / anxiété / incoordination motrice / pas de désir qui lui soit propre

Difficultés relationnelles Avec ses pairs / Avec l'adulte
Communication : aucune / agressive / petit groupe / groupe classe...
s'intègre au groupe / s'oppose / s'isole
monopolise la parole / coupe la parole / volubile
s'exprime à voix basse / ne prend pas la parole / est à l'écoute de l'autre
s'exprime clairement / s'exprime avec force / n'écoute pas l'autre
Par rapport à l'adulte :
Ose s'adresser à l'adulte / monopolise son attention / sait le solliciter si nécessaire / répond à une consigne individuelle ou collective / n'agit que pour faire plaisir
Sanction ou réprimande : acceptation / bouderie / modification d'attitude

2. Observations des difficultés des apprentissages scolaires
langage oral
ARTICULATION/PHONOLOGIE :
bégaiement / zozotement / confusions de phonèmes / saute des mots
saute des syllabes / élision / début fin de mot / incompréhensible

VOCABULAIRE :
limité / abondant / spécifique / recherché / envie d'enrichissement / utilise des synonymes

SYNTAXE :
emploi du « je » / du « non »
phrases mots / phrases courtes / phrases complexes
Utilise les phrases : interrogatives - négatives - impératives
Utilise : le genre - le nombre - les pronoms - les articles
Utilise les temps : passé - présent - futur
Manipule la concordance des temps / Maîtrise le récit
LANGAGE ÉCRIT
Graphisme : Ne laisse pas de trace / Fuit avec « je ne sais pas » ou « je ne peux pas »
Tenue du crayon / Maîtrise du geste / Écrit son prénom / mot...
Production : pauvre / abondante / soignée...

LECTURE
Prénom(s) / phonèmes / mots outils / syllabes / mots nouveaux...
Conscience phonologique / correspondance phonème-graphème / segmentation...

MATHÉMATIQUES
Structuration spatio-temporelle
Numération : comptine / chaîne numérique / grands nombres...
Technique opératoire
Géométrie et mesures
Résolution de problèmes : Analyse / logique / stratégie
Calcul mental

DOSSIER

8 TRAVAILLER EN ÉQUIPE ET AVEC LES PARTENAIRES

INITIER LE TRAVAIL EN ÉQUIPE AFIN DE

se fixer des objectifs communs

construire [illegible]

[illegible]

réfléchir sur les pratiques professionnelles et les faire évoluer vers des pratiques collectives partagées autour de fondamentaux

dans le but de construire de la cohérence et de la cohésion

dans le but de favoriser l'adaptation à l'école et la réussite des élèves

DOSSIER 8

Enseigner est un métier social, d'échanges et de partages qui nécessite, impose, de « coopérer au sein d'une équipe », « contribuer à l'action de la communauté éducative », « coopérer avec les parents d'élèves » et « coopérer avec les partenaires de l'école ».

Le référentiel de compétences fait le choix de poser le terme de « **coopérer** » que l'on peut considérer ici comme synonyme de collaborer. Le travail d'équipe doit tendre vers une production commune qui à son tour permet à chacun de remettre en perspective ses méthodes et pratiques professionnelles.

Les différents partenaires interviennent aux côtés de l'École dans le respect des compétences de chacun.

Les différentes équipes

L'équipe pédagogique considère l'ensemble des enseignants de l'école.

L'équipe éducative est une équipe spécifique, constituée du directeur (ou directrice) d'école, de l'enseignant et des parents de l'enfant concerné par la réunion. À cette équipe éducative peuvent être invitées toutes personnes susceptibles d'apporter un éclairage et une aide à la gestion de la situation de l'élève. Ces personnes deviennent des partenaires avec lesquels il est nécessaire de coopérer.

Travailler en équipe, pourquoi ?

- partager son expérience et échanger sur sa pratique ;
- élaborer des programmations et des progressions communes ;
- éviter de faire face seul à certaines situations professionnelles et mettre de la distance pour dédramatiser ;
- réfléchir sur les pratiques pour les faire évoluer...

Afin de pouvoir travailler en équipe il est souvent nécessaire de :

Collaborer : « Travailler ensemble » : élaboration en commun d'une solution négociée et consensuelle. Les différents acteurs participent à des actions de groupe qui leur permettent de progresser dans l'atteinte de leurs buts respectifs.

Coopérer : « Opérer ensemble » : partage des tâches entre les différents participants puis mise en commun par juxtaposition des apports de chacun. La coopération renvoie à la solidarité.

Coordonner : « organiser ». Il s'agit de définir le meilleur agencement de tâches préalablement réparties en vue d'élaborer un ensemble cohérent.

LES OUTILS

OUTIL 39

La communication au cœur du métier

LA CIRCULATION D'UNE INFORMATION DE L'ÉMETTEUR AU RÉCEPTEUR

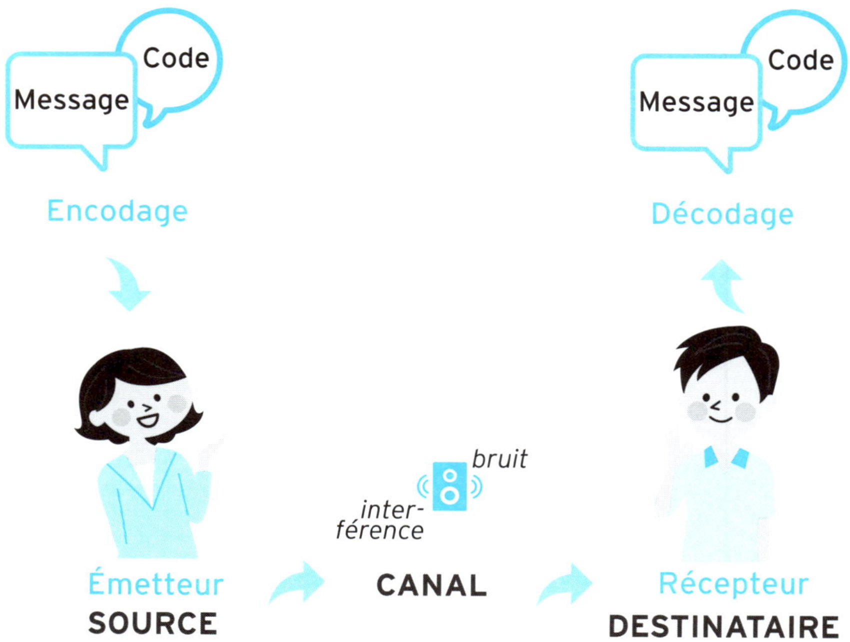

En résumé

Communiquer renvoie au processus par l'intermédiaire duquel une **information est transmise d'un émetteur à un récepteur**. Cela exige l'appartenance à une même espèce et à l'usage d'un même code.

Dans le langage courant : une information, c'est quelque chose qui vous *informe*, c'est-à-dire qui modifie ou complète la *forme* même de votre représentation du monde. **L'information a un effet sur celui qui la reçoit** ; elle suscite une action de sa part ou du moins modifie les conditions de son action.

Une information, c'est en premier lieu un contenu, et un contenu qui prétend **rendre compte de la réalité le plus objectivement possible**.

Si les outils de communication sont divers et variés, il est nécessaire de s'assurer que l'outil choisi est le plus pertinent en regard de l'interlocuteur.

Pourquoi l'utiliser ?

Objectifs

› Rendre compte et échanger des informations.

› Créer de l'information et construire des projets.

Contexte

La communication est un élément de la pratique professionnelle de l'enseignant et ses interlocuteurs sont nombreux et différents : les élèves, les parents, les collègues, l'institution, les partenaires...

Au sein même de la sphère professionnelle d'un enseignant, les contextes de communications diffèrent selon l'interlocuteur. En fait, c'est l'interlocuteur ou les interlocuteurs qui créent le contexte. Contexte auquel il faudra adapter le message, le canal de communication et le code utilisé pour communiquer.

Méthodologie et conseils

Savoir communiquer est nécessaire pour prendre une décision, échanger, renseigner, gérer un conflit. Ex. : au début d'une activité, définir clairement aux élèves la tâche qui sera évaluée et les attentes qui seront visées les aide à mieux comprendre les étapes à suivre et à savoir sur quoi concentrer leurs efforts.

Les échanges avec les élèves se réalisent sur le temps scolaire comme certains échanges avec les collègues. Les échanges avec les collègues, les parents et les partenaires se réalisent hors temps scolaire dans le cadre des 108 heures annuelles.

« Tout groupe humain prend sa richesse dans la communication, l'entraide et la solidarité visant un but commun : l'épanouissement de chacun dans le respect des différences. »
Françoise Dolto

Comment l'utiliser ?

Étapes

Communiquer nécessite de mettre en place un dispositif de communication le plus adapté possible :

› Bien cerner l'information que l'on veut faire passer.

› Encoder le message selon le récepteur.

› Choisir le canal de communication le plus pertinent (cahier de correspondance, téléphone...).

› S'assurer qu'il y a le moins d'interférences (d'éléments qui peuvent nuire à la compréhension du message) possibles afin que le message puisse être correctement entendu.

› S'assurer que le récepteur a bien eu le message et qu'il l'a bien compris.

› Accueillir la réponse du récepteur et répondre si besoin.

Communiquer, cela s'apprend. Savoir écouter, cela s'apprend aussi !

Avantages

- Assurer le principe de co-éducation avec les parents.
- Construire les projets avec l'équipe pédagogique.
- Échanger avec les collègues et faire évoluer ses pratiques professionnelles.

Précautions à prendre

- S'adapter à son interlocuteur.
- Prendre en compte le fait que le récepteur de l'information décode le message selon ses propres filtres cognitifs, sociaux et affectifs.
- Bien poser que l'on parle d'un élève à des parents qui entendent parler de leur enfant.
- Il faut donc faire attention à l'impact de l'affect sur la compréhension de ce qui est dit.
- S'assurer qu'il y a le moins de bruit possible dans la circulation de l'information.

OUTIL 40

Coopérer avec la communauté éducative

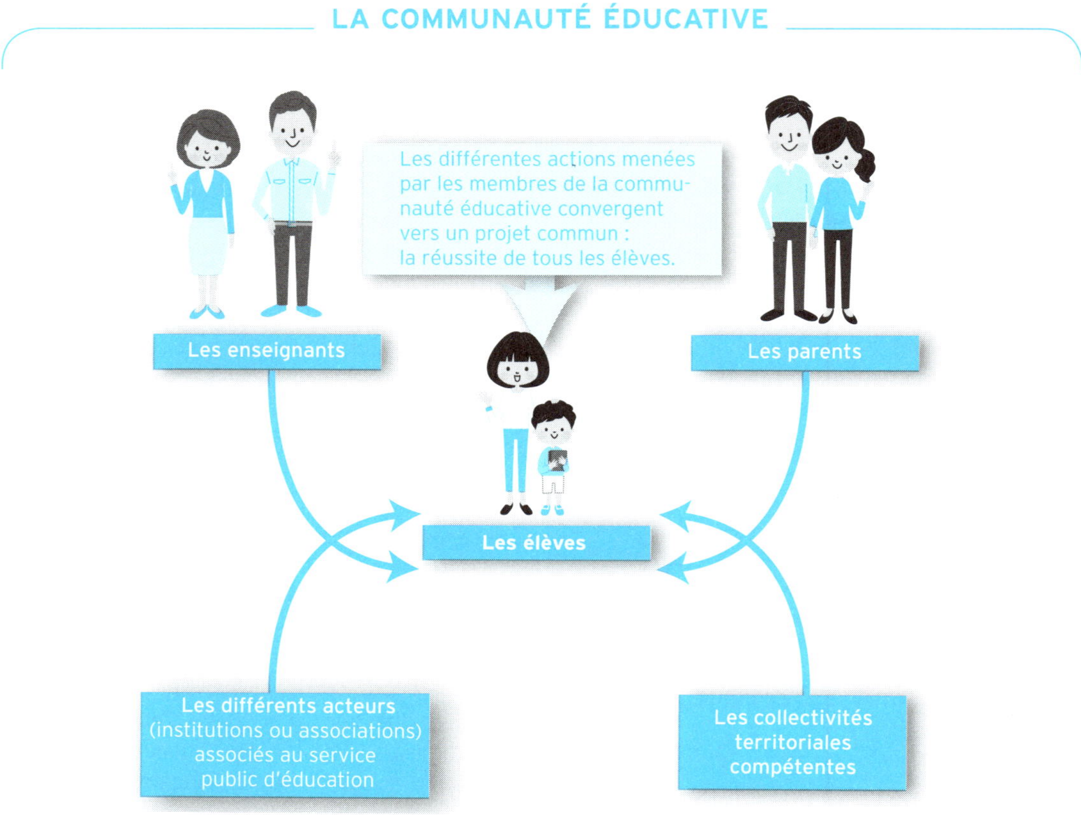

Des témoignages sur le travail avec les partenaires de la communauté éducative :

https://goo.gl/zROkIU

https://goo.gl/eQrett

En résumé

Dans chaque école, **la communauté éducative** rassemble les élèves et tous ceux qui, dans l'école ou en relation avec elle, participent à l'accomplissement de ses missions.

Les élèves sont au centre de la communauté éducative. C'est vers eux que doivent converger les différentes actions, projets et dispositifs mis en œuvre afin de favoriser leur réussite.

Les enseignants mettent en œuvre les séances d'enseignement-apprentissage qui vont permettre aux élèves de développer leurs connaissances et compétences.

Les parents sont membres à part entière de la communauté éducative. Ils ont un droit d'information sur le suivi de la scolarité et du comportement scolaire de leurs enfants, un droit de participation via leurs représentants lors des conseils d'école (voir Outil 43).

Les collectivités territoriales participent selon leurs compétences et leurs devoirs de financements de l'école prévus par la loi de décentralisation.

Les partenaires institutionnels et/ou associatifs apportent leurs compétences selon le projet mis en œuvre. Leur participation est encadrée au niveau réglementaire (voir Outil 41).

Pourquoi l'utiliser ?

Objectif

Mettre en place des projets communs où chacun des partenaires prend sa place en regard de ses compétences.

Contexte

La communauté éducative au sens large prend sa source et pose ses actions au sein même de l'école, durant les temps scolaire et périscolaire. Elle participe par exemple à la mise en œuvre des Temps Activités Périscolaires (TAP ou NAP) mis en place par la réforme des rythmes scolaires. La continuité, la cohérence et la complémentarité des interventions, tant dans le temps scolaire qu'hors du temps scolaire, doivent être pensées dans une logique de parcours de l'élève.

Comment l'utiliser ?

Les différents acteurs de la communauté éducative occupent une place importante mais n'interviennent pas tous en même temps pour les mêmes objectifs.

La communauté éducative peut et doit se mobiliser pour permettre la mise en œuvre de projets, d'actions favorisant l'amélioration du climat scolaire, les apprentissages et les différentes actions éducatives au sens large.

Étapes

Créer une dynamique d'équipe professionnelle :

› Choisir collectivement des priorités et des actions à hiérarchiser sur les trois années du projet.

› Partager les responsabilités.

› Mettre les compétences professionnelles de chacun au service l'équipe pédagogique.

Maintenir un climat serein et propice à l'avancée des projets pendant le conseil de maîtres :

› S'en tenir à l'ordre du jour.

› Ne traiter que des points qui concernent tout le monde pour que personne ne perde son temps. Nommer un enseignant qui tient le « cahier des décisions et actions » du conseil des maîtres. Ce cahier est pointé au début de chaque conseil.

Mettre en place des consensus :

› Établir une confiance mutuelle.

› Expérimenter les projets posés ensemble sur une durée fixée ensemble.

› Partager les ressources : par exemple en sciences, chaque maître de cycle III prépare une séquence sur un sujet (y compris le matériel) et la partage avec les autres.

› Faire un vrai partage choisi des enseignements à mener entre les deux enseignants d'une même classe.

› Se mettre d'accord sur un jour par semaine où tous les maîtres déjeunent ensemble.

« La notion de communauté éducative prônée par la loi ne prendra corps et vie qu'à travers le souci constant d'établir et d'améliorer la communication entre ses membres. »
G. Delaire, *La vie scolaire*.

Méthodologie et conseils

Coopérer avec la communauté éducative signifie coopérer avec des partenaires différents. Il est donc nécessaire de poser différemment les choses selon les partenaires. Travailler avec différents partenaires peut parfois relever d'un véritable casse-tête qui nécessite de se poser certaines questions mais aussi d'en poser aux partenaires. Il ne faut pas oublier que l'ensemble de la communauté éducative poursuit le même objectif : la réussite de tous les élèves.

Avantages

- La coopération des différents acteurs de la communauté éducative participe à la richesse des enseignements ainsi qu'à la cohérence des différentes actions menées dans le cadre de l'école et de la réussite des élèves.

Précautions à prendre

- S'assurer que le rôle et les compétences de chacun soient respectés.
- Faire attention qu'il n'y ait pas confusion des rôles et des actions.

OUTIL 41

Coopérer avec les partenaires associatifs

COOPÉRER : DANS QUELS DOMAINES ET AVEC QUI ?

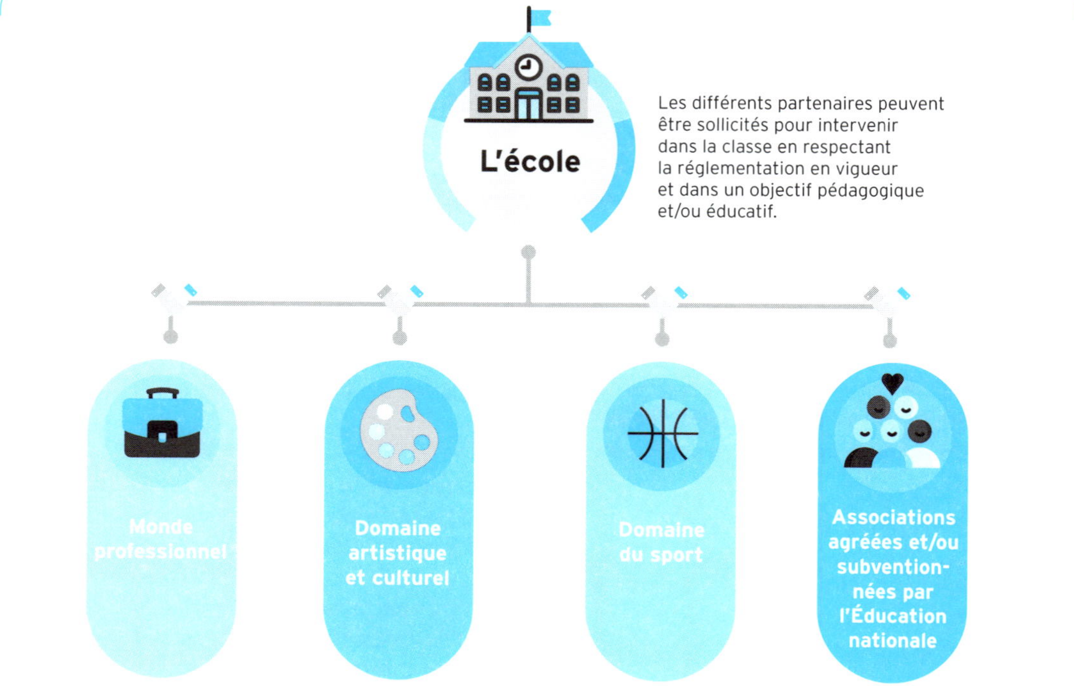

En résumé

Les différents partenaires apportent une contribution aux activités obligatoires d'enseignement, soit sur le temps scolaire dans les locaux scolaires, soit lors des sorties scolaires. Le **partenariat** s'inscrit dans le projet d'école ou le projet pédagogique de l'enseignant. Il a pour objectif de compléter et d'enrichir les enseignements. L'école se doit d'ouvrir les enfants au monde qui l'entoure, à la société, l'économie, à la culture et au développement durable par exemple. Ces partenaires interviennent donc aux côtés de l'école dans le respect des compétences de chacun.

Afin de pouvoir intervenir dans l'école, le partenaire sollicité doit être agréé. L'**agrément** garantit que l'association, l'institution ou la personne respecte les principes de l'enseignement public. L'agrément pour une association au niveau national est valable 5 ans. En juin 2016 on pouvait compter environ 170 associations agréées au niveau national.

Liste complète des associations agréées :

https://goo.gl/0x7Zrrl

Pourquoi l'utiliser ?

Objectifs

› Ouvrir l'horizon culturel de tous les élèves en collaborant avec des partenaires spécialisés.

› Différencier les formes d'approche pour enrichir l'accès aux savoirs et renforcer les apprentissages.

Contexte

L'éducation nationale a décidé de **renforcer son partenariat avec tous les acteurs de la communauté éducative et en particulier les associations.** C'est une condition majeure de réussite de la refondation de l'école. L'enseignant reste toutefois le garant des enseignements. Il en assume la responsabilité pédagogique et fixe les conditions d'intervention. Ces dernières peuvent être ponctuelles ou régulières.

Comment l'utiliser ?

Étapes

› Concevoir un projet et établir les besoins spécifiques qui nécessitent un intervenant

› Demander l'autorisation et/ou l'agrément selon qu'il s'agit d'interventions ponctuelles (jusqu'à 3 interventions) ou régulières (+ de 3 interventions)

Il est à noter que pour toute intervention dans une classe, le directeur d'école doit donner son accord même quand l'Agrément de la DSDEN n'est pas obligatoire.

Méthodologie et conseils

Tout intervenant quel que soit son statut doit inscrire son intervention et ses différentes actions dans le cadre des programmes en vigueur et dans le cadre du projet d'école.

Une concertation entre l'enseignant et la personne appelée à intervenir est donc nécessaire afin de faciliter leur collaboration. Un cadre d'organisation de l'activité est alors défini par l'enseignant. Il précise les objectifs, les contenus, les modalités (matériel, calendrier, dispositifs...), l'évaluation de l'action ainsi que le rôle et les responsabilités de chacun.

L'enseignant peut être déchargé de la surveillance des élèves (une partie ou la totalité de la classe) confiés à des intervenants à condition :

› que les intervenants, régulièrement autorisés ou agréés, soient sous son autorité ;

› qu'il sache constamment où se trouvent ses élèves ;

› qu'il interrompe immédiatement l'activité s'il constate que les conditions de sécurité ne sont plus réunies.

« Le partenariat doit être développé en fonction des capacités, des compétences et de l'objet des associations qui le constituent. »

Avantages

- Ouvre les écoles sur le monde extérieur, sur l'environnement économique, culturel ou patrimonial.
- Apporte un éclairage technique et spécialisé sur l'objet d'apprentissage.

Précautions à prendre

- Ne faire appel à un intervenant extérieur que s'il apporte réellement un « plus » à la qualité des apprentissages.

SUITE OUTIL 41 →

Coopérer avec les partenaires associatifs

EXEMPLE 1 - cadre d'intervention d'un intervenant extérieur

Les différents types intervenants

Les intervenants en EPS

Ils doivent avant toute intervention régulière ou ponctuelle obtenir un agrément du DASEN, qui apprécie leurs compétences en fonction :

- de leur statut pour les personnels territoriaux des activités physiques et sportives ;
- de leurs diplômes pour les personnels privés ;
- de leur participation à une formation spécifique par la commission départementale pour l'éducation physique et sportive dans le 1er degré pour les bénévoles.

Les intervenants en arts

Les intervenants réguliers doivent justifier d'une compétence professionnelle vérifiée et attestée par le directeur régional des affaires culturelles (DRAC) ou de diplômes préparant à l'intervention en milieu scolaire dans les disciplines artistiques. Le directeur d'école, après avis de l'enseignant et du conseil d'école, choisit les intervenants, les propose avec les pièces justificatives au DASEN qui délivre l'agrément. L'agrément est réputé acquis en cas de non-réponse dans les 15 jours.

Les interventions occasionnelles ou ponctuelles dans ce cadre font l'objet d'une simple autorisation écrite du directeur d'école.

Les associations complémentaires de l'école

Les partenariats entre le ministère et ces associations sont formalisés dans des conventions pluriannuelles d'objectifs (CPO) dans lesquelles sont fixés les objectifs éducatifs et les programmes d'action. Parmi ces associations nous trouvons celles qui sont regroupées dans le collectif CAPE (Collectif des Associations partenaires de l'École Publique) : l'Association Française pour la Lecture, les Francas, l'Institut Coopératif de l'École Moderne, l'OCCE, les PEP…

Les autres ministères

Ils participent selon leurs compétences dans le cadre des conventions interministérielles.

Exemple : la convention interministérielle sur l'égalité des chances filles/garçons (2013-2018) qui est le fruit d'un partenariat entre le Ministère de l'Éducation Nationale, le Ministère de l'Enseignement Supérieur et de la Recherche, le Ministère du Travail de l'Emploi de la Formation Professionnelle et du Dialogue Social, le Ministère des Droits des Femmes et le Ministère de l'Agriculture et de l'Agroalimentaire et de la Forêt.

Les associations agréées

L'agrément est un label qui garantit que l'association agréée respecte les principes de l'enseignement public et qu'elle a démontré la qualité de son action. Il valorise les associations qui sont proches du service public d'éducation, par leurs finalités, leurs activités, leurs principes. Il est délivré au niveau national ou au niveau académique. Les associations agrées sont celles qui ont obtenu l'agrément de l'autorité administrative. Cet agrément facilite la mise en œuvre du partenariat car seule l'autorisation du directeur d'école est nécessaire pour les faire intervenir.

Remarque

L'agrément du ministère de l'éducation nationale n'est pas juridiquement nécessaire pour les interventions en établissements mais il apparaît comme souhaitable et utile vis-à-vis des responsables de l'éducation nationale à ses différents échelons et notamment des directeurs d'école.

EXEMPLE 2 - principe d'intervention dans un domaine autre que l'EPS

(extrait du guide de l'école et les intervenants extérieurs - DSDEN de l'Ardèche -septembre 2014)

L'école et les intervenants extérieurs

https://goo.gl/h5U0yg

Rôle de l'intervenant

Il enrichit l'enseignement par un apport spécifique.

Qualifications

- **L'agrément est proposé par le Comité d'experts (départemental) ou par une commission d'habilitation.**

Sont autorisés à intervenir sans être soumis aux procédures d'agrément :
- les titulaires du DUMI, le diplôme vaut agrément (Cf. circulaire n° 84-483 du 14/12/84) ;
- les intervenants subventionnés DRAC, la reconnaissance de qualification vaut agrément ;
- les intervenants des associations éducatives complémentaires de l'enseignement public (convention avec le MEN).

- **Il est rémunéré ou intervient bénévolement (hors temps de travail ou cadre d'emploi)**
- **Les fonctionnaires titulaires doivent attester de leur qualité.**

Prérogatives

- **Il intervient dans un cadre défini par le maître ou l'équipe enseignante, introduisant une dimension sociale, culturelle, artistique ou professionnelle. Il peut se voir confier un groupe d'élèves, toutefois la présence effective et active du maître est nécessaire, ne serait-ce que pour l'exploitation ultérieure de l'intervention.**

Exemples pratiques

- **Visites actives de musée,**
- **Classe menant un projet artistique et culturel,**
- **Moments spécifiques dans un atelier d'écriture,**
- **Langues vivantes...**

Pièces et documents administratifs à fournir

- **Dossier constitué par l'enseignant :**
  - autorisation d'intervention ;
  - dans le cadre d'une intervention régulière, le projet pédagogique ;
  - demande d'agrément pour intervenants extérieurs bénévoles (cf p11) le cas échéant ;

- **Démarches et pièces justificatives concernant l'intervenant :**
  - Les intervenants extérieurs qualifiés et rémunérés doivent formuler une demande d'agrément ou de renouvellement en ligne (cf p10) ;

  - Photocopie des titres ou diplômes, ou photocopie de la carte professionnelle en cours de validité ;
  - Photocopie d'une pièce d'identité ;
  - Extrait de casier judiciaire n° 3 (à renouveler chaque année scolaire).

Démarches administratives

Autorisation du directeur

Visa de l'IEN pour les interventions régulières

Agrément IA- DASEN

Durée de validité

L'agrément est annuel et peut être reconduit sur demande. Il peut aussi être dénoncé à tout moment.

[1] Sont dispensées de procédures d'agrément les personnes qui interviennent **de manière ponctuelle en présence de l'enseignant**.

SUITE OUTIL 41 →

OUTIL 42

Coopérer avec les ATSEM

LES DIFFÉRENTS RÔLES DES ATSEM

Fonction éducative
Accueil, soin et aide / assistance des enfants
- durant le temps scolaire
- durant le temps du midi
- à la sieste
- durant l'accueil du soir

Fonction d'entretien du matériel
- propreté de la classe, des locaux scolaires
- rangement et entretien du matériel pédagogique
- nettoyage et entretien des sanitaires

Fonction d'aide pédagogique
Sous la responsabilité de l'enseignant
- aide matérielle et préparation des activités
- aide à l'encadrement d'activités (ateliers, etc.)
- accompagnement des sorties scolaires
- participation aux services de surveillance

En résumé

Le cadre de travail des ATSEM :

https://goo.gl/HrSA7g

Les Agents Territoriaux Spécialisés en École Maternelle (ATSEM) ont pour objectif d'assister les personnels enseignants. L'ATSEM a un rôle d'aide, de soutien à l'enseignant, mais pas d'adjoint. Ses principales fonctions sont :

- les activités périscolaires des très jeunes enfants ;
- l'assistance du personnel enseignant pour tout ce qui concerne la prise en charge des très jeunes enfants notamment en matière d'hygiène mais également en tant que relais et soutien du personnel enseignant ;
- l'entretien des locaux et du matériel destiné aux enfants.

Les ATSEM participent à la communauté éducative.

Pourquoi l'utiliser ?

Objectifs

- Contribuer, avec l'ATSEM à une scolarisation réussie des enfants de maternelle.
- Accueillir les élèves et mettre en place des activités pédagogiques dans les meilleures conditions possibles.

Contexte

L'ATSEM a cette particularité qu'il est mis à la disposition de l'école maternelle par le Maire et se trouve placé sous l'autorité du directeur(trice) d'école. Cet agent va donc être soumis à une double autorité : l'autorité fonctionnelle exercée par le directeur d'école, et l'autorité hiérarchique exercée par le Maire ou son représentant.
Au quotidien, un équilibre devra être recherché entre l'autorité du directeur d'école (responsable des enfants et du projet d'école) et l'autorité du représentant de la collectivité. Il est donc important de bien définir les conditions de collaboration de l'ATSEM avec les enseignants.

Comment l'utiliser ?

Étapes

Avant l'atelier/activité, l'enseignant définit les objectifs, le cheminement... Pour cela il faut :

- définir le matériel nécessaire (sa préparation peut être confiée à **l'ATSEM**) ;
- définir la durée de l'atelier ;
- préciser le nombre d'enfants concernés ;
- préciser la démarche d'animation proposée ;
- donner des consignes claires, précises et concises ;
- bien penser à l'action qu'aura l'ATSEM et donc au guidage de l'enfant ;
- présenter le travail aux enfants en présence de **l'ATSEM**.

Pendant, l'enseignant veille à ce que l'ATSEM :

- soit centré sur sa tâche ;
- laisse le temps de l'exploration aux enfants ;
- laisse les enfants essayer et se tromper ;
- aie un langage clair et cohérent ;
- aie une attitude adaptée (il doit encourager, motiver, écouter, observer, solliciter, relancer, dédramatiser).

Après, l'enseignant demande à l'ATSEM :

- de faire parler les enfants sur le travail ;
- d'associer les enfants au rangement ;
- de lui faire un bilan de l'atelier ;
- de dire si l'enfant a fait le travail seul et ou avec aide.

Méthodologie et conseils

L'ATSEM a un rôle primordial auprès de l'enseignant de maternelle. Il intervient tout au long de la journée pour la gestion matérielle de la classe et pour permettre aux élèves de travailler dans de bonnes conditions. Il est donc important de considérer l'ATSEM dans l'école, dans la classe et à tous moments, dans son rôle de membre de la communauté éducative (et non pas comme un petit personnel sous qualifié !) et donc l'associer le plus possible à la vie de l'école.

« Enseignant-ATSEM : une relation qui se doit d'être au service des élèves tant pour permettre la construction des apprentissages scolaires que celle des apprentissages socio-affectifs. »

Avantages

- Travailler en étroite collaboration avec les ATSEM permet la mise en œuvre d'un climat serein et propice aux apprentissages du jeune enfant de 2 à 6 ans (TPS à GS).

Précautions à prendre

- Les ATSEM ne peuvent en aucun cas remplacer un enseignant pour assurer un apprentissage.
- Ils ne peuvent prendre en charge directement des élèves présentant un handicap, un trouble invalidant de la santé ou atteint d'un trouble de la santé évoluant sur une longue période nécessitant la mise en place d'un PAI...
- Les ATSEM ne peuvent assurer seuls la surveillance des récréations...

SUITE OUTIL 42 →

Coopérer avec les ATSEM

EXEMPLE - une journée type d'un/une ATSEM dans une classe de PS-MS

Ceci est un exemple car l'emploi du temps d'un ATSEM peut varier une commune à une autre.

8 h 30-8 h 50	**Préparation de la classe et du matériel des différents ateliers**			
8 h 50-9 h 00	**Accueil**	Enseignant et **ATSEM** assurent ensemble l'accueil et les différentes activités proposées		
9 h 00-9 h 15	**Regrou-pement et rituels**	Tous les élèves sont ensemble. L'**ATSEM** participe à la régulation des comportements à la demande de l'enseignant		
9 h 15-9 h 45	**Motricité**	3 groupes d'élèves sont constitués afin que chaque groupe puisse travailler dans différents ateliers L'Atelier d'apprentissage sera géré par l'enseignant L'atelier d'entraînement sera encadré par **l'ATSEM** pour prévenir certains risques L'atelier d'entraînement sera réalisé sans risques en autonomie mais sous surveillance de l'enseignant. Les élèves tournent dans ces différents ateliers au cours de la séance.		
9 h 45	**Passage aux toi-lettes et lavage des mains**	Assuré par **l'ATSEM**		
9 h 50-10 h 00	**Collation**	Assurée par **l'ATSEM** et l'enseignant		
10 h 00-10 h 30	**Ateliers**	Petite Section G1 avec **ATSEM** : Découverte de l'écrit Reconnaissance du prénom et du prénom des autres Matériel Étiquettes avec et sans photo.	Petite Section G2 (**autonomie**) : Trier les animaux du + petit au + grand	MS avec **Enseignante,** s'approprier le langage Spectacle du vivant Jouer un rôle - être acteur Raconter une histoire Faire des phrases complexes.
10 h 30-11 h 00	**Récréa-tion**	Surveillance assurée par l'enseignante. **ATSEM** en pause		
11 h 00-11 h 30	**Ateliers**	Petite Section G1 avec **ATSEM**, Tri du + petit au + grand **ATSEM** car élèves ayant besoin d'aide.	Petite Section G2 Avec **Enseignante** Replacer les animaux sur la toise se mesurer sur toise	MS en **autonomie** coloriage magique savoir reconnaître les formes géométriques : carré, rond triangle
11 h 30-12 h 00		Bilan de la matinée/comptines/jeux de doigts Tous les élèves sont ensemble. L'**ATSEM** participe à la régulation des comportements à la demande de l'enseignant		

12 h 00	**Sortie**	L'**ATSEM** aide les élèves à s'habiller Accompagne ceux qui mangent à la cantine sur le lieu de restauration	
13 h 30	**Accueil**	L'**ATSEM** accompagne les élèves PS à la sieste et assure la surveillance	MS avec Enseignante en classe
	Sieste	L'**ATSEM** Surveillance de Sieste. Réveil échelonné des enfants qui réintègrent la classe au fur et à mesure	Atelier avec Enseignant pour les élèves en classe
15 h 45	**Sortie de classe**	L'**ATSEM** aide les élèves à s'habiller Accompagne ceux qui participent aux Nouvelles Activités Périscolaires et les confie aux personnes responsables.	

Remarque

Outre les tâches qui leurs sont confiées durant les horaires de classe, les ATSEM peuvent selon un emploi du temps décidé par la Mairie (employeur) :

› **Assurer la garderie** du matin, le temps du repas et la garderie du soir qui sont des moments se déroulant hors temps scolaires des enseignants. Donc : l'autorité compétente est la collectivité territoriale. Il s'agit, essentiellement, d'un temps d'accueil, d'aide des enfants et de surveillance.

› **Assurer l'entretien des locaux et du matériel :** l'ATSEM est chargé de tenir les locaux de l'école maternelle dans un état constant de salubrité et de propreté. Il intervient en matière d'entretien pendant le temps périscolaire ou extrascolaire (avant ou après la journée d'école, pendant les vacances scolaires). L'entretien des locaux scolaires et des espaces extérieurs réservés aux enfants relève de la compétence des collectivités et établissements. Les travaux de gros entretien se font en principe pendant les périodes de vacances scolaires.

OUTIL 43

La place des parents

LES PARENTS, LEURS QUESTIONS ET L'ÉCOLE

En résumé

Les parents exerçant conjointement l'autorité parentale sont les premiers responsables de leur(s) enfant(s).

Les enseignants doivent entretenir avec les deux parents, même séparés, des relations de même nature, leur faire parvenir les mêmes documents (convocations, bulletins scolaires, etc.) et répondre à leurs demandes d'information ou de rendez-vous.

De bonnes relations et une **coopération active entre les familles et l'école favorisent la réussite des enfants.**

Il est important que les parents **accompagnent le travail personnel de l'élève** et qu'ils prennent en compte les objectifs et les contraintes liées à la scolarité de leur(s) enfant(s).

Ceci va dans le sens de la co-éducation telle qu'elle est définie dans la loi de refondation de l'école (2013).

Pourquoi l'utiliser ?

Objectifs

› Tisser des liens, renforcer le maillage éducatif, établir une relation de confiance réciproque.

› Favoriser un contexte scolaire de qualité pour permettre à chaque élève de s'épanouir et de se sentir reconnu.

Contexte

La relation et la communication école-parents s'inscrit dans le cadre de la co-éducation, point central d'une meilleure scolarité pour les élèves. La co-éducation, c'est-à-dire la collaboration étroite et la responsabilité partagée entre l'école et la famille dans l'éducation des enfants, est indispensable, elle est gage de leur épanouissement et de leur réussite scolaire. Elle peut également apporter aux enfants une meilleure aptitude à gérer la transition entre le milieu familial et le milieu scolaire et moins de stress lorsqu'ils viennent à l'école.

Comment l'utiliser ?

Étapes

Le suivi de la scolarité par les parents implique que ceux-ci soient bien informés des résultats mais également du comportement scolaire de leur enfant. Doivent donc être mis en place les éléments suivants :

› **des réunions** chaque début d'année, pour les parents d'élèves nouvellement inscrits avec le directeur d'école et le chef d'établissement ;

› **des rencontres parents-enseignants au moins deux fois par an.** Dans les collèges et lycées, l'information sur l'orientation est organisée dans ce cadre ;

› **une information régulière** à destination des parents sur les résultats et le comportement scolaire de leurs enfants ;

› **l'obligation de répondre aux demandes d'information et d'entrevues présentées par les parents ;**

› un examen des conditions d'organisation du **dialogue parents-école**, notamment à l'occasion de la première réunion du conseil d'école.

Méthodologie et conseils

Prévoir et organiser d'autres **réunions ou rencontres** (non prévues par les instructions officielles mais parfois nécessaires) au cours de l'année afin de concerner les parents et de les informer. Penser aussi à faire un bilan de l'année qui viendra directement servir les axes de réflexion de la prérentrée.

› **Les entretiens individuels** : rencontre des deux parents. Nécessité de préparer l'entretien en fonction de l'objectif de la rencontre et en se basant sur le cahier de suivi de l'élève pour poser les constats, les réussites, les difficultés et réfléchir ensemble à ce qui serait aidant pour l'élève.

› **Les rencontres informelles au quotidien** au portail : pour faire un lien entre deux moments formels afin de rendre les actions plus efficaces et le suivi plus resserré.

« Si parents et école partagent une même vision éducative, une même vision des valeurs qui peuvent guider la vie d'un homme ou d'une femme, apprendre devient possible. »
Benoît Noblet

Avantages

■ Les échanges parents-enseignants et parents-enfants permettent de souligner ce qui est positif dans le travail de l'élève et de communiquer sur ses réussites.

■ Ces échanges et leur régularité permettent une meilleure implication des parents.

Précautions à prendre

■ S'assurer que l'on ne s'appuie que sur des faits, des observations, des évaluations et non des ressentis ou des propos rapportés.

■ Écouter, entendre, prendre en compte les interrogations, les difficultés, les situations conflictuelles.

■ En cas d'agressivité, différer la rencontre.

SUITE OUTIL 43 →

La place des parents

EXEMPLE 1 - réussir une rencontre avec les parents

Une communication réussie « famille-école » peut permettre à chacun d'avancer au service des enfants qui sont les premiers bénéficiaires de cette compréhension mutuelle. Elle peut permettre aux parents :

- d'avoir une attitude plus positive par rapport à l'école et aux enseignants et d'être moins stressés lorsqu'il y a une réunion avec les enseignants ;
- de mieux comprendre les modalités pédagogiques suivies par l'enseignant, des nouvelles compétences demandées aux enfants ;
- de se sentir valorisés dans leur fonction et dans leurs responsabilités ;
- de développer un sentiment d'appartenance à un collectif, à la communauté éducative de l'école.

Avant la rencontre	
Demander un entretien aux parents	Il est préférable d'inviter les parents plutôt que de les convoquer. On se rend plus volontiers à une invitation qu'à une convocation. **Comment** ? Utiliser le cahier de liaison afin d'informer les parents d'une situation particulière avant d'envisager une rencontre. Un échange téléphonique peut aussi être envisagé car passer par la rédaction d'un mot écrit n'est pas toujours facile pour évoquer certaines choses. **Pourquoi** ? Le motif de la rencontre est porté à la connaissance des parents, pour leur permettre de faire le point avec leur enfant et entre eux ou encore de recueillir des documents si nécessaire avant cette rencontre. De même, la nécessité ou non de la présence de l'élève à cette rencontre peut être précisée. **Où et quand ?** L'organisation de la rencontre doit prendre en compte les contraintes horaires et matérielles des uns et des autres. Établie sur un objet précis, pour être efficace, elle se déroule durant un temps donné décidé conjointement. Certains parents n'ayant pas accès à la lecture, ils peuvent être invités par téléphone.
Préparer l'entretien	• Penser à l'aménagement physique du lieu de rencontre. Un lieu prévu à l'avance, permettant d'installer une relation de confiance, en toute confidentialité. Il est souhaitable de s'assurer que l'on ne sera pas dérangé pendant l'entretien. • Préparer une liste des points qu'on veut aborder. L'enseignant ne doit pas évoquer que les seules difficultés de l'élève, il cherche à valoriser ses efforts et présente les perspectives de développement de l'enfant avec réalisme sans asséner de certitudes. Par exemple, être attentif aux réussites qui se construisent en dehors du temps scolaire afin de s'appuyer sur elles pour faire progresser les apprentissages.
Pendant l'entretien	
Agir en professionnel	• La tenue vestimentaire est importante : ni trop provocante, ni trop « désinvolte ». C'est une marque de respect envers les parents. • L'attitude à adopter et à mettre en œuvre est avant tout professionnelle. Il faut essayer d'éviter d'être trop compassionnel ou culpabilisant. • Fonder les échanges et les propos tenus sur des faits, des constatations et non sur des jugements ou interprétations. • Mobiliser les parents en clarifiant et posant l'objectif de l'entretien dès le début. • Commencer l'entretien, quel que soit son objectif, par des propos positifs au sujet de l'enfant.

	• S'appuyer sur des documents si nécessaire. En cas de difficultés importantes avec l'élève, veiller à ne pas utiliser de qualificatifs dévalorisants. • Éviter tout jargon professionnel de l'éducation nationale. Adapter le plus possible le vocabulaire utilisé en le rendant intelligible mais précis, compréhensible par les parents.
Impliquer les parents	**Comment permettre aux parents d'aider leurs enfants ?** • Tout parent peut être en capacité d'aider son enfant, même si le travail personnel est indispensable. Les parents ont un rôle décisif pour : - organiser le cadre de travail grâce à des horaires réguliers, pour les révisions : radio et télévision éteintes afin de faciliter la concentration, en aidant à préparer le cartable en fonction de l'emploi du temps et en vérifiant les fournitures, en laissant l'enfant se reposer lors des petites vacances ; - rassurer l'enfant en lui montrant la cohérence entre la famille et l'école, en évitant de critiquer devant l'enfant ce qui se fait en classe. Les désaccords entre adultes se règlent entre adultes ; - encourager, soutenir l'enfant, en ayant confiance dans ses capacités, en lui faisant comprendre que se tromper n'est pas un drame et fait partie des apprentissages, en accueillant positivement toutes les questions de l'enfant, en parlant avec lui… • Mettre en avant le fait que leur rôle en tant que parent est nécessaire, primordial pour aider leur enfant/votre élève. • Utiliser l'alternance du vocable élève et enfant permet de mieux poser que : aider l'élève vous incombe mais qu'ils sont les plus légitimes pour aider l'enfant. • Adopter une position d'écoute : s'il donne des informations, l'enseignant est aussi en situation d'écoute. Il doit être attentif aux inquiétudes, préoccupations, questionnements des familles. • Essayer d'associer les parents, faire en sorte qu'ils se sentent impliqués : « on va essayer ensemble… » « avec votre aide… », « avec votre soutien… » Ne pas forcer la porte de la sphère privée. Être à l'écoute si les parents abordent ces aspects mais veiller à ne pas être intrusif.
À la fin de l'entretien	
Faire le point sur ce qui s'est dit	• Veiller à ce que la famille comprenne bien la participation qui est attendue d'elle et dans quel cadre. • Les solutions, les pistes d'actions à mener ensemble ne doivent pas apparaître comme dictées aux familles, mais être le résultat d'un constat commun. • Toujours avoir le soin de rassurer les parents, de positiver afin qu'ils ne partent pas découragés, démobilisés ou insécurisés sur le futur. • Toujours proposer aux parents un point ultérieur d'ici quatre à cinq semaines pour voir les progrès réalisés.
	Garder une trace écrite de l'entretien, des échanges et des actions prévues afin de mieux assurer le suivi et de faire le point à la rencontre suivante. Noter éventuellement les questions restées en suspens (cela arrive…).

SUITE OUTIL 43 →

EXEMPLE 2 - déroulé de la réunion de l'équipe éducative

L'équipe éducative sera réunie si le cas d'un élève particulièrement en difficulté (comportementale et/ou scolaire) le nécessite. Cela signifie souvent que la seule action de l'enseignant en classe n'est plus suffisante pour aider l'élève et qu'il faut mettre en place des dispositifs particuliers répondant aux besoins de l'élève.

Chaque étape de la réunion de l'équipe éducative est importante et se doit d'être sérieusement menée afin de favoriser une meilleure coopération des différents acteurs pour favoriser la résolution de la situation.

L'équipe éducative est composée à minima du directeur de l'école, de l'enseignant et des parents de l'élève concerné. Mais on peut élargir les membres présents en invitant des personnels et professionnels spécialisés (psychomotricien, orthophoniste, animateurs ALAE par exemple...) dont la présence permettrait de mieux évaluer les besoins de l'élève et de proposer des pistes d'actions pertinentes.

Situation

Cas de Clara qui change de comportement et devient de plus en plus agressive envers ses camarades et les enseignants.

L'enseignant observe les changements de comportements de Clara. Après plusieurs rdv avec les parents de cette dernière la situation ne s'améliore pas et a même tendance à se dégrader. Plusieurs parents d'élèves de la classe se plaignent.

L'enseignant prend la décision avec le directeur de réunir l'équipe éducative.

En amont de l'équipe éducative

Le directeur ou la directrice :

- Contacte les différentes personnes devant assister à l'équipe éducative afin de trouver une date et un horaire faisant consensus.
- Envoie les différentes invitations.
- Recueille auprès de l'enseignant et si nécessaire des autres collègues des informations concernant le comportement de Clara et les différentes actions mises à œuvre jusqu'au jour de la réunion.

L'enseignant :

- Fait une synthèse des ses différentes observations afin de poser son propos sur des faits et non sur un ressenti.
- Si besoin il aura un relevé chronologique et quantitatif des faits et comportements afin de faire prendre conscience aux parents de la situation difficile dans laquelle se trouve Clara.

Pendant l'équipe éducative

Le directeur ou la directrice :

- Accueille les différents participants à la réunion de l'équipe éducative.
- Rappelle les objectifs et l'ordre du jour : il faut affirmer de manière explicite que ce moment vise à trouver les moyens d'aider un enfant, quelles que soient ses difficultés.
- Anime et assure le bon déroulé de la réunion.
- Distribue la parole à chacun des participants : chaque participant doit pouvoir disposer d'un moment pour exposer son point de vue.
- Apaise les échanges en cas de désaccords.

L'enseignant :

- Présente la situation de l'élève.
- Évoque à la fois les éléments de réussite et les difficultés persistantes rencontrées.
- Répond aux différentes questions et inquiétudes des parents.

Les parents et/ou les partenaires présents :

- Interviennent au besoin et peuvent apporter des éléments complémentaires.
- Font des propositions afin de résoudre la situation.
- Échangent avec les autres participants.

Les différents échanges sont consacrés à la construction conjointe des actions à mener avec la définition de la contribution et du rôle de chacun tant à l'école qu'à la maison.

Fin de l'équipe éducative

L'enseignant :

- Élabore le compte rendu dans lequel figurent les objectifs et les pistes d'actions à mettre en œuvre pour aider Clara (il peut être décidé que le psychologue scolaire ou un enseignant spécialisé viendra à l'école pour travailler avec Clara à raison de 2 séances d'une heure par semaine)
- Soumet le compte rendu pour validation et acceptation des décisions prises par l'ensemble des partenaires présents.

Le directeur ou la directrice :

- Lit le compte rendu.
- Demande si l'un des participants à quelque chose à ajouter.
- Le fait signer à tous les présents afin que les différentes actions puissent se mettre en place. Sans cet accord (donc signature) les décisions ne pourront pas se concrétiser.
- Rassemble les différents documents dans le dossier de l'élève.

Après l'équipe éducative

Le directeur :

- Envoie le compte rendu aux parents et aux membres de l'équipe éducative.
- Conserve un exemplaire dans le dossier de l'élève.
- S'assure que les différentes décisions prises sont mises en œuvre.

L'enseignant :

- Met en œuvre dans la classe les actions pédagogiques qui relèvent de son champ de compétences.
- Rencontre les parents si nécessaire pour un suivi régulier de la situation.

Les différents partenaires dont les parents :

- Mettent en place les actions et décisions qui ont été prises et qui figurent dans le compte rendu.

DOSSIER

9 TRAVAILLER EN MODE PROJET

BRÈVES DE PROFS !

L'absence de motivation que l'on retrouve dans les classes provient souvent d'un manque d'identification et de sens donnés à la tâche. Pour pallier cela, l'enseignant doit proposer des activités qui enrôlent l'élève et l'engagent dans la durée. La pédagogie de projet paraît alors intéressante, grâce à la mise en place d'activités finalisées et favorisant la collaboration entre pairs.

Or, on parle tous de **projets** dans la vie de tous les jours : nos projets de vacances, projets de carrière... Le terme projet est donc un terme du vocabulaire courant, auquel on associe une signification relativement claire et précise : c'est un ensemble d'*actions* que nous souhaitons entreprendre, pour *atteindre un but*.

La loi de refondation de l'école (2013) s'inscrit dans cette logique du projet mais aussi de l'interdisciplinarité. Le travail en mode projet permet de tisser des liens entre les disciplines, entre l'École et la vie au dehors. Travailler en mode projet nécessite de réfléchir à la place que l'on laisse à l'élève et à sa relation aux autres, à la posture que cette démarche demande de la part de l'enseignant, à la représentation des savoirs et aux types de tâches proposées. Dans le champ de la pédagogie, cela se traduit par la volonté de mobiliser, motiver, accroître l'efficacité de l'acte éducatif et viser une meilleure réussite scolaire sans pour autant négliger la dimension méthodologique : on parle alors de **pédagogie de projet**. Il s'agit de susciter la curiosité, l'intérêt des enfants et en valorisant les expériences concrètes. Certains enseignants commencent d'ailleurs l'année scolaire avec un **projet pédagogique** (journal scolaire, correspondance, exposition, projet de sortie scolaire...) : ils ont compris que c'est la meilleure manière de créer un lien social, de souder un groupe et aussi de donner aux élèves les moins favorisés l'occasion de se présenter comme des acteurs, parfois drôles, efficaces ou conciliateurs, plutôt que d'apparaître d'emblée comme peu scolaires ou porteurs de lacunes. De plus, depuis la loi d'orientation de 1989, chaque école doit également se doter d'un projet, nommé **projet d'école** : outre un rôle pédagogique et éducatif, il s'agit alors de mieux coordonner les actions pédagogiques de tous les enseignants de l'école, ainsi que l'action des différents partenaires éducatifs. Chaque projet pédagogique des enseignants doit s'inscrire dans le projet d'école.

PROJET D'ÉCOLE, DE CYCLE, DE CLASSE : QUELLE ARTICULATION ?

Projet d'école

- Il adapte les objectifs nationaux à la situation locale en privilégiant quelques orientations .
- Il comprend nécessairement une dimension pédagogique et éducative et peut s'enrichir d'activités périscolaires.
- L'enseignant doit s'impliquer dans le projet : s'informer, se situer, être force de propositions, mettre en œuvre les actions, les évaluer.

Projet de cycle

- Il permet l'articulation entre les objectifs du projet d'école, les programmes définis pour chaque cycle, les compétences à acquérier dans chaque cycle.
- Il doit respecter les rythmes et les spécificités des enfants , en assurant la nécessaire continuité des méthodes mises en œuvre.

Projet de classe

- Il est élaboré par l'enseignant et si possible, avec les élèves.
- Il met en place des situations s'inscrivant dans une démarche de pédagogie de projet et débouche sur une finalité connue des élèves .
- Il prend en compte les objectifs d'apprentissages et les compétences à acquérir et cités dans les programmes.

LES OUTILS

OUTIL 44

La pédagogie de projet

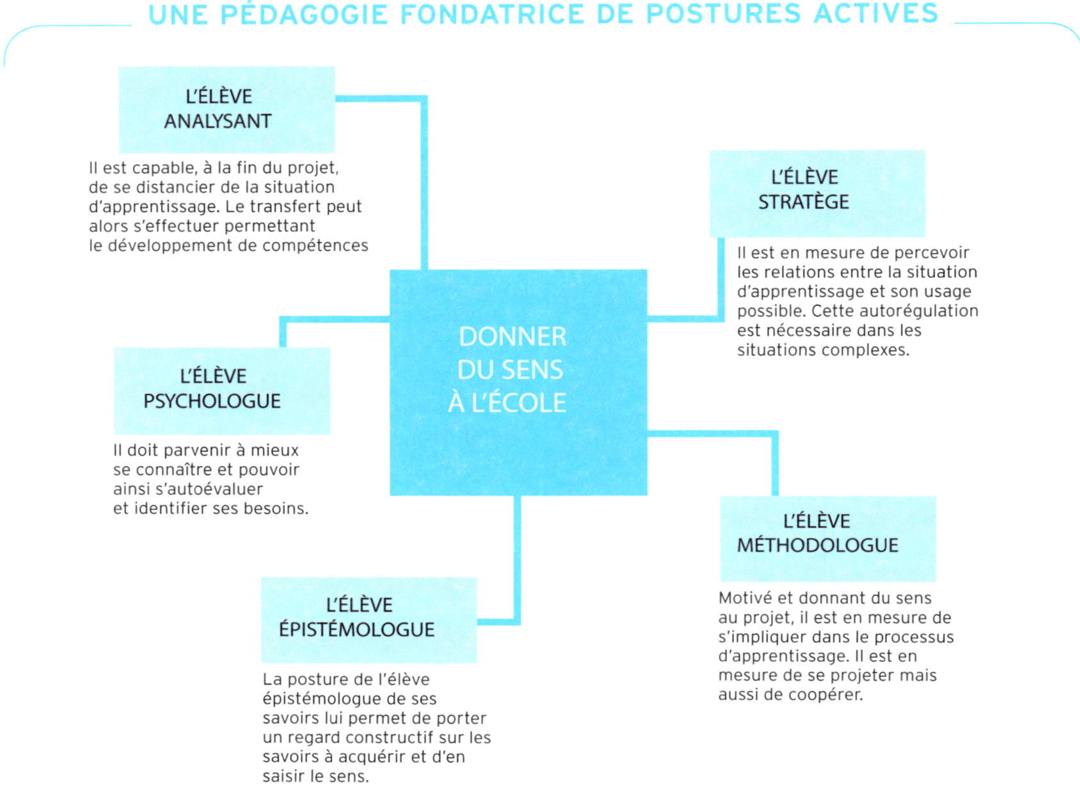

D'après : Michel Develay, *Donner du sens à l'école*, 1998, ESF.

En résumé

La pédagogie de projet est une approche pédagogique centrée sur la mise en projet. Elle requiert une démarche structurée où les élèves, dans un contexte signifiant s'investissent concrètement dans l'intégration des apprentissages. Elle implique de la part de l'enseignant des pratiques pédagogiques plus centrées sur **l'élève « acteur-auteur » de ses apprentissages** et permet de développer chez celui-ci cinq postures nouvelles. Ces postures vont lui permettre de donner du sens au projet proposé mais aussi et surtout à l'école, ainsi qu'aux connaissances et compétences qu'il doit acquérir. Les cinq postures sont :

1. **L'élève psychologue**
2. **L'élève épistémologue**
3. **L'élève stratège**
4. **L'élève méthodologue**
5. **L'élève analysant**.

Pour que ce développement soit effectif, l'enseignant doit veiller à rendre les élèves actifs et impliqués dans le projet. Il doit également être attentif à dynamiser la réflexion des élèves et les guider au cours de la réalisation des différentes tâches, voire à les relancer en cas de difficulté. Il y a donc mutation des rôles de l'enseignant vers des conduites de médiation.

Pourquoi l'utiliser ?

Objectif

Donner du sens aux apprentissages en liant les disciplines.

Contexte

Apprendre ne consiste pas à accumuler des savoirs mais à faire des liens ; à « relier les notions entre elles », à créer des « ponts cognitifs » (C. Freinet). La polyvalence, symbole de l'école primaire, trouve là toute sa justification et le professeur des écoles peut ainsi faire les liens entre les disciplines et entre les savoirs.

Comment l'utiliser ?

Étapes

La démarche de projet suppose de rendre l'élève actif et surtout acteur. Le projet doit :

- être une entreprise collective organisée et gérée par le groupe classe ; l'enseignant anime, régule, mais ne décide pas de tout (dimension civique du projet) ;
- s'orienter vers une production concrète, communicable et évaluée (Ex. : texte, spectacle, exposition, expérience scientifique, danse, chanson, création artistique ou artisanale, fête, sortie etc.) ;
- induire un ensemble de tâches dans lesquelles tous les élèves peuvent s'impliquer et jouer un rôle actif, qui peut varier en fonction de leurs moyens et intérêts ; ils expérimentent, tâtonnent, et s'autorisent l'erreur et des détours ;
- susciter l'apprentissage de gestion de projet (décider, planifier, coordonner, etc.) ; et permettre d'acquérir de l'autonomie, de développer une responsabilisation dans le devoir et l'entraide,
- favoriser en même temps des apprentissages identifiables (au moins après-coup) figurant au programme d'une ou plusieurs disciplines (français, musique, éducation physique etc.). (Contextualisation des savoirs).

Méthodologie et conseils

Il faut choisir son projet pédagogique en fonction des projets de classe, eux-mêmes intégrés dans le projet d'école (voir Outil 45).

Projet pluridisciplinaire : le thème est commun à plusieurs disciplines mais les compétences travaillées sont juxtaposées et spécifiques à chacune des disciplines. *Ex. : le journal scolaire.*

Projet interdisciplinaire : il s'agit de construire des liens entre les champs disciplinaires, avec un transfert des connaissances ou des savoir-faire d'une discipline à l'autre, pour construire une compétence ou un savoir nouveaux. *Ex. : « les chevaliers au moyen âge ». Cette connaissance peut être travaillée conjointement par plusieurs disciplines (littérature, arts visuels, histoire...)*

Projet transdisciplinaire : il permet de faire acquérir aux élèves des compétences transversales en dehors du champ disciplinaire proprement dit. *Ex. : un travail sur les consignes.*

« Mettons les élèves au travail, et donnons-leur des tâches qui ont du sens. »
Célestin Freinet

Avantages

- La pédagogie de projet donne du sens aux apprentissages, elle soude un groupe et crée une culture partagée de l'action à laquelle on peut se référer tout au long de l'année pour donner du sens.

Précautions à prendre

- Être au clair avec les objectifs suscités par le projet : le projet en soi n'est pas une finalité, ce sont les compétences et les objectifs visés (en accord avec les programmes) qui doivent conduire les choix de l'enseignant (importance de l'évaluation).
- Ne pas s'accaparer le rôle de chef de projet, les élèves devenant alors des exécutants et non plus des acteurs.

SUITE OUTIL 44 →

La pédagogie de projet

EXEMPLE 1 - deux outils pour vous permettre de vous lancer en classe

Grille d'analyse globale du projet

MA GRILLE D'ANALYSE GLOBALE DU PROJET	OUI	NON
1. Est initié par un élément déclencheur qui pique l'intérêt et la curiosité (ex. question, situation problème)		
2. Comporte un produit final qui fait l'objet d'une communication		
3. Comprend trois temps : la préparation, la réalisation et l'intégration		
4. Permet des apprentissages signifiants, en lien avec la réalité		
5. Laisse place à l'initiative et à la créativité de l'élève		
6. Nécessite un travail de coopération		
7. Implique des choix et laisse place à l'erreur		
8. Donne lieu à une cueillette de données		
9. Exige une analyse et une synthèse de données (transformation des données)		
10. Favorise l'intégration des éléments du programme de formation (domaines d'expérience de vie, compétences transversales, compétences disciplinaires)		
11. Favorise le développement de stratégies de résolution de problèmes		
12. Fait l'objet d'une évaluation et d'une rétroaction		

Nous avons souligné l'importance pour la motivation des élèves de faire du lien entre le travail scolaire proposé et ce qui se passe réellement dans la « vraie vie ». L'élément déclencheur qui pique l'intérêt est donc à prendre prioritairement en lien avec le quotidien des enfants.

Par exemple :

› ce qu'ils ont mangé à la cantine pour un projet sur l'alimentation ;

› la consommation d'électricité dans leur famille pour un projet sur l'énergie ;

› une altercation dans la cour de récréation pour un projet en éducation morale et civique…

Les exemples ne manquent pas. De même, le fait que le projet donne lieu à une communication finale est très important. Cela permet de valoriser le travail accompli, de donner un but à atteindre, mais aussi de donner à voir des apprentissages en lien avec la réalité. Ce peut être une affiche, une exposition, un spectacle, une sortie, etc.…

Enfin, il ne faut pas oublier l'**évaluation** et la **rétroaction** de ce projet. Comme souligné plus haut, un projet scolaire n'est pas une fin en soi, il doit viser des connaissances et des compétences en lien avec le programme. Et les activités sont aussi et surtout des activités d'apprentissage. Qu'elles soient disciplinaires ou spécifiques au projet elles doivent être évaluées.

Grille d'objectivation du projet

MA GRILLE D'OBJECTIVATION DU PROJET	OUI	NON
1. J'ai prévu comment aider les élèves à faire un retour sur leur démarche		
2. J'ai prévu comment aider les élèves à faire un retour sur leurs apprentissages (en lien avec le programme)		
3. J'ai prévu comment aider les élèves à faire un retour sur le résultat ou le produit		
4. J'ai prévu comment aider les élèves à prendre en compte la réaction des autres suite à leur présentation		
5. J'ai prévu comment aider les élèves à identifier de nouveaux contextes d'application des connaissances, capacités ou compétences acquises		
6. J'ai déterminé des moyens d'aider les élèves à se fixer de nouveaux objectifs, à se donner de nouveaux défis (habiletés techniques ou méthodologiques, coopérer, acquisition de connaissances...). Ex. : journal de bord, portfolio...		

Remarque

Après le projet, il est important de permettre aux élèves de réfléchir, de s'interroger sur leur démarche et de prendre conscience des apprentissages réalisés. Il en est de même pour l'enseignant. Cette grille d'objectivation a pour but de l'aider à situer sa démarche dans un des cadres de référence de la pédagogie du projet.

SUITE OUTIL 44 →

OUTIL 44

La pédagogie de projet

EXEMPLE 2 - montage d'un projet pédagogique en CP/CE1

« Nous avons construit un refuge à insectes dans le potager de l'école ». Des élèves ont participé à la construction d'un refuge à insectes. Ce projet s'inscrit dans un cadre pédagogique puisqu'il a été précédé d'un travail en classe sur la reconnaissance des insectes. Il contribue au maintien de la biodiversité et a pour but d'y sensibiliser les enfants.

Intitulé du projet	Un refuge à insectes en CP/CE1
Objectifs du projet et nature des objectifs (pluridisciplinaires, interdisciplinaires, transdisciplinaires)	**Pratique sociale :** travail collectif, en autonomie, en groupe, en binôme, exposé, débat interprétatif (coopération, travail collectif, coordination...). **Disciplinaires :** questionner le monde ; français, enseignement moral et civique, éducation physique et sportive. **Transversaux :** questionner le monde ; maîtrise de la langue. **TICE, B2i :** TBI, appareil photo numérique*.
Compétences visées spécifiques à la discipline et co-construites dans l'interdisciplinaire. 	**Connaître des caractéristiques du monde vivant, ses interactions, sa diversité :** – découvrir ce qui caractérise le vivant (naître, se nourrir, grandir, se reproduire, mourir) ; – comprendre et décrire le monde réel ; – pratiquer une démarche scientifique d'investigation : observer, formuler une hypothèse. **Français :** – utiliser un vocabulaire juste et précis pour parler du réel ; – s'exprimer à l'oral. **Les compétences sociales et civiques pour la formation de la personne et du citoyen :** – devenir pleinement responsable, autonome et ouvert à l'initiative ; – se respecter et respecter les autres, avoir conscience de la contribution nécessaire de chacun à la collectivité ; – devenir des acteurs responsables de la démocratie. **Les méthodes et outils pour apprendre :** – développer des méthodes de travail, élaborer une affiche documentaire et exposer oralement le travail accompli ; – savoir raisonner avec logique et rigueur.
Organisation pédagogique de la séquence (gestion des groupes, du temps, alternance, différenciation...)	Afin de gérer l'hétérogénéité dans certains cas, travailler si possible en petits groupes de travail.

Intitulé du projet	Un refuge à insectes en CP/CE1
Ressources et matériels utilisés (y compris numériques)	Fiches activités, TBI, Supports de travail imprimés, livres documentaires, affiches, refuges à insectes.
Déroulement de la séquence : phases du projet planifiées dans le temps (lancement, réalisation, régulation, communication...)	**Séance 1 :** introduction au projet : « le refuge à insectes ». Présentation de ce qui sera construit concrètement. **Séance 2 :** comment reconnaître un insecte ? **Séance 3 :** les régimes alimentaires **Séance 4 :** les chaînes alimentaires et l'impact de l'homme sur l'environnement.

* TICE : Technologie de l'information et de la communication à l'école, B2i : Brevet informatique et internet, TBI : tableau blanc interactif.

Remarque

Il ne faut pas oublier qu'un projet est étroitement lié à l'environnement de la classe, de l'école, des objectifs de la circonscription, de ceux de l'académie, etc. Il doit mettre en lien les prescriptions institutionnelles et les spécificités « locales ».

OUTIL 45

Le projet d'école

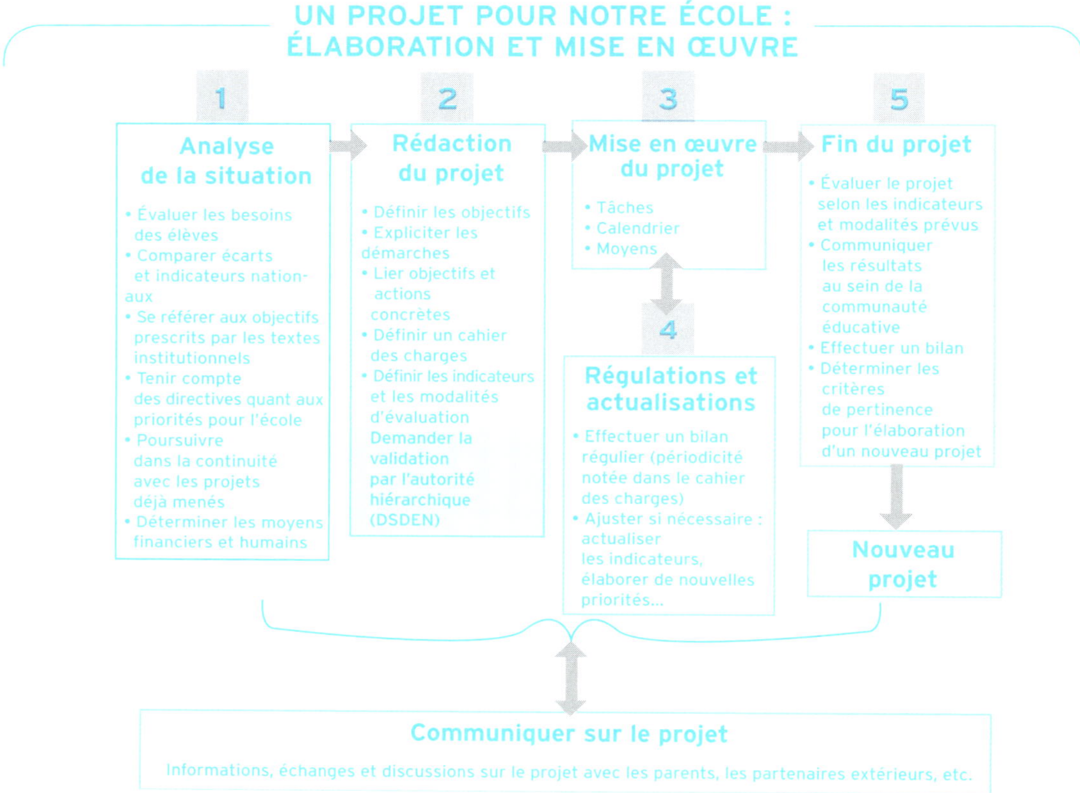

D'après Isabelle Bordallo et Jean-Paul Ginstet (1993), *Pour une pédagogie de projet*, Hachette Éducation, Paris

En résumé

Le projet d'école est un outil contractuel qui permet de communiquer au sein de l'école avec les familles, les partenaires, les équipes d'enseignants en prenant en compte ce qui fait la spécificité de l'école. Il a pour vocation d'assurer la réussite de tous les élèves (finalité pédagogique). C'est également un outil de cohérence, aussi bien à l'intérieur de l'école que dans les relations avec les autres partenaires.

Il est élaboré pour une durée comprise entre 3 et 5 ans. Il est adopté par le conseil d'école sur la proposition de l'équipe pédagogique des enseignants de l'école. Il est ensuite soumis à la validation de l'inspecteur.

Le projet d'école définit les modalités de mise en œuvre des objectifs et des programmes. Pour cela, il précise les activités scolaires ou périscolaires qui vont permettre cette mise en œuvre.

Les parents sont également associés à cette démarche tout au long du processus et une communication des modalités quant aux voies et aux moyens pour atteindre cette réussite doit être effectuée (notamment lors des conseils d'école).

Enfin, il précise également les modalités d'évaluation des résultats à atteindre.

Pourquoi l'utiliser ?

Objectif

› Assurer la réussite de tous les élèves et, à cette fin, associer les parents.

Contexte

Dans le cadre de la loi de refondation de l'École et du souhait affiché de réussite de tous les élèves, le projet d'école qui existe depuis 1989 est perçu désormais comme un levier et un outil de travail fondamental pour la cohérence des actions éducatives.
Cette réflexion sur le contexte d'apprentissage est aussi menée en associant les membres de la communauté éducative, les parents étant les premiers membres pour une réelle coéducation.

Comment l'utiliser ?

Étapes

› **Dans un premier temps**, lors d'un **conseil de maîtres**, les enseignants élaborent en équipe les fondements pédagogiques du projet d'école. Ceux-ci s'appuient sur une évaluation précise des manques et besoins des élèves de l'école. Lors de cette étape, le directeur(trice) de l'école a pour rôle d'organiser, de coordonner et de susciter réflexions et initiatives. Un calendrier des actions menées est aussi inscrit dans le cahier des charges, ainsi que les différentes étapes du projet. Il est mis en place pour une durée allant de 3 à 5 ans

› **Dans un deuxième temps**, le projet et le calendrier des actions, sont présentés lors du **conseil d'école**, dans lequel siège *a minima* l'équipe enseignante, les parents d'élèves élus, le maire ou un représentant de la commune. Cette communauté éducative élargie valide en interne le texte présenté par les enseignants.

› **Enfin**, le projet d'école est ensuite adressé à l'équipe de circonscription (Inspecteur de l'Éducation nationale) afin d'être définitivement validé.

Méthodologie et conseils

Un projet d'école ne se conçoit pas à la légère. Il s'agit d'identifier et d'analyser les manques, les besoins par rapport aux objectifs nationaux que fixent les programmes et le socle commun. Il est important de construire le projet d'école en équipe en tenant compte des compétences, des connaissances et des motivations des élèves. Pour être mené à bien, ce projet doit aussi proposer des objectifs opérationnels clairement définis et des finalités explicites. Les outils de gestion et d'évaluation au cours des différentes étapes sont tout aussi importants que les objectifs visés eux-mêmes. Enfin, pour répondre au mieux à l'obligation de réussite dont il fait l'objet, le projet d'école doit aussi être l'occasion d'une véritable réflexion d'équipe élargie : en y associant les parents dans le cadre de la coéducation, avec différents partenaires dans et autour de l'école favorisant ouverture et citoyenneté.

« Dans chaque école et établissement d'enseignement scolaire public, un projet d'école ou d'établissement est élaboré avec les représentants de la communauté éducative. » (BO n° 18 du 5 mai 2005)

Avantages

- Le projet d'école crée la cohérence des actions menées dans une école.
- De nombreuses actions peuvent être menées (et parfois ainsi financées) en rapport des besoins identifiés.

Précautions à prendre

- Même si de nombreux partenaires peuvent intervenir dans le cadre d'un projet d'école, seule l'équipe enseignante reste décisionnaire.
- Le projet d'école ne doit pas être :
  - un inventaire d'actions ou de manifestations plus ou moins maîtrisées et juxtaposées sans aucune cohérence ;
  - une action éphémère sans aucune précision de date et de durée ;
  - une simple formalité administrative ;
  - la seule réflexion d'un responsable hiérarchique ou celle d'un groupe restreint.

SUITE OUTIL 45 →

EXEMPLE – élaboration d'un projet d'école dans l'académie de Toulouse

Circulaire projet d'école 2015-2018 – Académie de Toulouse

Extraits de la circulaire du DSDEN du Tarn-et-Garonne, 5 mars 2015
« Instrument de cohérence tant au sein de l'école que dans les relations avec les différents partenaires impliqués, le projet d'école est destiné à être fédérateur des énergies et des compétences, à avoir un rôle moteur dans l'école et autour de l'école. C'est donc dans cet esprit que je souhaite que vous engagiez, dans les prochaines semaines, la rédaction du projet d'école 2015-2018. La trame qui vous sera proposée a été pensée en ce sens. J'attire votre attention sur la méthodologie qui doit présider à ce travail. Il s'agit en effet, à partir du bilan de précédent projet et d'un état des lieux, de procéder à **l'analyse** des conditions de la réussite scolaire, puis d'établir un **diagnostic** vous permettant de formuler, pour les 3 prochaines années, les **objectifs** spécifiques que doit atteindre votre école. Vous arrêterez ensuite les **actions** à mener et préciserez les **indicateurs** et les cibles permettant d'apprécier le degré de réalisation des actions et d'atteinte de ces objectifs. Chaque action envisagée, qu'elle soit à visée pédagogique, éducative ou organisationnelle, donnera lieu à la rédaction d'une « fiche action ». Vous adosserez bien sûr votre réflexion aux quatre axes qui structurent le projet académique récemment diffusé à tous les personnels : S'engager pour la réduction des inégalités scolaires Construire des parcours ambitieux et cohérents Mobiliser nos ressources humaines Instaurer un climat scolaire favorable à la réussite Au terme de chaque année scolaire, un bilan de mise en œuvre du projet d'école sera réalisé et un avenant rédigé. »

Un projet d'école type (extrait)

Le projet complet :

https://goo.gl/rQObip

Projet d'école

I- Indentification de l'école/des écoles

II- Indicateurs descriptifs de l'école

1. Les effectifs (hors Clis et TPS)
Tableau des effectifs et évolution

2. La fluidité des parcours
Tableau des effectifs et évolution
2.1 Évolution de la proportion d'élèves présentant du retard scolaire
2.2 Poursuite de scolarité/Prise en compte de l'avis de la commission de circonscription

3. Les élèves à besoins éducatifs particuliers

4. Les acquis des élèves
Maîtrise des paliers 1 et 2 du socle commun de connaissances et de compétences

5. Prévention et accompagnement de la difficulté scolaire
5.1 Évolution du nombre d'élèves dont la situation a été examinée par l'équipe éducative et/ou a fait l'objet d'une réponse du pôle ressource de circonscription
5.2 Évolution du nombre d'orientations vers les enseignements adaptés

6. Les moyens humains/L'école et le partenariat

7. Les pratiques professionnelles

8. Le climat scolaire
8.1 Absentéisme
8.2 Incidents et accidents
8.3 Participation aux instances et manifestations au profit de l'école

III- Bilan du précédent projet

Axes	Leviers	Objectifs spécifiques	Intitulés des actions associées	Indicateurs de réussite retenus	Bilan quantitatif et qualitatif Analyse et commentaires

IV- Diagnostic de l'école

Sur la base du bilan du précédent projet d'école et de l'état des lieux établi, le conseil des maîtres procédera à :
I- Une présentation concise des caractéristiques de l'école (catégories socioprofessionnelles, fluidité des parcours, résultats scolaires, continuité inter-cycle/inter-degré)
II- Une analyse des points forts et des points faibles
À ce niveau, on examinera plus particulièrement les points ci-après : l'optimisation des potentialités offertes par le passage à la semaine de 4 jours ✣, la différenciation pédagogique, l'usage des TICE, la prise en compte des besoins éducatifs particuliers des élèves, la continuité entre les cycles, la cohérence du parcours linguistique, la programmation effective d'un parcours d'enseignement artistique et culturel...

SUITE OUTIL 45 →

EXEMPLE (SUITE) - élaboration d'un projet d'école dans l'académie de Toulouse

V- Projet d'école 2015 - 2018

Les objectifs visés s'adosseront aux axes qui structurent le projet académique :

1. S'engager pour la réduction des inégalités
2. Construire des parcours ambitieux et cohérents
3. Mobiliser nos ressources humaines
4. Instaurer un climat scolaire favorable à la réussite scolaire

Exemples d'axes pour un projet d'école en fonction des axes académiques :

Pour « s'engager dans la réduction des inégalités », l'axe prioritaire peut être : répondre à la difficulté scolaire.

Pour cela les actions pourront avoir pour objectifs une réflexion sur :

- une meilleure articulation des temps scolaires et des temps d'APC (Activités Pédagogiques Complémentaires),
- la rédaction des PPRE (Programme Personnalisés de Réussite Éducative) afin qu'ils deviennent de réels outils de travail et d'échanges avec les familles,
- le climat scolaire de l'école et les moyens de l'améliorer, celui-ci étant un des facteurs pour la réussite scolaire (voir axe 4 du projet académique).

Les indicateurs pour cet axe sur la difficulté scolaire seront les résultats des élèves aux différentes évaluations menées : évaluations nationales, validation des items du socle commun de connaissances, de compétences et de culture, résultats des élèves aux items du cahier de réussite en maternelle.

Pour « Construire des parcours ambitieux et cohérents », l'axe prioritaire peut reposer sur le lien entre les pratiques pédagogiques quotidiennes et l'usage du numérique.

Pour cela les actions pourront avoir pour objectifs une réflexion sur :

- la généralisation de l'usage du tableau blanc interactif ou des tablettes dans les situations proposées aux élèves.
- l'amélioration des moyens de communication entre les différents acteurs de la communauté éducative. Cela peut passer notamment par la mise en place d'un ENT (Environnement Numérique de Travail) comme c'est le cas au collège, ou la création d'un blog de l'école

Un tel axe prioritaire du projet d'école demandera une discussion avec la commune, notamment pour le financement des équipements informatiques.

Les indicateurs seront la mesure de l'utilisation des outils numériques par les enseignants, par les élèves, ainsi qu'une meilleure fréquentation des espaces numériques par tous les membres de la communauté éducative.

Pour « Instaurer un climat scolaire favorable à la réussite scolaire », l'axe prioritaire peut s'articuler autour du développement d'une culture morale et civique commune.

Pour cela, les actions menées auront pour objectifs de :

- mettre les élèves au cœur de la vie de l'école et de les rendre acteurs : créer un conseil des enfants, réfléchir à un projet d'éco-école par exemple.
- créer des situations leur permettant de distinguer intérêt général et particulier

Les indicateurs pourront correspondre à la mesure des incidents dans l'école ou à la participation active des élèves à la vie de leur établissement.

Bien entendu, quel que soit l'axe retenu celui-ci sera aussi en lien avec l'axe 3 du projet académique « Mobiliser nos ressources humaines ». En effet, les enseignants et les élèves ne sont pas les seuls concernés. Il s'agit en effet d'intégrer tous les membres de la communauté éducative au bon fonctionnement du projet d'école : parents, agents territoriaux, partenaires associatifs.

Validation du projet d'école 2015 - 2018

	Première lecture		Deuxième lecture	
	oui	non	oui	non
La réalité de l'école est prise en compte : l'analyse de la situation débouche sur un diagnostic pertinent.				
Des objectifs découlent de ce diagnostic et sont en adéquation avec les axes du projet académique.				
Des actions réalistes sont envisagées au regard des objectifs ciblés.				
Des indicateurs de réussite cohérents sont retenus.				
Les cibles visées sont réalistes.				

Observations de la commission de circonscription :
Avis de l'inspect...... de l'Éducation nationale :

Projet validé	
Projet validé avec réserve	Commentaire :
Projet non validé, à réécrire	Commentaire :

Le : ....

L'inspect... de l'Éducation Nationale.

Remarque

Le projet d'école est élaboré par toute l'équipe pédagogique ; chaque enseignant y contribue en analysant tout d'abord les données chiffrées de sa classe (résultats scolaires et de leurs évolutions). À partir de ces indicateurs, il s'agit ensuite d'établir un bilan puis de construire le nouveau projet. Il faut prendre conscience que l'école est un élément d'un tissu éducatif plus large, et avoir la volonté de s'ouvrir et de travailler avec d'autres.

OUTIL 46

Le projet de sortie scolaire

BRÈVES DE PARENTS !

En résumé

Les sorties scolaires n'ont pas de caractère obligatoire. En revanche elles sont une expérience riche et intéressante pour les élèves qui auront la chance d'y participer. « Elles tendent à compenser les inégalités sociales et culturelles » (BO n° 7 de 1999).

Elles donnent du sens aux apprentissages en favorisant le contact direct avec « la vraie vie ». Pour cela elles relèvent de la démarche de projet évoquée dans les dossiers précédents.

Elles sont aussi propices à l'apprentissage de la vie collective et favorisent la mise en œuvre d'attitudes responsables.

Toutefois une sortie n'est pas organisée pour elle-même en fonction d'un lieu qu'il serait intéressant de visiter mais comme une réponse et une plus-value aux apprentissages proposés.

Tout projet de sortie s'intègre donc au projet d'école (voir Outil 45) et au projet pédagogique de la classe. Comme pour tout projet, il s'agit donc d'en poser la pertinence et les indicateurs dans un cahier des charges donné et validé par l'institution (directeur ou IEN).

Enfin, tout projet engage la responsabilité de l'enseignant qui le propose et ne saurait être mis en œuvre sans une assurance certaine de la mise en sécurité des élèves.

Pourquoi l'utiliser ?

Objectifs

› Donner du sens aux apprentissages en favorisant le contact direct avec l'environnement naturel ou culturel.

› Illustrer l'intérêt et la diversité des manières d'apprendre.

Contexte

Dans le contexte actuel du plan Vigipirate, de nombreux enseignants s'interrogent sur la pertinence d'effectuer une sortie. Cependant, au vu des bénéfices engendrés, il est souhaitable de poursuivre ce type de projet.

En effet, un projet initié dans la première partie de l'année permet de créer la cohésion du groupe classe et d'entrer rapidement dans ce qui fait sens. Ce peut être aussi un temps fort dans la deuxième partie de l'année, comme l'aboutissement d'une série d'apprentissages. La sortie permet alors un réinvestissement et une mise en situation des acquis dans un milieu où ils deviennent pleinement significatifs.

Méthodologie et conseils

Un environnement inhabituel est à privilégier en évaluant toutefois la proportion entre temps de trajet et temps de présence sur place dédié aux apprentissages. S'il s'agit d'une sortie avec nuitée(s) le choix du centre est aussi important. Avant de signer une convention ou d'élaborer le projet pédagogique, il est indispensable de vérifier l'agrément du centre auprès de la direction des services départementaux de l'Éducation nationale du département d'accueil.

La durée du séjour ainsi que le lieu, vont déterminer le type de sortie dont il s'agit, et donc le type de projet à monter. La durée du séjour peut varier en fonction des projets, de l'âge des élèves, du nombre de séances nécessaire aux apprentissages, du financement.

Il est intéressant, si le projet est déjà connu, d'en parler lors de la réunion de rentrée (voir Outil 6).

La question financière est cruciale. « Il convient de veiller à ce qu'aucun enfant ne soit écarté pour des raisons financières » (Circulaire 99-136). Toutes les sorties obligatoires sont gratuites.

« L'école est le lieu d'acquisition des savoirs. Elle est ouverte sur le monde qui l'entoure »
Extrait du BO n° 7 du 23 septembre 1999

Comment l'utiliser ?

Étapes

› **Définir les objectifs et les dispositifs** qui vont permettre de les atteindre ainsi que les critères d'évaluation des compétences visées. Ces éléments de pilotage sont essentiels.

› **Déterminer ce que les élèves vont apprendre** et la manière de les impliquer dans le projet.

› **Choisir le lieu de la sortie**, sa durée ainsi que la période de l'année scolaire dans laquelle elle s'inscrira. Il s'agit d'éléments déterminants pour la réussite du séjour scolaire court ou de la classe de découvertes.

› **Choisir le type de sortie** : sortie régulière, sortie occasionnelle sans nuitée, sortie avec nuitée(s)

› **Informer les parents** au plus tôt de ce projet, de ce que leur enfant va apprendre. Un calendrier du projet et de ses étapes leur est donné.

Avantages

- Les sorties mettent l'accent sur les aspects transversaux des apprentissages « autonomie, esprit d'initiative, acquisition ou perfectionnement de méthodes de travail, communication orale ».

Précautions à prendre

- Ne pas multiplier les objectifs du projet : cibler deux ou trois compétences par domaine disciplinaire.
- Les activités s'inscrivent dans le cadre des programmes dont elles apportent une réelle plus-value : découverte d'un nouvel environnement, présence d'intervenants qualifiés, utilisation de matériel spécifique…

SUITE OUTIL 46 →

OUTIL 46

Le projet de sortie scolaire

EXEMPLE 1 - administrativement, un projet doit être réfléchi en amont

« Taux minimum d'encadrement au cours de la vis collective selon les types de sorties scolaires » Circulaire n 99-136 du 21 septembre 1999

	Effectif	
	École maternelle, classe maternelle ou classe élémentaire avec section enfantine	**École élémentaire**
Sortie régulière	2 adultes au moins dont le maître de la classe, quel que soit l'effectif de la classe. Au-delà de 16 élèves, un adulte supplémentaire pour 8.	2 adultes au moins dont le maître de la classe, quel que soit l'effectif de la classe. Au-delà de 30 élèves, un adulte supplémentaire pour 15.
Sortie occasionnelle sans nuitée	2 adultes au moins dont le maître de la classe, quel que soit l'effectif de la classe. Au-delà de 16 élèves, un adulte supplémentaire pour 8.	2 adultes au moins dont le maître de la classe, quel que soit l'effectif de la classe. Au-delà de 30 élèves, un adulte supplémentaire pour 15.
Sortie avec nuitée(s)	2 adultes* au moins dont le maître de la classe, quel que soit l'effectif de la classe. Au-delà de 16 élèves, un adulte supplémentaire pour 8.	2 adultes* au moins dont le maître de la classe, quel que soit l'effectif de la classe. Au-delà de 20 élèves, un adulte supplémentaire pour 10.

* En ce qui concerne les personnes chargées de la vie collective, en dehors des activités d'enseignement et de l'animation des activités physiques et sportives, le brevet d'aptitude aux fonctions d'animateur (BAFA) est conseillé.

Remarques

› Lorsque, dans le cadre des sorties scolaires, des regroupements de classes ou des échanges de services sont organisés, le maître de la classe peut être remplacé par un autre enseignant.

› Concernant l'encadrement dans le cadre d'un transport en car, l'ensemble des élèves, qu'ils soient d'une ou de plusieurs classes, est considéré comme constituant une seule classe.

Procédures d'autorisation

Les autorisations de sorties scolaires sont délivrées après avoir vérifié que les conditions de sécurité sont respectées.
À cet effet, l'autorité responsable de la délivrance de l'autorisation doit veiller :

- aux conditions d'encadrement ;
- aux conditions de transport ;
- aux conditions d'accueil ;
- à la nature et aux conditions des activités pratiquées.

Qui autorise ?

- Sorties régulières et sorties occasionnelles sans nuitée : Le directeur.
- Sorties avec nuitée(s) et sorties à l'étranger : Le directeur d'académie (le dossier est à faire transiter par la voie hiérarchique - directeur, IEN, DSDEN, DASEN).

Quand déposer les dossiers ?

Les dossiers sont à télécharger en fonction du type de sortie sur le site Internet de chaque académie.

- Sorties régulières et sorties occasionnelles sans nuitée : en début de mois ou de trimestre.
- Sorties avec nuitée(s) dans le département : 5 semaines avant le départ.
- Sorties avec nuitée(s) dans un autre département : 8 semaines avant le départ.
- Sorties à l'étranger : 10 semaines avant le départ

SUITE OUTIL 46 →

EXEMPLE 2 - une sortie scolaire avec nuitées : quels apprentissages ?

École : E. Zola
Projet pédagogique : le mont Saint Michel et sa baie.
Dates : du 11 au 13 mai 2015
Participants :

- les 33 élèves de CM2 de l'école : 26 élèves de la classe de M. L. (CM2) et 7 élèves de la classe de Mme M. (CM1/CM2) ;
- le professeur organisateur du projet : M. L. ;
- l'AVS d'un élève autiste de CM2, Mme B. ;
- deux parents volontaires : Mme G. et Mme B.

Le planning

	objectifs	Actions/activités envisagées	Planning
AVANT	Objectifs en lien avec les programmes et le socle commun. Une séquence sur le tourisme dans la Manche sera menée en classe. Elle aura pour but de présenter le mont Saint Michel ainsi que les activités économiques et agricoles. Le séjour sera l'occasion de réinvestir ces connaissances et de leur donner du sens. Anticiper le séjour : réfléchir au programme, prévoir l'itinéraire, calculer le budget…	• Rechercher des informations sur internet : le lieu d'hébergement, la région, les activités prévues Utiliser des cartes géographiques • Écrire des courriers : centre d'accueil, office de tourisme… D'un point de vue administratif, évaluer le nombre de participants et se préoccuper des assurances. • Le nombre d'élèves participant au projet, ainsi que les accompagnateurs, conditionne le taux d'encadrement nécessaire (voir tableau ci-dessus pour le nombre d'encadrant en fonction des projets et en fonction des cycles). Le lieu d'accueil de la classe transplanté doit faire l'objet d'une attention particulière, notamment quand à son agrément. Il est de la responsabilité de l'enseignant de vérifier que le lieu est agréé et que la structure est conforme aux attendus de l'éducation nationale. Même remarque pour l'encadrement sur le site, ainsi que pour le transport. Des fiches annexes sont jointes au projet donnant toutes les informations nécessaires. Les conditions de sécurité doivent être assurées.	Cette préparation se fait bien en amont de la sortie et cela tant pour des raisons administratives (voir le délai ci-dessus pour l'envoi d'un dossier quant aux sorties avec nuitées), que pédagogiques. Cette préparation permet d'impliquer les élèves dans le projet afin de donner du sens et de les motiver.

	objectifs	Actions/activités envisagées	Planning
PENDANT	Découvrir un nouvel environnement ou de nouvelles activités. Visite de l'écomusée de la baie et des prés salés. Apprendre à vivre ensemble.	• Visiter, observer, pratiquer, photographier, filmer, noter, lire, écrire... afin de recueillir des éléments à exploiter. • Respecter les règles de la vie collective : ranger les chambres, respecter le sommeil des autres, aider au service à table...	Ces objectifs se travaillent à chaque instant du séjour. Il est aussi important de laisser une place à l'inattendu et au plaisir de la découverte.
APRÈS	Évaluer les compétences et le dispositif. Toutes les compétences travaillées lors de ce projet ne pourront pas être évaluées comme par exemple les compétences sociales et civiques. Une séquence aura lieu après le séjour concernant l'étude d'une zone industrialo-portuaire. Ce sera l'occasion d'évaluer ce que les élèves auront retenu de la séquence en amont sur le tourisme dans la Manche et de la visite de l'écomusée pendant le séjour.	• Trier les informations récoltées. • Écrire des articles, des comptes-rendus en vue d'une exposition, d'une présentation... • Poursuivre le travail commencé (par exemple en géographie sur le paysage ou le tourisme d'une région).	Dès le retour de la sortie, il s'agit de prolonger le travail. En lien avec les objectifs évoqués en début de projet, des évaluations doivent être prévues, au même titre que toute activité d'enseignament-apprentissage. Il est ainsi judicieux de ne pas placer cette sortie à la toute fin de l'année car dans ce cas, aucun retour et bilan ne pourront être faits. Même remarque pour un projet placé en septembre qui ne pourrait être correctement préparé sauf si l'enseignant garde les mêmes élèves sur deux ans. En revanche, il est intéressant de placer un projet dans le premier trimestre de l'année, ce qui permettra une exploitation conséquente d'un point de vue des apprentissages disciplinaires, mais aussi de créer une cohésion de groupe basée sur l'expérience commune vécue. Enfin, il est intéressant d'associer les parents à une présentation finale du séjour.

Ce projet de classe s'inscrit dans le projet d'école. Tout projet s'inscrit aussi dans une démarche d'enseignement et donc est nécessairement en lien avec les prescriptions officielles. Ici, le lien est clair avec le socle commun. Les objectifs sont listés.

SUITE OUTIL 46 →

EXEMPLE 2 (SUITE) - une sortie scolaire avec nuitées : quels apprentissages ?

L'emploi du temps sur place

L'enseignant doit aussi fournir un programme détaillé de ce qu'il prévoit. C'est à lui de décider des activités qui seront effectuées, ainsi que leur déroulement. Il doit aussi penser à inclure les temps de « vie collective » (repas, temps libre, coucher). Ces temps sont particulièrement importants pour un travail sur l'autonomie et le développement des compétences de socialisation. Le temps de la « veillée » est lui aussi important. Il permet de faire un bilan de la journée mais aussi de créer des liens forts et de la mémoire collective. Il doit être soigneusement réfléchi. Ce n'est pas un temps libre mais très encadré et en lien avec les objectifs définis en amont.

Le programme des journées :

Lundi 11 mai 2015

8 h 30	Départ de Cherbourg pour St-Pair-sur-Mer
10 h 30	Installation, découverte du centre
12 h 15	Déjeuner au centre
14 h 00	Visite des ports de Granville
17 h 00	Retour pour le goûter
18 h 00	Temps libre
19 h 00	Repas
20 h 30	Veillée animée par le centre

Mardi 12 mai 2015

8 h 30	Petit-déjeuner
9 h 15	Départ pour Vains (St Léonard)
10 h 00	Traversée de la baie du mont Saint Michel
12 h 30	Déjeuner (panier-repas)
14 h 00	Visite de l'abbaye
17 h 00	Retour au centre pour le goûter
18 h 00	Temps libre
19 h 00	Repas
20 h 00	Veillée animée par M. Lucas
21 h 00	Coucher

Mercredi 13 mai 2015

8 h 15	Petit-déjeuner
9 h 00	Rangement des chambres
9 h 30	Départ pour l'écomusée de la baie
10 h 00	Visite de l'écomusée de la baie + maison du saunier + découverte des prés salés
12 h 30	Déjeuner (panier-repas) à l'écomusée + temps libre dans les grèves
14 h 30	Retour au centre
15 h 15	Temps libre + Chargement des bagages
16 h 00	Goûter + Départ vers Cherbourg
18 h 00	Arrivée à l'école

Le financement

Le coût du voyage et son financement sont eux aussi cruciaux. Nous rappelons que tous les élèves doivent pouvoir participer à ce type de projet qui s'inscrit dans le travail d'enseignement et d'apprentissage. Si un élève ne peut pas participer, ce ne peut être pour des raisons financières. L'enseignant doit pouvoir prévoir le budget suffisamment à l'avance pour que les parents puissent s'organiser et faire appel à des aides le cas échéant.

Nous remarquons ici que l'enseignant prévoit une participation minime des parents grâce à la mise en place d'actions menées par la classe (comme la vente de gâteaux) et de l'obtention de subventions. L'obtention de ces subventions demande aussi une organisation et une prévision en bien en amont du projet.

Coûts du projet

séjour	4 862 euros
transport	1 509,50 euros
entrées	/
TOTAL	**6 371,50 euros**

Actions menées pour récolter des fonds

Vente de gâteaux, chocolats, objets	2 541,50 euros
Subvention mairie	380 euros
OCCE	150 euros
TOTAL	**3 071,50**

Reste **100 euros par enfant** à la charge des familles.

Pour ce projet de sortie, il reste 100 euros à la charge des familles. L'école doit être gratuite et l'enseignant ne peut demander d'argent aux familles lorsque les sorties se déroulent sur le temps scolaire (horaires scolaires sans le temps de cantine qui fait partie du temps périscolaire). Or, cette sortie avec nuitées est pour partie hors temps scolaire. Toutefois, le fait de ne pas pouvoir payer la somme de 100 euros ne doit pas être un motif d'exclusion. L'enseignant peut alors proposer plusieurs solutions aux parents qui ne seraient pas en mesure de financer :

- un échelonnement des paiements en plusieurs fois peut-être envisagé. Les parents peuvent payer la somme sur l'année. cela signifie que l'enseignant ne s'y prend pas au dernier moment pour prendre la mesure de la situation des familles ;
- la coopérative scolaire peut prendre en charge une partie de la somme de la sortie. L'association des parents d'élèves peut alors proposer des actions (vente de gâteaux, loto…) pour récolter des fonds ;
- la famille peut s'adresser au CCAS (Centre Communal d'Action Sociale) à la mairie qui peut aussi aider les familles les plus démunies.

Dans tous les cas, l'enseignant doit faire en sorte que tous les élèves participent à cette sortie.

Remarque

Une réflexion sur tous ces points permettra à l'enseignant de s'engager sereinement dans ce projet.

DOSSIER

10 L'ÉTHIQUE PROFESSIONNELLE

Au cours de cet ouvrage nous avons beaucoup parlé de l'élève mais il est important de prendre en compte l'enfant dans sa globalité. En effet au-delà de l'élève et des apprentissages chacun a sa problématique d'enfant ayant une vie en dehors de l'école. Vie dont les différents événements rentrent en relation et impactent la vie scolaire et les apprentissages.

Maltraitance et harcèlement

L'enseignant est une personne reconnue, tant par l'institution que par la loi, comme responsable de l'enfant durant le temps scolaire. En effet, l'enfant étant placé sous sa responsabilité, il se doit d'être vigilant quant au bien-être et à la santé de l'enfant. Il doit s'assurer que les droits de l'enfant sont respectés et que chacun des enfants fréquentant sa classe n'est ni à risque ni en danger. Les situations de maltraitance, de harcèlement ou de négligence grave doivent faire l'objet d'une attention particulière afin d'apporter les réponses les plus pertinentes et les plus favorables à l'enfant.

DOSSIER

10

Sensibiliser et éduquer

De plus l'enseignant doit mettre en œuvre des situations d'enseignement-apprentissage centrées sur l'éducation à la santé et la sensibilisation à l'hygiène. Ceci dans l'objectif :

- de faire prendre conscience aux élèves que leur propre personne est importante,
- qu'ils ne doivent pas tout accepter de la part des autres y compris des adultes,
- de les sensibiliser à leurs droits et travailler sur le respect mutuel participent à la construction de l'enfant,
- de les informer sur la santé et comment la préserver..

LES OUTILS

OUTIL 47

Repérer et signaler la maltraitance

LES DROITS DE L'ENFANT

En résumé

Les enfants en risque sont les enfants qui connaissent des conditions d'existence pouvant mettre en danger leur santé, leur sécurité, leur moralité, leur éducation ou leur entretien mais qui ne sont pas maltraités.

Les enfants maltraités sont les enfants qui sont victimes de violences physiques, de cruauté mentale, d'abus sexuels, de négligences lourdes ayant des conséquences graves sur leur développement physique ou psychologique.

Dans tous les cas, dès qu'un enseignant apprend des faits qui relèvent de ces situations, il se doit d'en aviser les instances compétentes. Selon la situation l'enseignant procédera soit à une transmission d'information préoccupante (Conseil Départemental si situation à risque) soit à un signalement (Parquet des mineurs, Procureur de la République si cas de maltraitance)

Pourquoi l'utiliser ?

Objectifs

› Faire de la prévention en informant les élèves sur leurs droits notamment en travaillant sur la Convention Internationale des Droits de l'Enfant (La CIDE).

› Protéger l'enfant en signalant une information préoccupante.

Contexte

Un enseignant est de par son métier en contact permanent avec les enfants. Il joue donc un rôle primordial en menant un travail de prévention (en préparant des séquences d'apprentissage) et de vigilance ; les procédures de signalement et de protection se réalisent toujours dans le cadre professionnel. Il s'agit de mener des observations objectives pour mieux renseigner les autorités administratives et judiciaires compétentes. Il est donc nécessaire de connaître les signes révélateurs de maltraitance, mauvais traitements et atteintes sexuelles, et les comportements à adopter lorsque le cas se présente.

Comment l'utiliser ?

Étapes

La prévention se met en œuvre par l'élaboration d'un projet de classe ou de cycle. Cette action peut prendre ancrage dans le projet d'école.

La protection se déroule en plusieurs étapes.

› Repérage : Constatations des signes de négligence ou de maltraitance.

› Réflexion partagée : avec les différents professionnels de l'institution.

- En cas de danger grave ou imminent : signalement auprès du Procureur de la République via la procédure en vigueur dans le département d'affectation.
- En cas de danger ou risque de danger : transmission d'une information préoccupante au Conseil départemental.
- En cas de difficultés sociales familiales ou de santé : proposition d'accompagnement par les professionnels éducatifs, sociaux et de santé.

› Évaluation par les instances compétentes.

› Décision de protection administrative ou judiciaire.

Méthodologie et conseils

Les actions de prévention ou de protection sont à destination des élèves de tous les cycles de l'école primaire.

Les actions de prévention et les séquences d'enseignement-apprentissage seront adaptées à l'âge des élèves et prendront part aux projets pédagogiques selon les programmations prévues par l'équipe d'enseignants. La déclaration Internationale de Droits de l'Enfant (la CIDE) est un support pédagogique très pertinent pour la prévention.

Les mesures de protection, quant à elles, doivent se mettre en œuvre dès que l'on a connaissance des événements ou que l'on constate des signes de maltraitance ou de négligence grave.

« Bien des violences se déguisent en un calme trompeur »
Robert Sabatier

Avantages

- La prévention permet aux enfants de prendre conscience de leurs droits, des choses interdites.
- La possibilité grâce aux mesures administratives et judiciaires prises de mettre l'enfant hors de dangers.

Précautions à prendre

- Ne pas considérer un seul symptôme comme un signe de maltraitance. Il s'agit de prendre en compte un faisceau d'indices et la concomitance de différents signes.
- Travailler en équipe et ne pas rester seul face à ces situations.

SUITE OUTIL 47 →

Repérer et signaler la maltraitance

EXEMPLE - des aides pour la repérer et la signaler

Les types de maltraitance

Sévices physiques	Sévices psychologiques
• Brutalité. • Fractures. • Ecchymoses, hématomes. • Brûlures, morsures, griffures. • Épanchements crâniens sous-duraux. • Lésions viscérales par éclatement, hémorragies.	• Humiliations, injures, brimades. • Comportements sadiques, pervers. • Manifestations de rejet. • Abandon affectif. • Exigences disproportionnées par rapport à l'âge et au développement de l'enfant. • Punitions excessives. • Refus de subvenir aux besoins de socialisation.
Sévices sexuels	**Négligences graves**
• Viols, incestes. • Attouchements. • Exploitation à des fins de prostitution. • Pornographie.	• Absence de soins. • Inadéquation des soins par rapport à l'âge et au développement de l'enfant.

Les symptômes de la maltraitance

Signes physiques	Signes Psychologiques
• Ecchymoses et traces de coups inexpliquées : visage, lèvres, bouche, thorax, dos, fesses… • Brûlures inexpliquées : plante des pieds, paume des mains, dos, fesses… • Fractures : fréquentes sur les côtes, le nez… • Plaies : par objets piquants ou tranchants. • Alopécie : absence de cheveux indiquant des arrachements répétés. • Lésions non traumatiques : la négligence et le manque de soins entraînent un retard de développement - poids - taille- pouvant aller jusqu'à la dénutrition grave et au nanisme psychosocial.	• Troubles du développement : retard de langage, retard du développement psychomoteur… • Troubles du comportement : syndrome dépressif, syndrome régressif, hyperactivité, délits, vols… • Troubles somatiques : troubles du sommeil, énurésie, encoprésie. • Signes évocateurs d'abus sexuels : difficultés de mémorisation dues au désir d'oublier, identification de l'agresseur dans les jeux, phobie du contact physique, provocation érotique, langage inhabituel pour son âge…

Procédure enfant en danger

Selon la situation rencontrée vous devez faire soit un signalement soit une transmission d'informations préoccupante. Pour ce faire référez-vous au formulaire ci-après. Attention dans certains départements la procédure est différente car un interlocuteur unique sert de lien entre les différentes instances. Les enseignants doivent se renseigner auprès de leur IEN de circonscription pour connaître la procédure à mettre en œuvre dans leur département.

Circuit de transmission :

https://goo.gl/52pCgm

Du doute au signalement

Quand un enseignant observe différents symptômes pouvant traduire une situation ou de maltraitance ou recueille les dires d'un élève allant dans ce sens, il doit être vigilant et prendre note de façon objective de ses observations ou des confidences de l'élève. Il doit bien dire à l'élève qu'en aucun cas ses révélations seront tenues secrètes et que certaines personnes seront averties pour le protéger.

L'enseignant va renseigner la fiche d'information préoccupante qu'il transmet au service médico-social de la Direction académique.

Recueil d'informations et d'observations préoccupantes concernant un élève
Date : 3 février 2017 **Nom et fonction des personnes ayant contribué à l'évaluation de la situation :** Pauline Dufort (enseignante de l'élève) - Jean Piquemal (Directeur de l'école) - Charlotte Duflot (Enseignante présente à la piscine pour le cycle natation) **Adresse de l'école :** xxxx **Téléphone :** xxxx **mail :** xxxx **Information aux détenteurs de l'autorité parentale** : oui non **Si non, motifs** : Aux vues de constatations physiques et des propos de l'enfant, l'équipe a décidé de ne pas informer les parents pour préserver l'enfant de nouvelles violences. ------------SITUATION------------ **Enfant(s) concerné(s) :** **Nom** : Beaurivage **Prénom** : Christophe **Date de naissance** : 1er mars 2007 (10 ans) **Classe** : CM1 avec Madame Pauline Dufort **Détenteurs de l'autorité parentale** (nom, prénom, adresse, téléphone) : **Nom** : Beaurivage **Prénoms** : Paul et Louise **Adresse : XXX** **Téléphone : XXX** ❑ père ❑ mère ❑ autre préciser : **Objet de l'information :** ***(noter avec précision les éléments et si nécessaire les paroles de l'enfant entre guillemet)*** Au cours de la séance de nation à la piscine municipale Christophe ne voulait pas venir au bord du bassin sans serviette autour de son corps. Malgré un rappel de l'obligation de participer à la séance de natation, il n'a pas voulu retirer sa serviette devant ses camarades. Sur notre insistance et hors présence des camarades il a retiré la serviette et nous (Pauline Dufort & Charlotte Duflot) avons constaté des traces de coup sur l'ensemble du dos et du ventre. Nous lui avons alors demandé ce qu'il lui était arrivé. Il s'est mis alors à pleurer en disant « c'est mes parents parce qu'ils étaient très en colère après moi car j'avais abîmé la voiture en jouant à côté ». **Faits observés personnellement, vécus, rapportés, la fréquence… *(les circonstances précises)* :** Depuis la reprise de l'école après les vacances de Noël Christophe est un élève qui se referme sur lui-même, est moins enthousiaste pour les travaux de groupe et reste seul pendant les récréations alors qu'il a (avait) de nombreux camarades au sein de l'école. **Éléments recueillis sur le contexte de vie et la scolarité de l'enfant :** Christophe vit avec ses deux parents. Nous ne les voyons que très rarement car ils ont, selon leur dire, des situations professionnelles qui ne leur permettent pas de venir régulièrement à l'école. Christophe rentre seul chez lui après l'école. ❑ enfant en risque ❑ enfant en danger (à renseigner avec le service médico-social) **Personne mise en cause** (nom, prénom, adresse, lien avec l'enfant) : *(à renseigner avec le service médico-social)* *Cette fiche est à transmettre impérativement par mail au service médico-social de la Direction Académique après information téléphonique.* *L'évaluation de la situation se réalise en équipe avec les partenaires du service médico-social de la Direction Académique. Ces partenaires ont un regard de professionnels spécialisés qui permet une prise en charge et un traitement de la situation ciblé selon qu'il s'agit d'une situation d'enfant à risque (Information préoccupante) ou d'enfant maltraité (Signalement judiciaire).* *Le service médico-social prendra la décision de transmettre le dossier au conseil départemental (situation à risque) ou au Procureur de la République (enfant maltraité).*

OUTIL 48 Le harcèlement à l'école : quoi faire et comment faire ?

CAMPAGNE D'AFFICHAGE DU MINISTÈRE DE L'ÉDUCATION NATIONALE

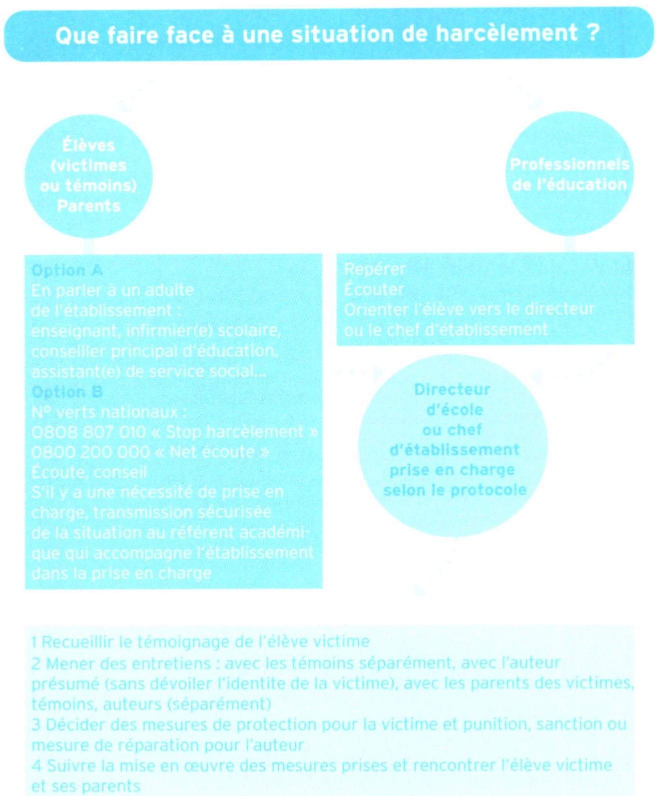

En résumé

« Le harcèlement se définit comme une violence répétée qui peut être verbale, physique ou psychologique. Cette violence se retrouve aussi au sein de l'école. Elle est le fait d'un ou de plusieurs élèves à l'encontre d'une victime qui ne peut se défendre. Lorsqu'un enfant est insulté, menacé, battu, bousculé ou reçoit des messages injurieux à répétition, on parle donc de harcèlement.

Les trois caractéristiques du harcèlement en milieu scolaire :

- **La violence** : c'est un rapport de force et de domination entre un ou plusieurs élèves et une ou plusieurs victimes.
- **La répétitivité** : il s'agit d'agressions qui se répètent régulièrement durant une longue période.
- **L'isolement de la victime** : la victime est souvent isolée, plus petite, faible physiquement, et dans l'incapacité de se défendre » Éducation nationale 2016.

Pourquoi l'utiliser ?

Objectifs

› Faire de la prévention en prenant ancrage sur les enseignements d'Enseignement Moral et Civique et sur les différents projets de classe.

› Agir et poser des sanctions éducatives pour gérer les situations de harcèlement.

Contexte

Pendant longtemps, et parfois encore aujourd'hui, le harcèlement entre élèves a été considéré comme anodin, voire constitutif de la construction de nos enfants et de nos jeunes, laissant souvent entendre que ces violences « forgeaient le caractère ». Pour contrer ces discours fatalistes, il est indispensable de mieux faire connaître ce phénomène et ses conséquences qui sont graves, parfois dramatiques sur les courts, moyens et longs termes.

Comment l'utiliser ?

Étapes

La prévention trouve sa source dans les enseignements d'EMC mais aussi dans un travail de partenariat avec des associations telles que : E-Enfance, l'Observatoire international de la violence à l'école, l'Office Central de Coopération à l'École.

La prise en charge des situations de harcèlement se déroule en plusieurs étapes.

› Rencontre avec l'élève victime pour recueillir témoignage et informations : natures des faits, auteurs, lieux et fréquence, ressentis de l'élève et quelles sont les conséquences de ces actes sur son bien-être.

› Rencontre avec les témoins éventuels : recueil de leur témoignage, description de la situation de leur regard de témoins.

› Rencontre avec le ou les auteurs(s) : informer qu'un élève s'est plaint de situations de violences qui relèvent de harcèlement. L'auteur donne sa version des faits. Si différents auteurs sont impliqués, les rencontres seront individuelles afin de faciliter la parole et les échanges.

› Rencontre avec les parents des différents élèves pour les informer de la situation. Chaque famille est reçue individuellement.

› Prise de décisions de sanctions éducatives.

› Suivi de la mise en œuvre des sanctions.

Méthodologie et conseils

Tout comme pour la maltraitance, le harcèlement est une problématique qui nécessite prévention (en travaillant sur le partage des valeurs et le développement moral) et régulation quand des situations de harcèlement sont mises à jour.

Ces situations nécessitent la **prise en charge des victimes et des auteurs**. C'est en travaillant sur la prise de conscience des conséquences de leurs actes avec les auteurs que la réflexion peut être menée pour éviter les récidives.

« Pour que la lutte contre le harcèlement soit efficace, elle doit s'inscrire dans un temps long, celui de la prévention, de la vigilance au quotidien. »
Najat Vallaud-Belkacem

Avantages

- La prévention permet aux enfants de prendre conscience que certains de leurs comportements entraînent de la souffrance.
- La prise en charge concerne et la victime et l'auteur pour mieux appréhender et résoudre les situations de harcèlement.

Précautions à prendre

- Rencontrer individuellement les différents acteurs de la situation.
- Permettre à chacun de s'exprimer dans le respect du principe du contradictoire comme dans toute situation qui nécessite une sanction éducative.

SUITE OUTIL 48 →

OUTIL 48

Le harcèlement à l'école : quoi faire et comment faire ?

EXEMPLE - un travail sur la mise en mots des émotions

Ressources et outils :

https://goo.gl/sTW4Kd

Amener les élèves à mettre des mots sur leur ressenti c'est les éduquer à :

- une meilleure connaissance de soi ;
- créer une relation entre ce qu'ils vivent et ce qu'ils ressentent ;
- exprimer leur état émotionnel et le signifier aux autres élèves et à l'enseignant.

Ce travail a pour objectif d'améliorer le climat de classe, d'apaiser les tensions et de prévenir les situations de conflits voire de violence au sein de la classe et de l'école.

Il peut trouver ancrage sur des supports vidéos, des affiches ou des albums de littérature jeunesse. Certaines de ces ressources sont disponibles sur le site nonauharcelement.education.gouv.fr

1. À partir d'un support choisi par l'enseignant et adapté à l'âge des élèves, les élèves seront amenés à exprimer l'émotion qu'ils peuvent ressentir ou que le personnage peut ressentir et justifier pourquoi cette émotion.

2. Élaborer un tableau (voir ci-dessous) de différentes situations possibles et des émotions ressenties :

Situation	Émotions	Illustration de l'émotion
Prêter un jouet	Joie	
Se disputer	Tristesse	
Taper	Tristesse	
Se faire abîmer des affaires	Colère	
Voir la maîtresse déguisée	Surprise	
Être tout seul dans le noir	Peur	
...		

3. Faire découvrir les synonymes de ces émotions pour permettre aux élèves de développer leur répertoire langagier et enrichir leurs échanges.

- Surprise : étonnement, stupéfaction...
- Tristesse : peine, chagrin, malheureux...
- Colère : fureur, irritation, énervement
- Peur : angoisse, inquiétude

4. Élaborer des cartes émotionnelles que les élèves pourront utiliser au cours de la journée pour exprimer leur état émotionnel.

5. Demander à chaque élève de s'adresser à un camarade en élaborant une phrase du type :

- « Ce que tu as fait m'a fait souffrir, j'aimerais que tu ne recommences pas ».
- « Tu m'as prêté le vélo à la récréation et ça m'a fait très plaisir. Merci »
- « Tu as déchiré mon cahier. Je suis très en colère et pourtant je ne te fais pas de mal. »

6. Inciter les élèves à s'exprimer dès qu'une situation le nécessite afin que chacun prenne conscience que ses comportements ont des conséquences sur les camarades et sur le climat de classe.

- L'objectif de ce travail est de mettre en œuvre un climat de classe serein, propice aux échanges et aux apprentissages.

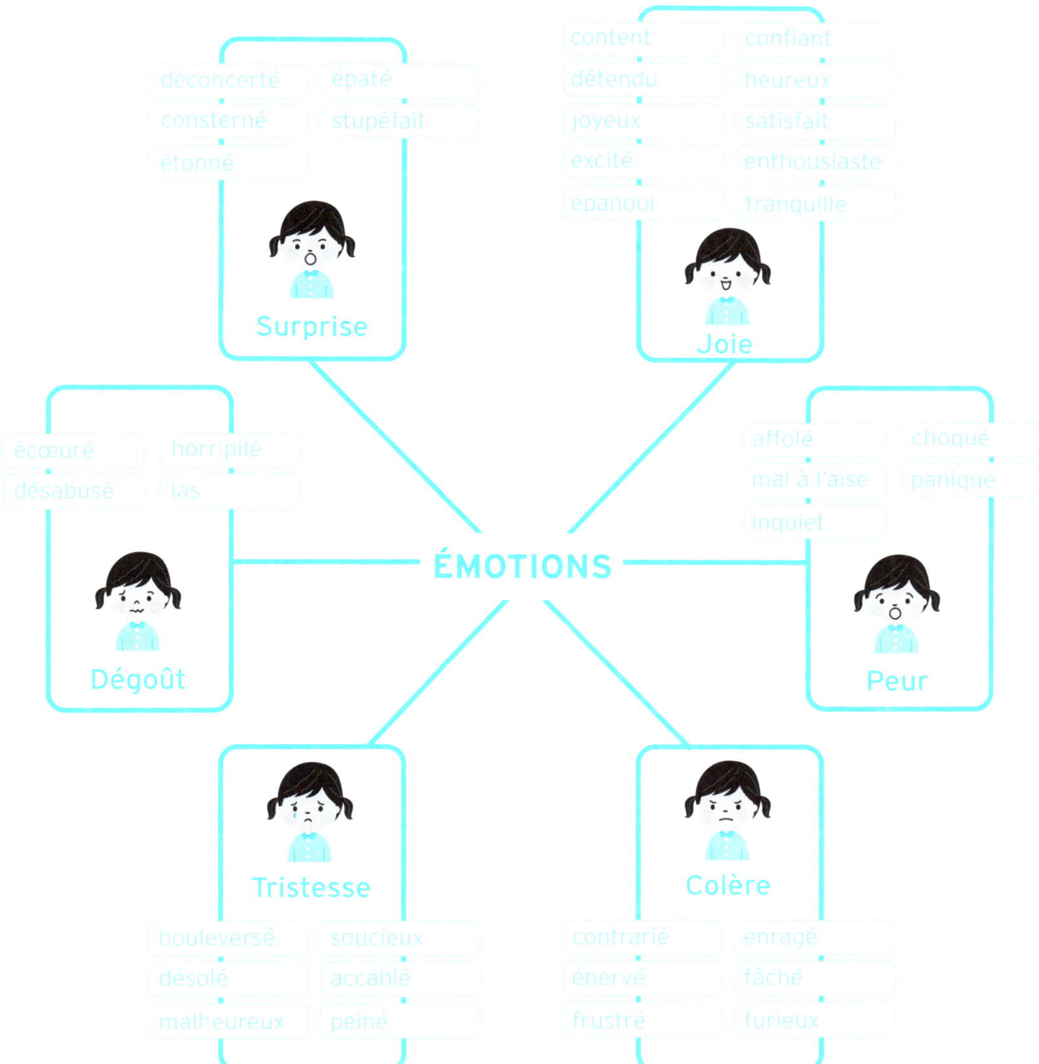

D'après : *L'atelier de l'Aristoloche.*

OUTIL 49

Sensibiliser à l'hygiène

3 QUESTIONNEMENTS ET DES RÉPONSES POUR RÉUSSIR UNE SENSIBILISATION

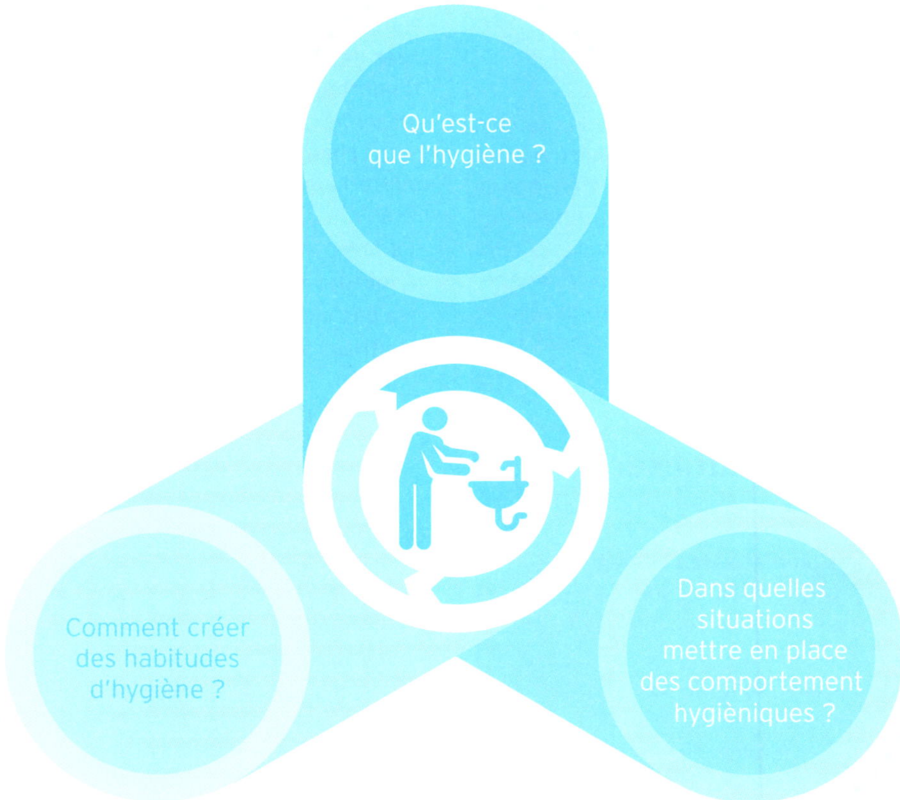

En résumé

L'éducation des enfants à l'hygiène relève d'abord de l'éducation familiale. Cependant pour garantir l'équité entre tous les enfants, il est nécessaire que cette éducation soit prise en charge, également par les enseignants.

La vie à l'école est féconde de situations qui permettent de contribuer à un véritable apprentissage de l'hygiène au quotidien.

Cette opportunité permet à l'enseignant de jouer pleinement son rôle d'éducateur.

L'outil présenté ici propose de répondre à 3 questions pour aider l'enseignant dans sa démarche d'enseignement de l'hygiène :

- Qu'est-ce que l'hygiène ?
- Dans quelles situations mettre en place des comportements hygiéniques ?
- Comment créer des habitudes d'hygiène ?

Pourquoi l'utiliser ?

Objectifs

› Définir l'hygiène et ses bienfaits.

› Repérer les activités, les lieux pour sensibiliser à l'hygiène.

› Pratiquer l'hygiène au quotidien.

Contexte

« L'hygiène peut se définir comme l'ensemble des pratiques individuelles ou collectives qui visent à conserver les personnes en bonne santé » CNDP. L'hygiène revêt différentes formes : corporelle, alimentaire… cet outil s'attache à l'hygiène corporelle et environnementale, c'est-à-dire à l'ensemble des soins apportés au corps et à l'environnement pour les maintenir propres.

Comment l'utiliser ?

Étapes

Connaître les bienfaits de l'hygiène :

› L'hygiène prévient l'infection : se laver les mains, tousser en se protégeant, se faire traiter en cas de poux…

› Se laver régulièrement le corps procure bien être et image valorisée de soi.

› L'hygiène corporelle renvoie au respect de soi, et d'autrui. Dans les pratiques où les contacts sont fréquents (jeux de lutte), être propre relève d'un respect mutuel.

› Créer le besoin d'évoluer dans un environnement non souillé permet d'associer l'enfant à l'entretien des lieux de pratique.

Repérer les situations propices pour sensibiliser à l'hygiène :

› La vie à l'école est riche de situations nécessitant de l'hygiène : goûter, confection de gâteaux, travaux manuels « salissants », sieste chez les petits.

› Toutes les activités en EPS peuvent sensibiliser à l'hygiène car le mouvement crée la sudation, mais aussi des contacts non aseptisés.

› Des jeux sont particulièrement adaptés pour cette sensibilisation (en rugby, lutte… on se salit, on l'accepte, on se change).

› À la piscine, un lieu « sensibilisant » on passe à la douche et dans les pédiluves, on met un bonnet de bain, on utilise des claquettes, une serviette personnelle…

Créer des habitudes d'hygiène :

› Apporter sa brosse à dent et l'utiliser.

› Réserver une tenue pour l'EPS : tee-shirt, short, chaussures de sport (si l'enseignant montre l'exemple cela a plus d'impact sur les élèves).

› Se laver les mains autant que nécessaire.

› Avoir des mouchoirs et les utiliser.

› Ne pas laisser de papiers au sol.

› Maîtriser sa respiration, pour se concentrer, se calmer.

› En général, avoir du soin pour soi, les autres, le matériel, l'environnement.

« Pour quelles raisons d'hygiène faut-il être propre ? » R. E. Chalamet

Méthodologie et conseils

L'enseignant facilite ces habitudes en mettant à disposition des poubelles, voire des mouchoirs, de l'eau pour initier des conduites « propres ». Des informations données en classe (affichages, exposés) ou avec des partenaires (ex. : l'INPES, Institut National Pour l'Éducation à la Santé) complètent les actions pratiques.

Avantages

- Cet outil donne des pistes concrètes pour sensibiliser à l'hygiène.
- Il permet une équité entre les élèves.

Précautions à prendre.

- Cet outil sera d'autant plus efficace qu'il associera dans un travail en équipe : éducateurs, médecins, parents.

SUITE OUTIL 49 →

OUTIL 49

Sensibiliser à l'hygiène

EXEMPLE – des messages sous forme d'affiches

En classe ou dans la cour de l'école

Les messages vus au quotidien permettent une meilleure prise de conscience. Ils peuvent constituer des inducteurs pour un travail plus en profondeur sur les comportements citoyens en classe, par exemple.

Billet de citoyen

Tu dois respecter la propreté des locaux et de la cour. Pour être bien à l'école, il faut jeter ses déchets à la poubelle.

Signature des parents :

Les messages réalisés par les élèves eux-mêmes sont davantage « parlants ».
L'enseignant peut recueillir les représentations de l'élève sur l'hygiène ou évaluer ce que l'élève a retenu après un module de sensibilisation à l'hygiène.

Dessin d'Erik-Louis CE2 :

À la piscine

Un affichage ludique permet d'intégrer des comportements de façon positive.
Dans une piscine, l'hygiène, c'est l'affaire de tous ! Afin de garder l'eau de la piscine propre et sans microbes, quelques gestes de prévention simples peuvent être adoptés par tous, grands et petits...

OUTIL 50

Éduquer à la santé

4 NIVEAUX INDISSOCIABLES

En résumé

L'outil présenté schématiquement ci-dessus se décompose en 4 parties indissociables pour que l'enseignant puisse agir efficacement en matière d'éducation à la santé.

- Savoir définir la santé pour clarifier ses propres objectifs. La définition est : « état complet de bien-être physique, social et mental » selon l'OMS dès 1946.
- Prendre conscience de l'état de santé des écoliers, et constater qu'il est préoccupant.
- Agir en proposant de « Manger mieux - Bouger plus »
- Travailler avec les ressources disponibles.

Pourquoi l'utiliser ?

Objectifs

- Définir la santé.
- Reconnaître l'état de « mauvaise santé d'un certain nombre d'enfants » et être conscient des potentielles conséquences à l'âge adulte.
- Savoir que : « Manger mieux - Bouger plus » est efficace pour éduquer à la santé.
- Connaître les ressources disponibles.

Contexte

Depuis toujours la santé des écoliers a été et reste une préoccupation pour l'école de la république (voir circulaire n° 2016-114 du 10-8-2016 Éducation à la santé), d'autant plus que, selon plusieurs études, l'état de santé des écoliers est loin d'être satisfaisant.
La définition de la santé de l'OMS ne se réduit pas à l'absence de maladie ; « le bien-être » s'étend aux domaines du social et du psychique ; le savoir aide à mieux repérer, prévenir, et éduquer à la santé.

Comment l'utiliser ?

Étapes

Prendre conscience de l'état de santé des écoliers.
Entre 7 et 9 ans 18 % des enfants français sont en surpoids (enquête INSERM 2008). Le surpoids entraîne un risque de morbidité prématurée, des pathologies articulaires, des difficultés respiratoires, de l'hypertension artérielle, une résistance à l'insuline, l'apparition des premiers marqueurs des maladies cardiovasculaires, des problèmes d'anxiété (5 % des enfants souffrent actuellement d'anxiété).
On note aussi des difficultés dans la statique de la colonne vertébrale (dos rond, scoliose), de la malnutrition, souvent de la surnutrition.
Agir en proposant de « Manger mieux - Bouger plus ».
Les recherches de l'INSERM sur le lien entre activité physique et santé établissent que : « un minimum de 60 minutes par jour d'activité physique d'intensité modérée à élevée est souhaitable chez les enfants, sous forme de sport, de jeux ou d'activités de la vie quotidienne ».
Face à ces constats, l'enseignant polyvalent doit et peut agir efficacement notamment par l'enseignement des sciences de la vie, de l'EPS et par la conception de projets mettant en synergie ces 2 leviers de travail.
Le Programme National Nutrition Santé (PNSS) fournit de nombreux outils sur le thème « Bouger - Manger »
Travailler avec les ressources disponibles.

- Des études :
  - « Éducation à la santé en milieu scolaire » S. Broussouloux et L. Houzelle-Marchal, INPES 2007
  - « Activités physiques, contextes et effets sur la santé » Enquête INSERM 2008
  - « Surpoids et Obésité de l'enfant » Enquête Haute autorité de Santé, 2011
- La « Mise en œuvre du parcours éducatif de santé » (Eduscol).
- Le partenariat avec le médecin scolaire.

Méthodologie et conseils

Les activités aérobies : course de durée, vélo, natation, marche sont particulièrement efficaces pour rééquilibrer les dépenses énergétiques, l'enseignant doit donc rendre ces activités attractives et les proposer régulièrement et sur un long terme.

« Un esprit sain dans un corps sain »

Bouger – Manger :
https://goo.gl/SoXvzh

Le parcours éducatif de santé
https://goo.gl/cXWdoY

Avantages

- Cet outil donne des pistes concrètes pour une éducation à la santé.

Précautions à prendre

- L'enseignant ne peut agir sur tous les déterminants de la santé, notamment les déterminants familiaux et environnementaux.

Éduquer à la santé

SUITE OUTIL 50 →

Éduquer à la santé

EXEMPLE - extrait d'un projet de 2 classes de CM2 pour l'éducation à la santé

Comme dans tout projet, des étapes vont être suivies.

1. Contexte

Ce projet concerne deux classes de CM2 en milieu urbain, dans un quartier défavorisé.
50 élèves au total sont concernés : 26 filles et 24 garçons répartis dans 2 classes de, respectivement 23 et 27 élèves.

2. Constats

› Sur les deux classes 9 élèves sont en surpoids dont 2 sont obèses.

› Après enquête, de nombreux élèves passent une grande partie de leurs loisirs devant un écran (télévision, jeux électroniques à l'ordinateur).

› 10 élèves pratiquent un sport le mercredi ou le week-end.

› 2 élèves pratiquent une activité de plein air en famille, une fois par semaine.

› Sur la totalité des 2 classes, environ vingt enfants ne prennent pas leur déjeuner à la restauration scolaire ; certains mangent « très rapidement » à la maison et vont jouer dehors avant de reprendre la classe.

En résumé, beaucoup d'élèves ont un mode de vie plutôt sédentaire. Quelques élèves se nourrissent peu ou mal le midi. Presque 20 % sont en surpoids.

3. Objectifs

› Améliorer ce bilan.

› Sensibiliser les élèves à la nécessité de l'activité physique et au bien manger : « bouger - manger ».

› Apporter des connaissances, mais aussi des pratiques en sciences de la vie et en EPS.

4. Actions prévues

Actions prévues pour les deux classes :

› **En EPS** dans le cadre du développement de la compétence « Réaliser une performance motrice maximale mesurable à une échéance donnée », mise en place d'un module de 12 séances de course longue intitulé « Remplir mon contrat » :
- apprendre à courir de plus en plus long temps en aisance respiratoire (une quinzaine de minutes) ;
- évaluer ses possibilités du moment en choisissant un contrat adapté à ses possibilités ;
- progresser et noter les contrats réalisés tout au long du module.

› **En Sciences Expérimentales** dans le cadre du chapitre « Le corps humain et la santé », mise en place d'un module de 12 séances de sciences de la vie intitulé « Savoir bien manger bouger » :
- connaître les différents groupes alimentaires ;
- apprendre à manger équilibré ;
- connaître le fonctionnement du cœur, des poumons, des muscles.

5. Plannification des actions

Les deux modules se déroulent sur le premier trimestre de l'année scolaire afin de créer des « habitus santé » durables, jusqu'à la fin de l'année et également au-delà.
Autres actions menées :

› Intervention du médecin de santé scolaire de la ville ou de la circonscription pour :
- une visite médicale en début d'année ;
- une intervention d'une heure face aux parents d'élèves pour réaliser une sensibilisation au « bien manger bouger » et débattre sur le thème.

› Au second trimestre proposition de fruits à la récréation (offerts, par exemple, par un parent d'élève commerçant en fruits et légumes sous le contrôle de la municipalité).

› Au troisième trimestre, exposition réalisée par les deux classes sous le préau (visible par tous les élèves et aussi les parents d'élèves) à partir de photos des différentes actions entreprises et de documents sur le thème « bien manger bouger ».

6. Évaluation du projet

› Établissement d'un questionnaire rempli par les élèves pour mettre en évidence les changements d'attitudes, de mentalités.

› Mise en place d'une réunion bilan avec les 8 adultes impliqués dans le projet :

- les enseignants des deux classes ;
- le directeur de l'école ;
- le médecin de santé scolaire et l'infirmière du secteur ;
- quelques parents d'élèves (dont, par exemple, le marchand de fruits et légumes et quelques parents très impliqués dans ce projet) ;
- un représentant de la municipalité : élu ou technicien.

Remarque

Des partenaires tels que les hôpitaux de Paris, l'assistance publique, des associations... ont pris des initiatives pour réaliser une sensibilisation au « bien-manger » comme inviter les enfants et leur famille à comprendre comment bien manger grâce à une exposition interactive sous forme de BD géante (voir le lien en marge).

BD géante :

https://goo.gl/COmpqx

DOSSIER

11 LE B.A.-BA ADMINISTRATIF

Ça y est : vous êtes professeur des écoles ! comme 330 000 autres « profs », maître(sse)s, et instituteur(trice)s qui ont un rôle primordial dans le parcours scolaire des quelques 6,7 millions d'élèves que compte l'école primaire en France.

Le professeur des écoles exerce un métier à responsabilités au sein de l'École

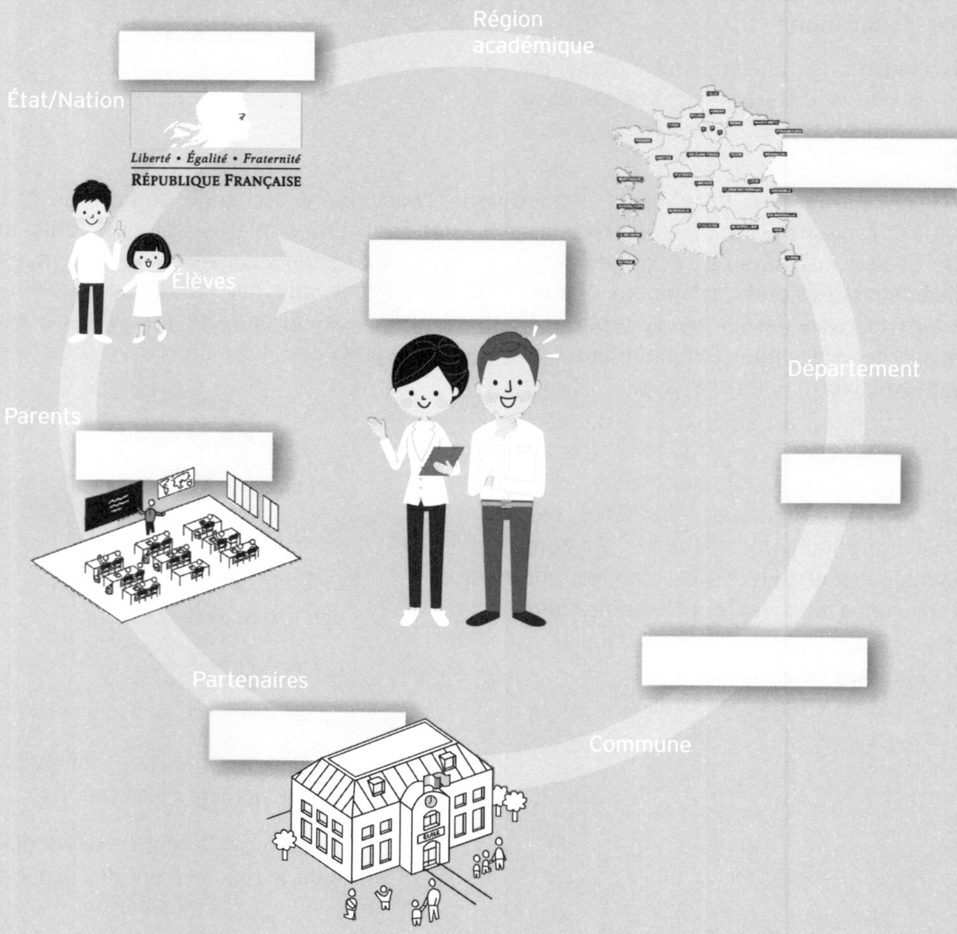

DOSSIER 11

Patience, dynamisme, sens de la pédagogie... S'engager dans le métier de professeur des écoles, c'est devoir, pouvoir, savoir et donc apprendre à aborder de front un ensemble de questionnements et de réponses à apporter dans différentes situations : faire face à un groupe d'élèves plusieurs heures par jour et les gérer sous sa responsabilité, s'organiser au sein de l'équipe pédagogique pour transmettre les apprentissages premiers ou fondamentaux.

Si l'enseignant dispose d'une certaine liberté pédagogique pour organiser ses cours ainsi que les différentes activités intellectuelles, artistiques et sportives, de par son statut d'agent du service public, il doit respecter un cadre strict, défini par l'institution « Éducation nationale ».

Ce dossier va vous permettre de mieux comprendre le fonctionnement de l'École et vous situer au sein de ce que l'on nomme le système éducatif français, représenté à plusieurs niveaux par différentes instances et administrations : chacun ayant un rôle, hiérarchique ou non, et des compétences, parfois partagées. Mais tous les acteurs, de la salle de classe au ministère sont mobilisés pour un même objectif : la réussite de « chaque élève » et de « tous les élèves ». « Le droit à l'éducation est garanti à chacun afin de lui permettre de développer sa personnalité, d'élever son niveau de formation initiale et continue, de s'insérer dans la vie sociale et professionnelle, d'exercer sa citoyenneté. » (Article L111-1 du code de l'éducation).

Être à tout moment au clair avec les aspects administratifs et réglementaires

Malgré son autonomie et sa liberté pédagogique, l'enseignant doit tenir compte du cadre législatif et réglementaire, des diverses directives et contraintes relatives aux objectifs, aux valeurs et aux missions de l'école de la République, aux connaissances et compétences à travailler avec les élèves.

Ce premier dossier est conçu pour faire un tour d'horizon rapide du système éducatif français, de son organisation, et des grands principes.

Il s'agit souvent plus d'informations à connaître pour fonctionner au mieux que de véritables outils. Mais l'ensemble de ce B.A.-BA administratif que vous aurez soin de collecter, de mettre à jour régulièrement (les ministres changent aussi vite que les réformes à l'Éducation nationale) vous permettra d'exercer plus sereinement. Vous trouverez ainsi les outils du quotidien d'un professeur des écoles exerçant dans une école maternelle ou élémentaire.

LES OUTILS

OUTIL 51

Se repérer dans le système éducatif français

ORGANIGRAMME DES INSTITUTIONS DU SYSTÈME SCOLAIRE FRANÇAIS

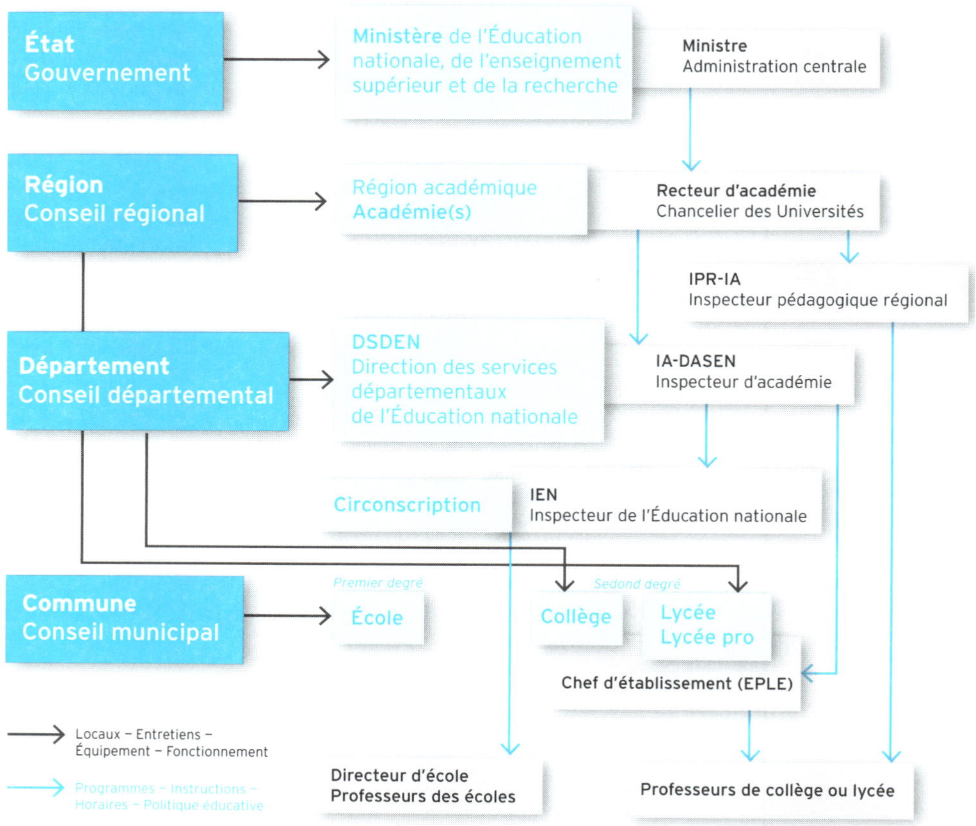

En résumé

L'éducation est un **service public national** dont l'organisation et le fonctionnement sont assurés par l'état pour ce qui concerne les compétences liées directement à l'enseignement (élaboration des programmes, scolarité des élèves, gestion des personnels…) et à la politique éducative. Les fonctions liées aux aspects matériels (bâtiments, cantine…) sont depuis les lois de décentralisation confiées aux collectivités territoriales.

La politique éducative et pédagogique élaborée par le **ministre** au niveau national est ensuite déclinée selon plusieurs échelons (région, département, commune) au travers des **services déconcentrés**, agissant en fonction du contexte local et en partenariat avec les **instances territoriales** (par exemple, les communes pour l'enseignement primaire). Un grand nombre d'institutions et d'organismes travaillent désormais de concert avec cet ensemble très structuré et la place des parents est désormais reconnue (coéducation).

Pourquoi l'utiliser ?

Objectifs

› Récolter et résumer les informations à connaître ; pour s'y référer rapidement.

› Organiser ces données pour permettre une mémorisation plus facile et plus rapide.

Contexte

L'exercice du métier de Professeur des écoles est caractérisée par une situation difficile à appréhender, que ce soit dans le rapport avec les élèves ou dans les relations par nature hiérarchisées avec l'administration. L'utilisation de sigles (ex. : IA-DASEN), ajoute à cette complexité.

Tout enseignant doit savoir se situer au sein de l'institution et y trouver sa place : à qui dois-je m'adresser ? Où trouver le bon interlocuteur ? Qui peut m'aider à financer tel ou tel projet ? etc.

Méthodologie et conseils

Le plus simple est sans doute de conserver dans un cahier (ou classeur), ou encore sur un document numérisé, l'ensemble de ces informations utiles pour son activité professionnelle. La plupart d'entre elles vous seront fournies par les services administratifs de la circonscription dont vous dépendez et relayées par le directeur de votre école. Il vous faudra parfois les compléter au fur et à mesure de vos besoins.

Dans la mesure du possible, collectez ces données avant la rentrée. Complétez-les et mettez-les à jour régulièrement.

« Exercer son métier d'enseignant sans être un simple exécutant nécessite de connaître le fonctionnement général du système éducatif et son évolution. »
Jean Louis Auduc

Comment l'utiliser ?

Étapes

› Comprendre les **institutions du système éducatif** en France, notamment dans le premier degré (enseignements pré-élémentaire et élémentaire), ainsi que les relations qui existent entre elles.

› Comprendre l'**organisation complexe et la hiérarchie du système éducatif**. Les proportions « hors normes » de ce service public (plus de douze millions d'élèves à accueillir quotidiennement en classe) impliquent une organisation sans faille.

› Savoir qu'il existe des mesures de **déconcentration** (transfert de pouvoirs à des autorités subordonnées - académie…) et de **décentralisation** (transfert de certaines compétences aux collectivités territoriales).

› Se familiariser avec les nombreux sigles omniprésents dans l'éducation nationale.

Avantages

- Repérer les responsabilités de chacun dans l'organisation et le fonctionnement du service public de l'éducation nationale.
- Trouver rapidement le bon interlocuteur.

Précautions à prendre

- Se tenir informé régulièrement et prendre du recul par rapport à de l'éducation nationale souvent décrite comme une administration caractérisée par une certaine lourdeur et lenteur du système.
- Il est indispensable de se familiariser rapidement avec les nombreux sigles.

SUITE OUTIL 51 →

Se repérer dans le système éducatif français

EXEMPLE – se constituer une fiche mémo « L'institution Éducation nationale »

Institution	Interlocuteur(s)			Commentaires
Dénomination/Coordonnées (Adresse, Tel, site web)	Fonction(s)/nom(s)	Coordonnées (Tel, Mèl)	Missions	
École : École élémentaire publique Ferdinand Buisson ***(Éventuellement regroupement pédagogique Intercommunal)*** Adresse : 3 rue F. Buisson 78XXX Ville-Jolie Tel : 01...... Site web :	Directeur d'école M. R	Tel : 01......... Mèl :	Le directeur est le garant du bon fonctionnement de l'école et de l'efficience de l'équipe pédagogique Il n'est pas le supérieur hiérarchique des enseignants de son école.	Certaines écoles font partie d'un réseau défini dans le cadre du schéma territorial départemental
	Collègues : Mme B.C	beatrice.chenu@ac-versailles.fr		
	ATSEM : Mme F	06....		
	AVS : M G			
Commune :	Maire :		La commune à la charge des écoles publiques. Elle est propriétaire des locaux et assure la construction, les réparations et le fonctionnement. Elle doit également acheter et entretenir le mobilier scolaire, veiller au chauffage. La rémunération des personnels de service et des temps périscolaires est également à sa charge.	
Mairie : Ville-Jolie Adresse : Hôtel de Ville, 31 rue Gambetta 78XXX Ville-Jolie Tel : 01...... Site web : www.villejolie.fr	Chargé() des affaires scolaires : Mme AM			
	Restauration : Avenance			
	Périscolaire : Mme X	01.........		
	Services techniques : M D			

Institution	Interlocuteur(s)			Commentaires
Dénomination/Coordonnées (Adresse, Tel, site web)	Fonction(s)/nom(s)	Coordonnées (Tel, Mèl)	Missions	
Circonscription : Mantes 1	IEN : Mme L R		Veiller à l'application des orientations définies aux niveaux national, académique et départemental et des instructions officielles (programmes, projets d'école…) Inspection et conseil auprès des enseignants du 1er degré Relation avec les mairies : Réflexion sur la mise en place des projets éducatifs territoriaux (PEDT) Conception et conduite du dispositif de formation des maîtres.	À connaître également : les noms des autres circonscriptions et des IEN rattachés Chaque IEN est également responsable du suivi de certains dossiers (ex IEN-TICE, IEN en charge du dossier ASH
	Secrétariat : Mme SL	01………		
	Service :	01……….		
	Référent scolarité des enfants porteurs de handicap : M			
	Coordonnateur de scolarisation primo arrivants – enfants du voyage :			
	Coordonnatrices de l'éducation prioritaire :			
	Médecin(s) scolaire(s) :			
	Équipe RASED			
Département : Yvelines Direction des services départementaux de l'éducation nationale (DSDEN) : http://www.ac-versailles.fr/dsden78/	Inspecteur d'académie - (IA-DASEN) : M SC		Gestion de l'organisation scolaire, des personnels (mutations, promotions, retraite, formation continue, suivi des situations individuelles, etc.), Organisation des examens et concours au niveau du département	C'est à ce niveau que se mettent en place les mesures de cartes scolaires (prévision et analyse des effectifs des élèves, ouverture/fermeture de classe/école, répartition des postes d'enseignants
	Division du personnel (absences, remplacement) : M.			
	IEN ASH			

SUITE OUTIL 51 →

Se repérer dans le système éducatif français

Institution	Interlocuteur(s)			Commentaires
Dénomination/Coordonnées (Adresse, Tel, site web)	Fonction(s)/nom(s)	Coordonnées (Tel, Mèl)	Missions	
	IEN TICE Conseillers pédagogiques départementaux Chargés de mission	 01.........	Préparation de la rentrée scolaire Animation et mise en œuvre dans le département, sous l'autorité du recteur de l'académie, de la politique éducative. Suivi des projets d'école et de l'action pédagogique Aménagement du temps scolaire	
Région académique - Académie (Rectorat) : Rectorat de Versailles 3, Bd de Lesseps - 78017 VERSAILLES CEDEX 01. www.ac-versailles.fr	Recteur (trice) : M. Daniel Filâtre	01.........	Veille à l'application de toutes les dispositions législatives et réglementaires se rapportant à l'éducation nationale Définit sa stratégie académique d'application de la politique éducative nationale Assure la gestion des personnels et des établissements Anime les relations partenariales en particulier avec les collectivités territoriales Organisation des examens et concours	Le rectorat, piloté par le recteur d'académie est le siège de l'académie. Le recteur est responsable de la totalité du service public de l'éducation dans l'académie, de la maternelle à l'université Il y a 30 académies en France. La réforme territoriale qui a diminué le nombre de régions (17 régions) a créé une nouvelle instance, la région académique (1 par région) ; elle constitue l'échelon de mise en cohérence des politiques éducatives régionales (ex. lutte contre le décrochage scolaire)

Institution	Interlocuteur(s)			Commentaires
Dénomination/Coordonnées (Adresse, Tel, site web)	Fonction(s)/nom(s)	Coordonnées (Tel, Mèl)	Missions	
État Ministère de l'éducation nationale de l'enseignement supérieur et de la recherche (MENESR Education.gouv.fr Eduscol.gouv.fr 110, rue de Grenelle 75007 PARIS	Ministre : Mme Najat Vallaud-Belkacem Ministre délégué : M.		Prépare et met en œuvre la politique éducative du gouvernement Assure l'égalité devant le service public d'éducation en répartissant les moyens sur le territoire nationale	L'Administration Centrale est l'instance administrative au niveau national ; l'académie, les services DSDEN représentent les administrations à l'échelon local (services déconcentrés du MEN), La DGESCO (Direction Générale de l'enseignement scolaire attribue aux autorités déconcentrées les dotations en personnels et en crédits destinés aux établissements scolaires et élabore la réglementation relative au fonctionnement de ces derniers.

Commentaire

Ne pas oublier non plus le rôle très important des mairies et des autres partenaires du système éducatif.

OUTIL 52

La jungle des textes de référence

LES TEXTES DE RÉFÉRENCE QUI FONDENT ET ORGANISENT L'ÉCOLE DE LA RÉPUBLIQUE

La constitution

Droits de l'homme, du citoyen, de l'enfant et des libertés fondamentales (1789 ; 1948 ; 1950 ; 1958 ; 1989).

La loi

- Lois Jules Ferry 1881-1882
  - Loi Fillon (2005)
  - loi pour la refondation de l'école de la Républiquedu 8 juillet 2013

Les textes réglementaires

Décret
Circulaire
Arrêté
Note

- Décret du 21 mars 2015 : Socle commun...
- Arretés du 18 fév et du 9 nov 2015 : Programmes d'enseignement
- Circulaire de rentrée

Principes et valeurs

- **Obligation scolaire**
- **Gratuité**
- **Laïcité**
- **Neutralité**
- **Égalité d'accès à l'enseignement**
- **Liberté d'enseignement**

Instructions officielles

Fondamentaux
- Socle commun de connaissances, de compétences et de culture
- Programmes d'enseignement, cycles
- Organisation du temps scolaire, rythmes scolaires
- Évaluation des élèves

Spécifiques
- Sorties scolaires, natation
- Intervenants extérieurs, fournitures scolaires
- PAI, PPRE ...

Où les trouver ?

BO Le Bulletin officiel de l'Éducation nationale
Publication hebdomadaire

Code de l'Éducation
Ensemble mis à jour des lois et textes règlementaires en vigueur dans le domaine de l'éducation.

En résumé

« En tant qu'agents du service public d'éducation, ils [les enseignants] transmettent et font respecter les valeurs de la République. Ils agissent dans un cadre institutionnel et se réfèrent à des principes éthiques et de responsabilité qui fondent leur exemplarité et leur autorité » Référentiel des compétences professionnelles des métiers du professorat et de l'éducation.

Les **principes fondateurs** affichés dans la Constitution sont réaffirmés dans chacune des lois relatives à l'école et doivent servir au quotidien les lignes de force de l'action éducative :

- la liberté d'enseignement ;
- la gratuité ;
- la neutralité ;
- la laïcité ;
- l'obligation scolaire.

Des **textes officiels hiérarchisés** (loi, décret d'application, arrêté, circulaire, note de service) régissent le fonctionnement de l'Éducation nationale. Ils constituent les référents professionnels des enseignants.

Ces textes font l'objet d'une parution hebdomadaire au **Bulletin officiel de l'Éducation nationale (BOEN).** Le **Code de l'éducation** rassemble dans un document unique des textes épars relatifs à l'éducation. Il constitue le cadre de référence à la fois juridique, éthique, civique ; il est structuré en 2 parties : législative (L) et réglementaire (R).

Pourquoi l'utiliser ?

Objectifs

› Connaître les textes fondamentaux concernant le système éducatif et se tenir informé régulièrement car « Nul n'est censé ignorer la loi ».

› S'informer : une nécessité pour pouvoir agir et un devoir. La prise de connaissance et la mise en application des instructions officielles s'imposent.

Contexte

Avec la loi de refondation de l'École, l'Éducation nationale a entrepris une mutation profonde du système éducatif : de nouveaux rythmes scolaires, un nouveau socle commun, de nouveaux programmes structurés autour de nouveaux cycles d'enseignement. Vous devez être attentifs à ces évolutions retranscrites dans les textes officiels. Le site Education.gouv.fr recense l'ensemble de ces informations mais est très dense. Si les instances départementales et le directeur de votre école vous relaient cette masse d'informations, il semble utile de disposer d'un outil de synthèse sur toutes les dispositions actuellement en vigueur qui concernent votre enseignement ou sa pratique professionnelle, pour mieux se les approprier, tout en les mettant à jour régulièrement.

Comment l'utiliser ?

Étapes

› **L'IEN :** la première source d'information est souvent l'IEN de la circonscription, soit par le biais d'une note de service (à la rentrée le plus souvent) soit lors des animations pédagogiques. Le directeur de l'école joue également le rôle de relais de l'administration.

› **Le BOEN :** le consulter chaque semaine (en s'abonnant de façon numérique au Bulletin hebdo), mais il faut alors « faire le tri » : les informations parues au BO ne vous concernent pas toutes !

› **La presse spécialisée :** s'abonner à un organisme de presse institutionnelle (la lettre de l'éducation du MEN) ou spécialisée (Café pédagogique ou le Monde de l'éducation) sous forme synthétique et/ou analytique.

› **Le Code de l'Éducation :** accessible en ligne sur Légifrance, il recense tous les textes en vigueur pour vérifier certains points de la législation.

Il est souhaitable pour chaque texte, d'en faire une lecture approfondie, de repérer les points importants, et d'étudier ce que cela implique dans sa pratique professionnelle, pour les élèves, sa classe ou pour son école. Un classeur (papier ou numérique) peut être utile, selon la logique de travail que l'on préfère.

« L'organisation de l'enseignement public obligatoire et laïc à tous les degrés est un devoir de l'État »
Préambule de la Constitution de 1958

Méthodologie et conseils

Il s'agit d'un outil de travail qui peut être personnel mais qui gagne à être réalisé en équipe pédagogique.

Le suivi de l'évolution des instructions officielles doit se faire tout au long de l'année ; la circulaire de rentrée qui est publiée en général vers le mois de mai-juin pose les priorités nationales à prendre en compte à partir de la rentrée suivante.

Avantages

- Concilier la nécessaire liberté pédagogique de l'enseignant (garantie de son indépendance), la responsabilité de l'équipe pédagogique et l'obligation de service qui est faite à chaque fonctionnaire.
- Construire son éthique professionnelle en regard des différents textes officiels.

Précautions à prendre

- Ne pas passer trop de temps sur les textes ! Aller à l'essentiel.
- Être vigilant car la parution de certains textes en abroge parfois d'autres.

SUITE OUTIL 52 →

OUTIL 52

La jungle des textes de référence

EXEMPLE – les principaux textes

Ce tableau est à compléter selon vos besoins et à mettre régulièrement à jour.

Textes	Date	Mots clés - Citations
Textes fondateurs		
Déclaration des droits de l'homme et du citoyen	1789	« L'organisation de l'enseignement public obligatoire et laïc à tous les degrés est un devoir de l'État »
Déclaration universelle des droits de l'homme	1948	Droit à l'éducation (Art 26)
Convention européenne de sauvegarde des droits de l'homme et des libertés fondamentales	1950	Idem
Constitution	1958	
Convention internationale des droits de l'enfant	1989	
Lois organiques Jules Ferry	1881-1882	L'école publique est **gratuite** et **laïque**. L'instruction est **obligatoire** pour les garçons et filles âgés de 6 à 16 ans.
Loi d'orientation et de programmation pour la refondation de l'école de la République du 08 juillet 2013	2013	Lutter contre les inégalités sociales et territoriales en matière de réussite scolaire et éducative
Textes de référence		
Loi n° 2004-228 du 15 mars 2004 encadrant, en application du principe de laïcité, le port de signes ou de tenues manifestant une appartenance religieuse Circulaire n° 2004-084 du 18 mai 2004	2004	Laïcité Signes ostentatoires
Circulaire n° 2013-144 du 6 septembre 2013	2013	Charte de la laïcité à l'École - Valeurs et symboles de la République
Loi n° 2005-102 du 11 février 2005 : Loi pour l'égalité des droits et des chances, la participation et la citoyenneté des personnes handicapées	2005	Inclusion scolaire
Décret n° 2015-372 du 31 mars 2015 - Socle commun de connaissances, de compétences et de culture	2015	Socle commun
Décret n° 2013-682 du 24 juillet 2013 : Cycles d'enseignement	2013	Cycles d'enseignement
Arrêté du 18 février 2015 : Programme d'enseignement de l'école maternelle	2015	Programmes Maternelle
Arrêté du 9-11-2015 : Programmes d'enseignement du cycle des apprentissages fondamentaux (cycle 2), du cycle de consolidation (cycle 3) et du cycle des approfondissements (cycle 4) (Bulletin officiel spécial n° 11 du 26 novembre 2015)	2015	Programmes Enseignement cycles 2,3 et 4 - Primaire
Arrêté du 12 juin 2015 : Programmes d'enseignement moral et civique à l'école	2015	Programme Enseignement moral et civique à l'école
Décret n° 2013-77 du 24 janvier 2013 : Organisation du temps scolaire Suivi et accompagnement pédagogique des élèves et Circulaire n° 2013-017 du 06 février 2013 : Organisation du temps scolaire dans le 1er degré et des APC	2013	Rythmes scolaires APC (Aides personnalisées complémentaires)
Décret n° 2014-1376 du 18 novembre 2014 : Obligation scolaire - Prévention de l'absentéisme	2014	Obligation scolaire - Absentéisme
Décret du 29 mars 2017 : Obligations de service	2013	Obligations de services « Circulaire 108 heures »

Textes	Date	Mots clés - Citations
Arrêté du 31 décembre 2015 : Contenu du livret scolaire de l'école élémentaire et du collège	2015	Livret scolaire
Décret n° 2014-1377 du 18 novembre 2014 : Évaluation des acquis, accompagnement pédagogique des élèves, dispositifs d'aide et redoublement : modification	2014	Évaluation des acquis
Circulaire de rentrée 2017 : circulaire n° 2017-058 du 9 mars 2017	2017	**À lire et mettre à jour tous les ans !**
Arrêté du 1er juillet 2013 - Référentiel des compétences professionnelles des métiers du professorat et de l'éducation	2013	Référentiel enseignant
Textes spécifiques		
Circulaire n° 92-196 du 3 juillet 1992 : Participation d'intervenants extérieurs aux activités d'enseignement dans les écoles maternelles et élémentaires	1992	Intervenants extérieurs
Circulaire n° 99-136 du 21 septembre 1999 : Organisation des sorties scolaires dans les écoles maternelles et élémentaires publiques	1999	Sorties scolaires
Circulaire n° 2003-135 du 8 septembre 2003 : Le projet d'accueil individualisé	2003	PAI
Circulaire n° 2006-138 du 28 août 2006 : Mise en œuvre des PPRE à l'école et au collège	2006	PPRE
Circulaire n° 2011-090 du 7 juillet 2011 Natation : enseignement dans les premier et second degrés	2011	Natation
Circulaire n° 2014-089 du 9 juillet 2014 : Surveillance des élèves dans les écoles maternelles et élémentaires publiques	2014	Surveillance
Circulaire 2004-035 du 18 février 2004 : Usage de l'Internet dans le cadre pédagogique et protection des mineurs	2004	Usage internet
Circulaire n° 2012-006 du 5 janvier 2012 : Mise en œuvre dans les écoles du contrat sur la reproduction par reprographie d'œuvres protégées dans les établissements du premier degré	2012	Photocopies
Circulaire n° 2016-054 du 13-4-2016 : Liste des fournitures individuelles	2016	Fournitures scolaires - à mettre à jour chaque année
Circulaire n° 2014-088 du 9-7-2014 : Règlement type départemental	2014	Fixe le cadre du règlement départemental et donne les orientations pour rédiger le règlement intérieur d'une école (voir s'il n'y en a pas un dans l'école)
Textes locaux (circulaires départementales...)		
Exemple : Règlement départemental des écoles maternelles et élémentaires des Yvelines - 2015	2015	Règlement départemental type
Exemple : Circulaire de rentrée 2016 - DSDEN78	2016	Démarches administratives - Personnels enseignants 1er degré dans le département des Yvelines

Remarques

Présentez les textes par thématiques et mots clés pour faciliter la recherche.

L'organisation des références dans le tableau peut toutefois être présentée sous forme chronologique. En format numérique, pensez à mettre le lien direct sur le BOEN numérique.

OUTIL 53

Le temps de travail et le suivi des 108 heures

LA RÉPARTITION DES 108 HEURES ANNUELLES

Service d'enseignement : 24 h/semaine sur 36 semaines/an

108 h annuelles : « activités et missions »

36 heures : APC

Activités pédagogiques complémentaires
Aide aux élèves en difficulté/ aide au travail personnel/ activités en lien avec le projet d'école ou le PEDT

6 heures

Conseils d'école : 2 x 3 h

48 heures : coordination - concertation

Travaux en équipes pédagogiques
Relation avec les parents
Élaboration et suivi du PPS

18 heures

9 heures : animations pédagogiques
9 heures : formation (dont une partie à distance)

En résumé

Les enseignants du premier degré font partie des personnels d'enseignement et d'éducation relevant de la fonction publique d'État, dont les missions découlent :

- **de leur statut général** de fonctionnaire de l'État de l'éducation nationale (droits et obligations des fonctionnaires, dispositions statutaires) ;
- **du statut particulier** des professeurs des écoles qui précise leurs missions.

Le temps de travail des enseignants n'est pas défini sur la base d'une durée hebdomadaire, mais sur la base d'« obligations réglementaires de service » (ORS) fondées essentiellement sur des activités d'enseignement.

Cette obligation réglementaire de service s'organise en **24 heures hebdomadaires** d'enseignement sur 36 semaines et **108 heures annuelles** consacrées à différentes activités pédagogiques et administratives (conseils d'école, parents d d'élèves, formation...). Ces 108 heures font l'objet d'un suivi.

Le travail de préparation de cours et de correction, non pris en compte dans le service réglementaire, constitue pourtant l'essentiel du travail des enseignants en dehors de la classe (10 heures hebdomadaires de travail en moyenne).

Pourquoi l'utiliser ?

Objectif

› Préparer la réalisation et le suivi des heures de travail relevant des heures forfaitaires annuelles (les 108 heures).

Contexte

Parmi les obligations des professeurs des écoles, l'obligation de service définie par le décret du 29 mars 2017 est de « 24 heures hebdomadaires d'enseignement à tous les élèves, auxquelles s'ajoutent 3 hebdomadaires (en moyenne annuelle, soit 108 heures) effectuées sous la responsabilité des IEN pour des tâches pédagogiques ou administratives ». S'il revient à l'enseignant d'effectuer les différentes activités et travaux en équipe ou de participer aux réunions ou formations et d'en garder un décompte personnel, le directeur de l'école est tenu d'adresser un tableau de service précisant les décomptes d'heures de service de chaque enseignant à l'IEN de circonscription.

Si ce décompte individuel précis n'a pas de caractère obligatoire, (ces heures sont forfaitaires), les IEN peuvent cependant demander « des comptes » à l'enseignant.

Comment l'utiliser ?

Étapes

› Le tableau de suivi des 108 heures peut être préparé dès le début de l'année et est complété dès connaissance des réunions, des actions de formations ou des APC mises en place dans l'école.

› **Le tableau prévisionnel** est complété par le directeur d'école (fiche de suivi école) et par chaque enseignant (fiche de suivi enseignant).

› Le **suivi des heures effectuées** est à tenir à jour pour chaque enseignant, qui pourra le présenter à l'IEN lors des visites d'inspection.

› Chaque directeur renseigne ensuite un **tableau de service** d'utilisation des 108 heures pour son école et le communique à l'IEN (de 2 à 3 fois dans l'année).

Méthodologie et conseils

Le « tableau individuel de suivi des heures » est un outil de travail qui peut être personnel mais qui gagne à être mené en concertation avec le directeur, l'équipe de circonscription et les autres enseignants pour pouvoir gagner du temps de saisie.

Certaines circonscriptions proposent des fichiers modèles réalisés sous tableur pour permettre à chacun de tenir le décompte de ces heures ; le directeur obtient rapidement la synthèse qu'il adresse ensuite à l'IEN de circonscription.

Le fichier de suivi des 108 heures doit être associé aux documents d'organisation générale du travail de l'enseignant (calendrier, emploi du temps, cahier journal).

Des dispositions particulières sont mises en place pour des enseignants à temps partiel, postes fractionnés (sur plusieurs écoles), les titulaires remplaçants, les maîtres formateurs, les directeurs d'école, ou les enseignants spécialisés.

« C'est parce que nous avons des obligations envers la société que celle-ci peut nous garantir nos droits. Les unes ne vont pas sans les autres »

Avantages

- Le tableau de suivi des 108 heures est la « mémoire » des heures annualisées du professeur des écoles : ce n'est pas un outil de surveillance mais un outil de suivi utile à l'enseignant.

Précautions à prendre

- Compléter très régulièrement le tableau de suivi et le transmettre au directeur de l'école.
- Les heures de formation doivent en partie être réalisées à distance sur des supports numériques, (jusqu'à 18 heures), cela n'implique pas votre présence dans l'école.
- La participation aux conseils d'école est obligatoire.

SUITE OUTIL 53 →

Le temps de travail et le suivi des 108 heures

EXEMPLE 1 - un tableau de suivi des 108 heures

TABLEAU DE SERVICE (108 h*)	
Année scolaire	2017-2018
ECOLE / Circo	
Enseignant	
Classe	
Directrice - teur	
Fonction	Professeur des écoles à temps plein
Quotité travail	100%

Indiquer le type de poste : enseignant à temps partiel, directeur...

Récapitulatif au				
	Total Prev (heures)	108	**Réalisé**	02:40
APC	Activités pédagogiques complémentaires	36	Cumul	00:40
			Reste à faire	
COORDO	Concertation et coordination	48	Cumul	00:00
			Reste à faire	
CONSEIL	Conseil d'école, de cycle...	6	Cumul	02:00
			Reste à faire	
FORM	Formation et Animations pédagogiques	18	Cumul	00:00
			Reste à faire	

Le calcul des heures effectuées (récapitulatif) est complété automatique lorsqu'on saisit les dates sur le tableau ci-dessous

Suivi des heures effectuées						
Période	Date	Objet	Type et durée (en heures et minutes - format hh:mm)			
			APC	COORDO	CONSEIL	FORM
1	05/11/2015	Conseil d'école			02:00	
1	07/11/2015	APC	00:40			
Total 1			00:40		02:00	

* Décret n° 2008-775 du 30 juillet 2008 relatif aux obligations de service et aux missions des personnels enseignants du premier degré
Modifié par le Décret n° 2017-444 du 29 mars 2017

EXEMPLE 2 - le rappel des droits et les obligations du professeur des écoles

Le professeur des écoles, un enseignant fonctionnaire

des droits

- Liberté d'opinion politique, syndicale, philosophique et/ou religieuse
- Droit de grève
- Droit syndical
- Droit à la formation
- Droit à la protection
- Droit à communication du dossier administratif individuel
- Droit à une rémunération, à une couverture sociale
- Droit aux congés statutaires
- Droit de retrait

des compétences

Le référentiel de compétences des métiers du professorat et de l'éducation BO du 25 juillet 2013

des responsabilités

Voir Outil 55

des obligations

En tant que fonctionnaire :
- Neutralité et impartialité
- Réserve
- Secret professionnel
- Signalement
- Exercice effectif de ses fonctions
- Obéissance hiérarchique
- Ponctualité et assiduité
- Discrétion professionnelle
- Consacrer l'intégralité de son activité professionnelle aux tâches confiées

En tant qu'enseignant :
- Assurer son service pleinement (enseignement et hors enseignement) - ex. : évaluer, participer aux réunions parents professeurs, conseils d'école etc)
- Surveillance, prudence et vigilance

En tant que professeur des écoles :
Temps de travail :
- 24 h hebdo devant tous les élèves
- 108 h annuelles à répartir (voir Outil 53)

OUTIL 54

Écrire à l'institution

CONNAÎTRE LES NORMES ET LES USAGES DU COURRIER ADMINISTRATIF

En résumé

Demande de congé parental, de maternité, participation à une réunion d'information syndicale ? Que ce soit par lettre ou courrier électronique, toute correspondance administrative doit suivre la voie hiérarchique pour être prise en compte. Les demandes de congé peuvent être de deux types :

- Les **autorisations d'absence** accordées de droit (congés de maladie de l'agent ou d'un de ses enfants avec certificat médical, absence à titre syndical, participation à un jury d'assises...).
- Les absences qui ne constituent pas un droit (événement familial, préparation à un concours...) pourront être accordées par mesure de bienveillance de la part de l'autorité hiérarchique.

Le **courrier électronique** devient peu à peu le moyen privilégié de la communication entre les écoles et l'administration de l'éducation nationale. Dans ce cas, toute demande à caractère administratif prendra la forme conventionnelle d'une lettre (expéditeur, destinataire, objet...) qui sera communiquée en **pièce jointe**. Il est utile d'**archiver** ces correspondances (avec leur réponse) dans un dossier personnel.

Pourquoi l'utiliser ?

Objectif

Respecter les normes et les usages lors de l'envoi d'un courrier administratif. Ces derniers s'imposent à tout fonctionnaire dans le cadre de l'obéissance hiérarchique.

Contexte

Les courriers administratifs sont un exercice particulier où l'on doit respecter un certain formalisme. Ils sont souvent accompagnés de formulaires préparés pour la circonstance. Le vocabulaire administratif doit se différencier de la correspondance privée. Il utilise des formulations généralement strictes. Le ton doit permettre au lecteur d'en identifier le caractère officiel. Le langage administratif doit être accessible à tous, tout en ayant le souci d'une communication claire, méthodique et respectueuse.

Comment l'utiliser ?

Étapes

› **Le principe : 1 courrier = 1 question.** Dans l'éventualité de plusieurs demandes, les faire dans des courriers séparés : ce ne seront certainement pas les mêmes services administratifs qui les traiteront. S'il s'agit d'une réponse, remplacer l'objet par références.

› **La règle :** dans votre courrier on doit pouvoir aisément identifier : le destinataire, l'expéditeur et l'objet du courrier.

› **Le destinataire** : pour un professeur des écoles, tout courrier administratif doit transiter par la « voie hiérarchique ». Attention, il ne faut pas confondre voie hiérarchique et supérieur hiérarchique ; dans le premier degré, le premier échelon hiérarchique est l'inspection de circonscription, et le décisionnaire l'Inspecteur d'Académie.

› **La formule d'appel** (« Monsieur l'inspecteur », « Madame l'inspectrice d'académie ») ne contient pas d'abréviation. - Si l'on s'adresse à une personne particulière dans un service, il faut écrire « A l'attention de... »

› **L'expéditeur** : vous devez vous identifier en précisant votre grade et le lieu d'exercice.

› **L'objet** : Exposez votre demande de façon claire.

› **Le contenu**

- Débuter par une formule de courtoisie.
- Construire le texte en employant un langage adapté, un vocabulaire précis, une syntaxe et une orthographe correctes. Éviter les phrases trop longues.
- Terminer par une formule de politesse séparée du corps du corps du texte.

Tout courrier doit être daté et signé.

Méthodologie et conseils

Cet outil est valable pour tout enseignant en poste quel que soit son statut qui souhaite faire une demande à leur hiérarchie (absence, formation...)

Lorsqu'il s'agit d'**absences prévisibles** (congés par exemple), elles doivent faire l'objet d'une demande préalable. Les absences non prévisibles feront toujours l'objet d'une **régularisation**. Les demandes concernent tous les temps obligatoires de travail : temps devant élèves, réunions institutionnelles, animations pédagogiques et formations.

Avantages

- Être en règle avec sa hiérarchie et respecter le formalisme en vigueur.
- Formuler une demande claire.

Précautions à prendre

- Toute absence doit être justifiée.
- Éviter les abréviations (Mme pour Madame). L'abréviation de « Monsieur » est « M. » et non « Mr. ».
- Conserver un double des courriers envoyés/reçus dans un dossier administratif personnel.
- Faites obligatoirement viser votre demande par votre directeur.

SUITE OUTIL 54 →

Écrire à l'institution

EXEMPLE - modèles de courriers et de formulations

Courrier ou courriel ?

Le courriel est désormais le moyen privilégié de la communication entre les écoles et l'administration de l'éducation nationale. Les formes d'un courrier électronique peuvent être moins conventionnelles qu'une lettre traditionnelle, mais tiennent toujours compte de l'importance du destinataire et comportent les marque d'estime minimales.

Cette lettre peut être jointe à un courriel adressé

Exemple de lettre envoyée à l'inspection académique :

Madame Josiane Dupont-Pillard
Professeur des écoles
École élémentaire des Mimosas
- xxx -

xxx, le 3 septembre 20xx

Monsieur l'inspecteur d'académie,
Directeur des services de l'éducation nationale

À l'attention de la Division de la Gestion Individuelle
Bureau de la gestion du personnel enseignants – 1er degré

s/c de Madame l'inspectrice de l'éducation nationale, circonscription de xx

Objet : demande de congé parental

Monsieur l'inspecteur d'académie,
J'ai l'honneur de solliciter de votre bienveillance l'octroi d'un congé parental pour une période de 6 mois à compter du... (...). Veuillez trouver en pièce jointe le formulaire de demande de congé parental dûment complété.

Je vous prie d'agréer, Monsieur l'inspecteur d'académie, l'expression de ma considération respectueuse.

Signature

Voie hiérarchique

Toute correspondance administrative adressée à l'inspection, l'est en définitive à l'inspecteur de circonscription

Exemple de courriel envoyé à l'IEN de circonscription:

Date : 15 octobre 20xx à 15 :07
De : Sophie Dupont-Pillard <sophie.dupont-pillard@ac-xxxx.fr>
À : IEN Circonscription Xxxx < ce.nnnnnnna@ac-xxxx.fr>
Objet : Changement d'adresse

Monsieur l'inspecteur,

Je vous prie de faire procéder aux modifications dans mon dossier administratif, suite à mon déménagement.
À compter du 20 novembre 20xx, ma nouvelle résidence personnelle sera :
35, rue des Kastens
Xxxxx Sxxxxxxxxxx
Le téléphone fixe reste inchangé.

Recevez mes respectueuses salutations.

Josiane Dupont-Pillard
Professeur des écoles
École élémentaire des Mimosas
xxx -

Les formules de politesse : Elles sont plus courtes dans un courriel, mais conservent un caractère de déférence.

Exemples de formulations

L'expéditeur :
Nom, prénom/Titre :
Corps, grade :
Lieu d'exercice :
Le destinataire (faire apparaitre la voie hiérarchique) :

« *Monsieur l'Inspecteur d'Académie,*
Directeur des services de l'éducation nationale du (département)
S/C de Madame l'inspectrice de l'éducation nationale
Circonscription de (nom circonscription)
Adresse de l'IEN de circonscription »

Formule de courtoisie de début :

- J'ai l'honneur de vous informer que...
- J'ai l'honneur de vous demander de bien vouloir...
- J'ai l'honneur de vous faire parvenir...
- J'ai l'honneur de porter à votre connaissance...

Formule de politesse finale

- En relation avec l'expression d'une demande :

« En vous remerciant par avance de l'attention que vous voudrez bien prêter à ma demande, je vous prie d'agréer, Monsieur l'inspecteur d'académie, l'expression de ma considération distinguée (ou de ma haute considération). »

- à un IEN :

« Veuillez agréer, Monsieur l'inspecteur, l'expression de mes respectueuses salutations » ou « Je vous prie de croire, ..., à l'expression de mes sentiments les plus dévoués. »

- Pour d'autres destinataires :

« Je vous prie d'agréer, Monsieur le Maire, l'expression de ma considération distinguée. »
Ou « Je vous prie d'agréer, Madame, Monsieur (parent d'élève), l'expression de mes salutations distinguées. »

Remarque

Vous allez être absent (maladie...) :

1. Téléphonez au secrétariat de l'inspection puis au directeur de l'école.
2. Envoyez le certificat et le formulaire officiel de demande au directeur.
3. Prévenez aussi tôt que possible de la date de fin de congé ou de prolongation afin d'assurer la gestion du remplacement

OUTIL 55 La vie dans l'école : aspects réglementaires

UN MÉTIER DES RESPONSABILITÉS

Les documents à connaître

- Règlement intérieur
- Les plans d'évacuation / exercices de sécurité
- Dispositifs de prévention (maltraitance, harcèlement)
- Aspects généraux et dispositifs locaux

Les aspects à prendre en compte

- Sécurité des personnes, des biens et des locaux
- Surveillance des élèves
- Usages des locaux, des matériels,
- Hygiène, santé
- Droit d'accueil
- Intervenants extérieurs
- Assurances scolaires

En résumé

L'école assume la responsabilité des élèves qui lui sont confiés : il lui appartient de veiller à ce qu'ils ne subissent pas de dommages et qu'ils n'en causent pas à autrui. **Cette responsabilité** s'étend à l'intérieur des locaux scolaires ainsi qu'à l'extérieur dès lors que des enseignements s'y déroulent. Elle concerne les enseignants ainsi que toute personne qui participe à la mission éducative de l'école. Un certain nombre de dispositions et d'aspects réglementaires donnent matière à organiser tout simplement le « vivre ensemble », mais aussi le fonctionnement de l'école et la coopération entre les instances aux compétences partagées (commune…). La plupart de ces dispositions sont reprises dans le **règlement intérieur**, qui est le document de référence qui précise les règles de vie des adultes et des élèves dans l'école. Il doit être communiqué à tous les parents d'élèves. S'il incombe au directeur de l'école de veiller au bon fonctionnement de l'école, les professeurs doivent avoir connaissance du règlement intérieur et s'y référer en cas de besoin.

Pourquoi l'utiliser ?

Objectif

› Comprendre les aspects organisationnels de l'école.

› Participer à la bonne marche de l'école (le « vivre ensemble ») et respecter la réglementation qui lui est applicable.

Contexte

L'organisation et le fonctionnement de l'école doivent permettre d'atteindre la réussite scolaire et éducative de chaque élève en instaurant un climat de respect mutuel et la sérénité nécessaires aux apprentissages.
Comment organiser la vie de l'école pour répondre à ces objectifs ? À l'école, on apprend dans un cadre précis avec des objectifs identifiés qui requièrent des comportements stabilisés. À l'école, il faut des règles qui parfois rompent avec les habitudes du dehors : des règles qui permettent de rendre les élèves disponibles à une transmission des savoirs. D'autres éléments portant sur les aspects de la vie de l'école doivent inciter à la plus grande vigilance, aux plans réglementaires et sécuritaires (exercices incendie...) mais aussi pratiques (photocopieuse...).

Comment l'utiliser ?

Étapes

› La plupart des dispositions en matière de vie scolaire et de sécurité des élèves sont incluses dans le **règlement intérieur**. Elles doivent être connues de tous et en particulier des élèves.

› Les professeurs doivent également être au fait de toutes les **dispositions réglementaires ou organisationnelles** (maltraitance, santé, surveillance, périscolaire, sécurité, utilisation des locaux et des matériels, etc. qui sont parfois consignées dans des documents à part (ex. incendie).

› Dès votre nomination dans une école, puis à chaque rentrée scolaire, vous devez prendre connaissance auprès du directeur des points touchant à la vie scolaire et à l'organisation de l'école. Vous devez les collecter pour pouvoir vous y référer très rapidement dans un classeur/dossier présent dans votre classe. Certains documents seront également affichés en classe.

› Il est également utile de disposer des références aux textes source (ils le sont en général dans le règlement intérieur). À mettre à jour chaque début d'année scolaire.

Méthodologie et conseils

Le recours à ces mesures doit toujours avoir une visée éducative. Une adaptation du règlement intérieur rédigé en concertation avec les élèves et donc dans un langage plus commun peut-être un travail à planifier dès la rentrée. Les règles de vie ont plus de chances d'être comprises et appliquées lorsque les élèves participent à leur rédaction. Un travail de réflexion, de mise en commun sur les différents aspects de la vie de l'école (ou de la classe) peut donner lieu à un ensemble de règles qui s'imposent à tous : « J'ai le droit de... » ; « je dois... » ; « je m'engage à... » ; « quelle sanction/réparation ? »...

« Pour être un bon gardien de la loi, ne pas oublier de s'y soumettre soi-même. »
M. Boncourt, *L'autorité à l'école, mode d'emploi.*

Avantages

- La loi, la règle, les principes organisationnels de l'école, le règlement intérieur placent l'élève en situation d'apprentissage de la vie en société et de la citoyenneté, en le rendant progressivement responsable de ses comportements.
- Le règlement intérieur permet d'impliquer les parents dans l'école.

Précautions à prendre

- Rendre ces dispositions et en particulier le règlement intérieur explicites pour les élèves mais aussi pour les familles.
- Ces règles s'appliquent également à tous les personnels.

SUITE OUTIL 55 →

La vie dans l'école : aspects réglementaires

EXEMPLE - récapitulatif du cadre légal de l'organisation de l'école

Les aspects de la vie de l'école doivent être connus et respectés par tous ; ils influent sur le déroulement de la vie scolaire sur des plans réglementaires (exercices incendie) mais aussi pratiques (photocopieuse) ; certains sont parfois intégrés au règlement intérieur.
Le professeur peut consigner l'ensemble de ces points dans un classeur/cahier personnel.

Dispositions, document	Quoi ? quand ?	Comment ?
Règlement intérieur Cadre légal à l'organisation de l'école sur le temps scolaire, il s'articule autour : - des conditions d'admission et d'inscription : (principe de l'inclusion scolaire) ; - du cadre des horaires scolaires (école + APC) : ouverture et fermeture de l école ; - de la fréquentation et l'obligation scolaire : assiduité et ponctualité (absences, retards, accueil et sortie de l'école) droit d'accueil des élèves ; - de la vie scolaire : droits et obligations des élèves, des parents d'élèves et des personnels de l'école, surveillance des espaces communs, hygiène, santé et sécurité, usage des locaux et des matériels scolaires, laïcité ; - des participations et interventions des personnes extérieures à l'éducation nationale (partenaires, intervenants extérieurs) ; - de la communication entre les familles et l'école.	**Que contient le règlement intérieur ?** Tout en s'appuyant sur le règlement type départemental, le règlement intérieur de l'école précise les dispositions particulières de celle-ci. Il définit les règles qui régissent la vie quotidienne dans l'école. Chaque adulte doit pouvoir s'y référer pour légitimer son autorité, en privilégiant la responsabilité et l'engagement de tous.	Une fois validé (chaque début d'année), le règlement intérieur doit être affiché au sein de l'école et communiqué aux familles À afficher en classe
Surveillance des espaces communs (cour de récréation, couloirs, toilettes)	À organiser le jour de la prérentrée	Planning de surveillance
Les occasions de déplacements collectifs		Voir Outil 46 : projet de sortie scolaire
Occupation des salles communes gymnase, BCD, salle informatique, dortoir en maternelle Organisation d'activités spécifiques (piscine)	Idem	Planning d'occupation des salles communes
Règlement de l'usage d'Internet	À mettre à jour en début d'année	À afficher en classe ou dans la salle informatique
Organisation de la restauration scolaire	Concerne la collectivité territoriale compétente, mais doit être connue	

Dispositions, document	Quoi ? quand ?	Comment ?
Les matériels (dans tous les cas, veiller aux vols)	Photocopieuse, Informatique	Code, modalités d'utilisation
	Fournitures	Gestion des fournitures, organisation des commandes
	Matériel EPS, musique, audiovisuel	Modalités d'utilisation
Présence des assistants vie scolaires (AVS) et des intervenants extérieurs	Dès qu'ils sont nommés	Tableau de présence de l'AVS en classe
Dispositifs des APC	Voir circulaire IEN	Principes généraux
Dispositifs des ALAE		idem
Sécurité	Consignes de sécurité Consignes Risques majeurs lorsqu'ils existent Exercices incendies Présence d'une alarme Assurances scolaires	Plan d'évacuation (classe, école) Calendrier À repérer Idem
Santé	Armoire à pharmacie et numéros de téléphone en cas d'urgence Trousse de secours pour sorties scolaires	
Signalement	De dangers (faits de violence…) Maltraitance	Repérer où se trouve le registre Santé et Sécurité

Responsabilité des enseignants : de quoi parle-t-on ?		
Responsabilité pédagogique	**Responsabilité civile**	**Responsabilité pénale**
L'enseignant est libre du choix de ses méthodes pédagogiques, dans le respect des programmes officiels ainsi que de l'ensemble des textes régissant sa fonction et la bonne marche de l'école.	Dès l'arrivée de l'enfant à l'école, il y a transfert de la responsabilité des parents sur celle de l'enseignant. Dès lors, jusqu'à la fin de la classe, la responsabilité de l'enseignant est permanente.	Les notions de sécurité et de surveillance des élèves engagent la responsabilité de l'enseignant dans la mesure où il est le seul responsable de la classe. Il ne s'agit pas pour l'enseignant d'être présent à chaque instant avec chaque élève mais de s'assurer que toutes les conditions de sécurité soient mises en œuvre.

OUTIL 56

Outiller et organiser la mémoire de son activité en classe

LES OUTILS DE L'ENSEIGNANT

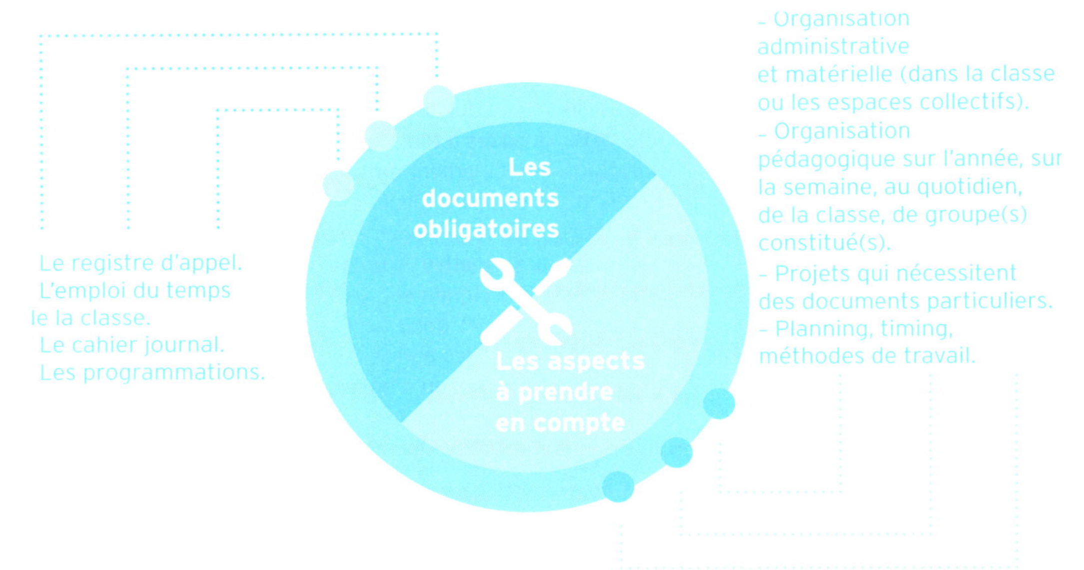

En résumé

Le professeur des écoles a un emploi du temps bien rempli. Enseigner, gérer sa classe, concevoir des situations d'apprentissages, faire des projets, son travail ne se limite pas à ses heures de présence en classe. La classe désigne un lieu, celui où il enseigne et où les élèves apprennent. Le professeur des écoles doit donc organiser son travail en s'appuyant sur des documents qui refléteront la « trace » de son activité ainsi que celle de ses élèves. Si certains sont obligatoires et ont un formalisme prescrit, d'autres sont fortement conseillés. L'enseignant a alors toute latitude pour les concevoir et les organiser. Ces documents ont pour objectif de le guider mais aussi de pouvoir rendre compte à l'institution (lors d'une inspection) et permettre d'être remplacé au pied levé en cas d'absence.

Pourquoi l'utiliser ?

Objectif

Constituer, mettre à jour et organiser les documents nécessaires à sa pratique de classe, à court terme (au jour le jour) et à moyen terme : répartition et programmation, projets écrits, archivage.

Contexte

Tout en participant à la sortie quotidienne de ses élèves, le professeur est déjà dans le bilan de journée qui s'achève et la préparation de la prochaine journée : car il faut que tout soit fin prêt dès le lendemain ; cela nécessite une organisation rigoureuse car outre les préparations et les corrections, il a à se préoccuper d'un certain nombre d'aspects administratifs et matériels : les documents réglementaires sont-ils à jour (cahier d'appel) ? Le dossier PPRE du petit Benjamin a-t-il bien été transmis ? Le métier de professeur des écoles s'est fortement bureaucratisé ces dernières années.

Comment l'utiliser ?

Étapes

Les documents professionnels peuvent être organisés en 7 principes.

› Connaître et disposer des documents obligatoires à son activité professionnelle : concevoir (si possible de façon collective) et organiser ceux qui semblent essentiels à sa pratique. Certaines sont fournis par l'école.

› Compléter et mettre à jour ces documents (ex. : registre d'appel, cahier journal...).

› Savoir pourquoi et pour qui les conserver (ex. : cahier du professeur remplaçant).

› Disposer d'un fichier numérique correspondant à chacun de ces documents : cela permet de les mettre à jour chaque année. Les archiver pour les réutiliser en cas de besoin.

› Chaque document doit avoir **un emplacement** possible et un seul. Il doit y avoir une concordance entre le document numérique et le document papier.

› Chaque (dossier) chemise cartonnée doit avoir **un nom**. On peut prévoir des chemises de couleurs différentes pour classer ces dossiers. Le nom de la chemise correspond exactement à ce qu'elle contient. Ne pas hésiter à bien préciser le titre et à décrire le contenu.

› Revisiter ces dossiers et documents régulièrement pour les mettre à jour, faire le tri de ce qu'il faut garder, jeter ou archiver au moins une fois par an (par exemple en fin d'année scolaire).

Méthodologie et conseils

Les documents de la classe doivent être disponibles à tout moment : pour soi-même, retrouver tel élément en cas de besoin (préparation d'une réunion, revoir les infos en sa possession sur un élève...) ; pour une éventuelle inspection ; pour permettre à un remplaçant de poursuivre son enseignement. Ils doivent permettre de faire le lien et donc avoir du sens pour soi mais aussi pour les autres (éventuels remplaçants).

Beaucoup d'enseignants ont ainsi constitué ce qu'ils appellent le « cahier de la maîtresse (du maître). Désormais, il existe en version numérique.

« J'ai longtemps eu une classe mal rangée. [...] je perdais beaucoup de temps à essayer de retrouver le papier que je devais remplir pour les autorisations de sortie... »
http://universdemaclasse.blogspot.fr

Avantages

- Optimiser son temps et les efforts à consentir ; et avoir davantage de temps pour soi.
- Pour les élèves, ils s'y retrouvent mieux ; cela agit également sur le climat de classe.

Précautions à prendre

- Être à jour non seulement sur les documents institutionnels obligatoires mais aussi sur les autres !

SUITE OUTIL 56 →

OUTIL 56 Outiller et Organiser la mémoire de son activité en classe

EXEMPLE 1 – organiser son « mémo classe »

On peut organiser les documents en 2 groupes :

› Les documents qui sont à laisser dans la classe au service de toute personne pouvant intervenir à votre place ou avec vous (complément de service, échanges de service, remplacement de courte ou de longue durée).

› Les documents pédagogiques : il est bien sûr possible et même conseillé de les communiquer et de les mutualiser.

Quoi ?	Affichage (A) / Dossier (D)
Documents de classe	
PARTIE ADMINISTRATIVE ET MATÉRIELLE :	
• Calendrier scolaire ; plan de la classe	A
• Liste des élèves avec leur date de naissance (et trombinoscope) et leur niveau en classe multiniveaux, adresses et téléphones (attention aux parents séparés), assurance ; cantine ; études surveillées ; ramassage scolaire.	A (liste simple)/ D
• Services de récréation, des APC, des intervenants, ATSEM, AVS.	A
• Utilisation des lieux collectifs (gymnase, salle polyvalente, BCD, etc.) ; coopérative ; liste du matériel disponible ; inventaire de la bibliothèque de classe ; codes photocopies, clefs de la classe et des placards.	A
• Listes des documents des élèves ; liste des documents supports des apprentissages (manuels, livres du maître…).	A ou D
• Principes d'organisation des cahiers des élèves, des ateliers en maternelle.	D
• Fiche récapitulative de toutes les informations utiles ; Formulaires pour les sorties ; coordonnées des partenaires : mairie, médecin scolaire, inspection, RASED, bibliothèque municipale, etc.	A/D
PARTIE PÉDAGOGIQUE :	
• **Projet d'école :** le document commun et la mise en œuvre personnelle, dans la classe.	D
• **Travaux de cycle :** comptes rendus des réunions, répartitions sur les trois ans, organisations particulières (décloisonnement, échanges de service, etc.).	D
• **Programmation sur l'année, sur la période (deux mois).**	A
• **Projets spécifiques de l'enseignant :** intervenants extérieurs, classes d'environnement, sorties.	D
• **Projets pour les élèves :** participation au journal, organisation du musée de classe, installation d'un élevage, fabrication d'un livre, participation à un concours, etc.	D
• **Emploi du temps**	A/D
• **Journal de classe ou cahier-journal** (en anticipation et/ou récapitulation).	D
• **Évaluations :** exemplaire du livret d'évaluation ; tableaux récapitulatifs permettant le report sur le livret ; calendrier des évaluations ;	D
• **Pédagogie différenciée** et prise en compte des besoins spécifiques : groupes de besoins ; enfants « en retard », « en avance » ; en difficulté ; en situation de handicap ; relations avec le RASED, etc.	?
Documents du professeur	
• **Fiches générales :** très complètes, pour une activité qui a lieu régulièrement et qui évolue sur une période, voire sur l'année (exemples à l'école maternelle : accueil, travail autour du prénom, du calendrier, des coins jeux ; au cycle 2 : les activités aquatiques ; au cycle 3 : le débat réglé). • **Fiches disciplinaires, interdisciplinaires,** conçues par séquences et indiquant : compétences à développer, consignes, démarche et déroulement, matériel et organisation des groupes, bilan éventuel. • **Affiches** (voir Outil 25)	D

EXEMPLE 2 - zoom sur le registre d'appel

Le registre d'appel fait partie des documents obligatoires à renseigner par le professeur : pour cette raison, il est souvent fourni par l'inspection ou la commune.

Suivre la fréquentation des élèves de la classe

Sa tenue quotidienne doit permettre de s'assurer de la présence ou de l'absence des élèves en classe. L'appel doit se faire dès l'entrée des élèves en classe, chaque matin et chaque après-midi. Le registre doit être immédiatement renseigné.

Les absences doivent être comptées par demi-journée, motivées et totalisées à la fin de chaque jour et de chaque mois. Elles sont notées « I » pour le matin, « - » pour l'après-midi et « + » pour toute la journée.

Toute absence non justifiée de plus de quatre demi-journées doit être signalée au directeur.

RELEVÉ MENSUEL DES ABSENCES POUR CHAQUE DEMI-JOURNÉE — Septembre 2015

Classe : CP — Niveau : CP — Absence matinée : - — après-midi : ı — journée : +

N°	Noms prénoms	M	M	J	V	S	D	L	M	M	J	V	S	D	L	M	M	J	V	S	D	L	M	M	J	V	S	D	L	M	M	Abs	Pré	N ½ J	Motif
		1	2	3	4	5	6	7	8	9	10	11	12	13	14	15	16	17	18	19	20	21	22	23	24	25	26	27	28	29	30				
1	Balzac Thomas																																		
2	Camus Marion											+																			–	3	36	39	Maladie
3	Cocteau Thomas				–																											1	38	39	Non justifiée

Rendre compte et établir des statistiques de fréquentation

› Une moyenne de fréquentation doit être établie chaque mois et visée par le directeur : c'est le **pourcentage des présences effectives**. Pour cela : diviser le nombre de présences effectives par le nombre de présences possibles.

$$\text{Pourcentage des présences effectives} = \frac{\text{Nombre des présences effectives}}{\text{Nombre des présences possibles}}$$

› Calculer aussi la moyenne des présences.

$$\text{Moyenne des présences} = \frac{\text{Total des présences effectives}}{\text{Nombre de demi-journées}}$$

› Calculer le pourcentage de présence.

$$\text{Pourcentage de présence} = \frac{\text{Moyenne x 100}}{\text{Nombre d'inscrits}}$$

Il s'agit d'un travail fastidieux ; les registres d'appel numériques apparaissent mais ne semblent pas convaincants sur la partie « relevé des absences ». Pour les statistiques, il est tout fait possible de préparer un tableau numérique qui établira les calculs de moyenne.

En cas de déplacement de la classe (gymnase, sortie, piscine, classe d'environnement...), y compris à l'intérieur de l'école, le cahier d'appel doit être emporté par l'enseignant ainsi qu'en cas d'alerte au feu ou d'évacuation. Dans la réalité, les enseignants laissent le registre en classe mais emportent avec eux une liste des élèves.

Le registre d'appel doit être archivé par le directeur en fin d'année scolaire.

OUTIL 57 La place de la coopérative scolaire dans le financement de l'école

LES DIFFÉRENTES SOURCES DE FINANCEMENT DE L'ÉCOLE

En résumé

Le fonctionnement de l'École est possible par le financement de différents partenaires ayant chacun des spécificités en lien avec son champ de compétences et ses responsabilités. Ces financements ne sont pas interchangeables et des règles de fonctionnement sont à respecter quel que soit le partenaire.

Exemple de sorties scolaires :

- **les sorties scolaires effectuées sur le temps scolaire** (heure de classe) sont obligatoires et gratuites car prises en charge par la **coopérative scolaire**. Aucun financement ne peut et ne doit être demandé aux parents.
- **Les sorties hors temps scolaires**, sont facultatives et il peut être demandé une participation financière aux parents. Mais ces sorties peuvent être gratuites si le budget de la coopérative scolaire est suffisant.

L'enseignant doit savoir qui paie quoi.

Pourquoi l'utiliser ?

Objectif

Permettre à l'école de développer son action éducative. « C'est bien l'objectif éducatif qui fonde la légitimité de la coopérative scolaire. Ce ne peut être la simple gestion de fonds permettant de financer ce que ni l'État ni la commune ne peuvent prendre en charge. La coopérative n'est pas une simple caisse. » Office central de la coopération à l'école (OCCE)

Contexte

« Il s'agit de sociétés d'élèves au sein des écoles publiques, gérées par les élèves avec le concours des enseignants. Les objectifs de la coopération scolaire consistent à développer l'esprit de solidarité entre les élèves et à améliorer le cadre scolaire et les conditions de travail et de vie des élèves dans l'école. » OCCE.

La gestion financière des coopératives est au service du projet pédagogique élaboré avec les élèves.

Comment l'utiliser ?

Étapes

› **Les ressources de la coopérative** proviennent de dons, subventions, cotisations et du produit des fêtes et différents événements organisés par l'école et les parents d'élèves. Les versements doivent toujours être volontaires et libres.

› **Les décisions** : que la coopérative scolaire soit autonome ou affiliée à l'OCCE, il est souhaitable que les parents d'élèves soient associés aux décisions la concernant et à la mise en œuvre de ses activités. (Eduscol). Afin de donner un réel sens à la coopérative scolaire et à son fonctionnement, les élèves doivent être associés aux différents projets, à leur étude et à leur mise en œuvre financière et pratique.

Méthodologie et conseils

Compte tenu des objectifs éducatifs poursuivis par la coopérative scolaire, et du principe de solidarité qui anime son fonctionnement, la participation aux activités de la coopérative scolaire est ouverte à tous les élèves de l'école ou de l'établissement, qu'ils soient ou non adhérents. Aucun élève ne peut être écarté des projets éducatifs même s'il n'a pas versé de cotisation à la coopérative scolaire.

« Les écoles maternelles et élémentaires publiques n'ont pas le statut d'établissement public. Dès lors, elles ne possèdent ni la personnalité morale, ni l'autonomie financière. » Eduscol

Avantages

- Permet de financer des activités à buts éducatifs.
- Permet de travailler sur l'esprit de solidarité et sur les valeurs de la République.
- Permet de financer les sorties hors temps scolaires des élèves ayant des difficultés financières si la caisse des écoles ne peut remplir son rôle.
- Permet d'impliquer les élèves dans la gestion financière et pratique d'un vrai projet.

Précautions à prendre

- La coopérative scolaire ne doit pas se substituer aux obligations de la commune en matière d'équipement et de fonctionnement de l'école (ex. : achat de matériel indispensable au fonctionnement de l'école).
- Elle n'est pas habilitée à gérer des fonds publics.
- Bien distinguer les actions éducatives et les actions pédagogiques.

SUITE OUTIL 57 →

La place de la coopérative scolaire dans le financement de l'école

EXEMPLE – questions/réponses sur le financement de l'école

1. Une enseignante de CM2 souhaite acquérir des dictionnaires pour ses élèves. Comment doit-elle s'y prendre ? Qui finance ?

S'agissant de matériel **pédagogique** à usage **collectif,** cet achat doit être à la charge de la commune qui doit assurer le financement du matériel pédagogique nécessaire aux enseignements obligatoires.
Le budget communal n'étant pas extensible, les enseignants doivent en conseil des maîtres décider de la répartition du financement du matériel pédagogique et poser des priorités quant aux demandes qui seront faites auprès de la commune.

2. Un enseignant souhaite que son vieux tableau à craie soit remplacé par un tableau blanc effaçable voire un tableau blanc interactif. Quelle procédure pour cette demande et auprès de qui ?

Les **demandes de travaux** sont présentées lors du conseil d'école où siègent les enseignants, les parents et les représentants de la commune chargés des affaires scolaires. Les demandes sont répertoriées pour être ensuite soumises au budget communal. Si la demande est acceptée alors soit un agent territorial chargé des travaux dans les écoles soit un technicien spécialisé (cas du TBI par exemple) effectuera les travaux que la commune financera.

3. Les enseignants de l'école souhaitent faire une vente de chocolat pour Noël afin de financer un voyage scolaire. Peuvent-ils le faire ?

Même si cette pratique est courante, il faut rappeler qu'il est interdit de lancer des opérations commerciales pouvant faire une **concurrence déloyale** aux commerces locaux. Les écoles sont souvent rappelées à l'ordre par l'OCCE quand la coopérative scolaire est affiliée à la cellule départementale de l'OCCE.

4. L'enseignante de maternelle veut mettre en place un projet pédagogique autour des insectes. Ce projet va débuter par l'élevage des phasmes et se finalisera par la découverte des phasmes en milieu quasi-naturel dans un parc dédié à la découverte des insectes. Cette sortie se déroulera sur la journée. Comment financer les différents aspects du projet ?

Le **matériel pédagogique** nécessaire à l'élevage sera financé par la mairie car cela relève de la mise en œuvre des programmes scolaires et des enseignements. Concernant **la sortie scolaire**, deux financements peuvent être envisagés sachant que celle-ci se déroule hors temps scolaire (hors temps de classe) :
- Une participation financière peut être demandée aux familles,
- Le coût de la sortie peut être pris en charge par la coopérative scolaire si celle-ci à un budget suffisant sachant qu'il s'agit d'une action à visée éducative.

Si une participation financière est demandée aux familles, il faut que celle-ci soit la plus réduite possible afin de tendre vers le principe de gratuité de l'école.

5. Les enseignants de l'école décident d'organiser un voyage scolaire de 3 jours/2 nuits à la découverte du littoral et de la biodiversité. Le coût restant à la charge des familles et de 50 euros par enfant. Certains parents vous annoncent que leur enfant ne participera pas car cela représente un coût trop important pour le budget familial. Que faire ?

Dans un premier temps il faut orienter les familles vers la caisse des écoles (cf. commune) qui a pour vocation d'aider financièrement les familles en difficultés en ce qui concerne la scolarisation de leurs enfants. Si la caisse des écoles ne peut répondre favorablement à la demande des parents, la coopérative scolaire se doit de prendre en charge ces aspects financiers. En effet, aucun élève ne peut être écarté d'un projet éducatifs et/ou d'une sortie scolaire pour des raisons financières. Cela va dans le sens de la solidarité qui est une des valeurs et un des principes posés par la coopérative scolaire.

6. À la rentrée prochaine, un élève en situation de handicap moteur et se déplaçant à l'aide d'un fauteuil roulant, sera accueilli dans l'école en classe de CE2. À ce jour dans l'école, les conditions matérielles ne permettent pas l'accès de l'enfant au bâtiment et à la classe. Il a cependant accès à la cour de l'école. Qui est chargé de mettre le bâtiment et la classe aux normes d'accessibilité ?

La commune étant propriétaire des locaux scolaires, elle se doit d'assurer les frais de construction, de travaux et les charges de fonctionnement. C'est donc à la commune de prendre en charge la programmation et le financement des travaux nécessaires à la mise en conformité du bâtiment scolaire en vue d'accueillir des personnes en situation de handicap.

DOSSIER

12 S'ENGAGER DANS UN DÉVELOPPEMENT PROFESSIONNEL CONTINU

Nous voilà au terme de notre boîte à outils ; nous avons donné la part belle au concret, à ce qui se passe dans la classe, dans l'école au quotidien. Nous souhaitons dans ce dernier dossier vous donner quelques clés pour vous aider à construire un parcours professionnel épanouissant, où vous êtes reconnu par vos pairs et par l'institution.
Le métier de professeur des écoles a beaucoup évolué. Vous n'enseignez pas comme vos maîtres le faisaient, même si certains ont été des modèles pour vous.

Un peu d'histoire : du maître au professeur des écoles

« L'instituteur gouvernait sa classe comme le père sa famille [...]. Autorité débonnaire, procédant par familiarité parfois un peu brusque, souvent affectueuse ; acceptation des difficultés de fonctionnement liées au nombre, aux différences d'âges et de niveau, aux absences ; recours à

l'entraide entre élèves, les grands aidant les petits : plus d'un trait dans cette école renvoie à la famille et propose de l'instituteur une image paternelle » (Prost).
Désormais, le professeur des écoles est « un professionnel », avec un statut, une carrière. Ce qui est attendu des enseignants s'inscrit dans un référentiel qui « technicise le geste professionnel ».

Dans quel contexte exerce-t-il ce métier ?

L'exercice professionnel n'est plus individuel, l'équipe pédagogique est instituée (sous la forme de trois conseils), les partenariats se développent (en particulier avec les ATSEM en maternelle, les AVS, les intervenants extérieurs) et les relations avec les parents d'élèves sont codifiées (coéducation). Le collectif s'inscrit aussi bien dans les pratiques (marquées par l'exercice d'une « polyvalence relative ») que dans l'espace scolaire (avec les espaces communs). Le fonctionnement pédagogique décloisonné se développe. Le temps scolaire respecte les rythmes des enfants et l'élève est au centre du système. La différentiation pédagogique et les innovations sont encouragées. Rajoutons également les transformations des pratiques consécutives à l'introduction du livret scolaire, du socle commun, des différentes formes d'évaluation et de l'utilisation généralisée des technologies numériques.

Quelles sont les perspectives de construction et de réussite de son projet professionnel ?

Enseigner est un métier qui s'apprend, d'abord en amont du concours de CRPE puis au quotidien avec les élèves et sur le terrain avec les collègues. Si la formation initiale cadre l'essentiel de ce qui est attendu d'un futur professeur, l'expérience qui est vécue dans la classe est très formatrice pour appréhender son métier. La diversité des injonctions et des conditions d'exercice, l'évolution de la société et ses répercussions sur l'éducation incitent davantage à « s'engager dans une démarche individuelle et collective de développement professionnel ».
Dans le même temps, le métier d'enseignant doit se nourrir de la recherche universitaire et s'ouvrir au monde qui l'entoure. Il est très important d'être en veille sur tout ce qui concerne l'exercice de son métier (aux niveaux pédagogique et institutionnel) ou l'environnement d'exercice (au niveau local). Il peut être également enrichissant d'être acteur d'une communauté éducative en réseau et pourquoi pas un enseignant innovant.

De son côté, que propose l'institution ?

La formation continue vise à doter les personnels des compétences professionnelles indispensables à une constante adaptation aux évolutions du système éducatif et à l'accompagnement des élèves.
L'inspection ne doit pas être vécue uniquement comme un contrôle mais aussi comme l'occasion de faire le point sur sa pratique et d'envisager une reconnaissance de son engagement.
L'amélioration de la rémunération fait partie des perspectives de carrière. La mobilité est également facilitée pour pouvoir répondre aux aspirations légitimes d'évolution de parcours professionnel.

LES OUTILS

OUTIL 58 Pratiquer une veille pédagogique et institutionnelle

SE POSER LES BONNES QUESTIONS

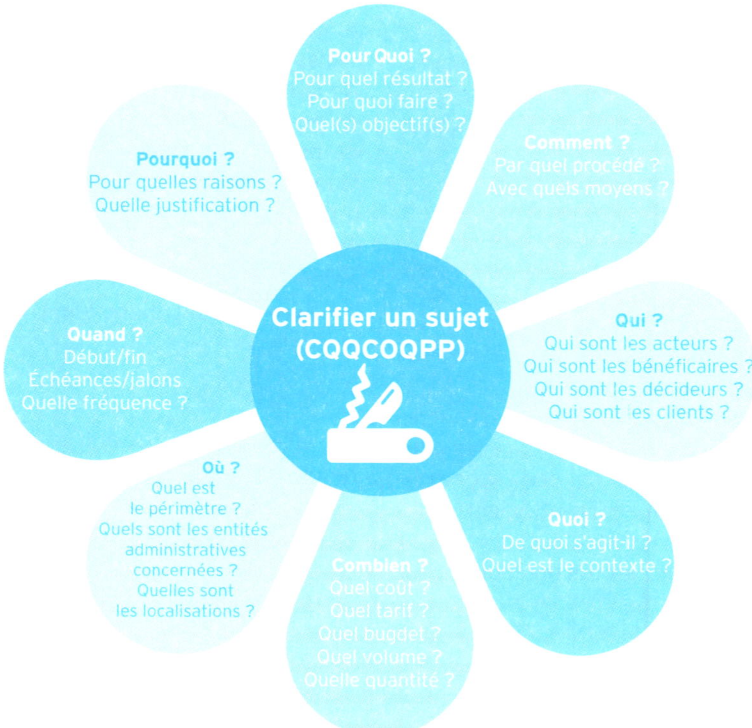

En résumé

L'enseignant est amené à sélectionner de nombreuses ressources (manuels, internet, etc.) afin de préparer ses cours.

Par ailleurs, avec le développement des technologies de l'information et de la communication (TIC), l'accès aux connaissances évolue sans cesse et très vite. Il est donc devenu indispensable de suivre le développement technologique pour suivre l'évolution des apprentissages.

L'enseignant doit se mettre régulièrement à jour et être capable de sélectionner les informations les plus pertinentes. Pour cela, pratiquer une veille pédagogique et institutionnelle est alors indispensable afin de connaître les évolutions et les innovations pour l'apprentissage. La veille pédagogique vise ainsi à valoriser et à faire partager les recherches qui sont réalisées dans le domaine de l'éducation.

Pour pratiquer cette veille, l'enseignant doit utiliser des outils adéquats.

Quels sont ces outils ? Comment sélectionner les sites à consulter ? Comment les partager avec d'autres collègues ?

Pourquoi l'utiliser ?

Objectifs

› Rester informé des nouveautés dans le domaine de l'éducation.

› Être capable de collecter, utiliser, partager les nouvelles données.

Contexte

L'intégration des éléments de la culture numérique pour l'exercice du métier fait partie des compétences nécessaires du professeur des écoles. Cette importance est par ailleurs réaffirmée depuis la loi de refondation de l'École (2013) et le déploiement progressif du plan numérique. L'enseignant doit « Intégrer les éléments de la culture numérique nécessaires à l'exercice de son métier [afin de] :
- tirer le meilleur parti des outils, des ressources et des usages numériques, en particulier pour permettre l'individualisation des apprentissages et développer les apprentissages collaboratifs [...].
- utiliser efficacement les technologies pour échanger et se former. ».
Parallèlement à cette orientation politique, une enquête montre que les enseignants consacrent beaucoup de temps à la préparation de cours, la recherche de documents et la documentation/formation/recherches personnelles (près de 13 heures en moyenne par semaine).

Comment l'utiliser ?

Étapes

Il s'agit de se constituer et d'organiser des ressources en utilisant des sources professionnelles.

› **Identifier** les sources d'information (institutionnelles, sites disciplinaires, fédérations, etc.)

› **Collecter** grâce à des dispositifs de surveillance (recherche en temps réel, moteurs de recherche, recherche automatisée, lecteur de flux RSS, alerte par google alerte, etc.). Se référer à des « experts » garants des sources d'information, en discuter avec les collègues, etc.

› **Traiter/Analyser** : une fois collectées, les informations devront être organisées grâce à des outils d'organisation personnels (privés et/ou partagés), comme : les favoris, marques pages de vos navigateurs ou bureau numérique (ENT), les tableaux de bord (dashboard) de vos pages personnelles. Pour ces tableaux de bord, il s'agit de s'abonner à des flux RSS via des agrégateurs de flux comme Netvibes.

› **Diffuser, Utiliser, Partager** : utiliser des outils de partage comme blog, site web, agrégateurs de flux, etc.

› **Suivre ou contribuer** à des réseaux professionnels.

« Pratiquer une veille pédagogique et institutionnelle, notamment par l'identification des réseaux d'échanges concernant son domaine, sa discipline, son niveau d'enseignement » (C2i2e)

Méthodologie et conseils

La veille pédagogique doit se faire de façon régulière. Certains outils (l'expresso du site « le café pédagogique » par exemple) opèrent une veille quotidienne.

Avantages

- Les outils de veille permettent de gagner du temps par rapport à une consultation classique des ressources.

Précautions à prendre

- Ne pas se laisser happer ! Le temps passé devant les écrans peut être aussi source de problèmes comme la fatigue ou la dispersion.
- Ne pas oublier de citer ses sources lorsque l'on diffuse une information.

SUITE OUTIL 58 →

Pratiquer une veille pédagogique et institutionnelle

EXEMPLE - des conseils pour pouvoir pratiquer une veille efficace

Identifier des sources d'information en lien avec son niveau, sa discipline : sites, portails conseillés

Les ressources : sites, portails...

› Éduscol : Site du ministère de l'éducation nationale, de l'enseignement supérieur et de la recherche - Portail national des professionnels de l'éducation riche en informations de toutes sortes et notamment sur le numérique.

› PrimTICE : portail des TICE pour l'école primaire http://www.primtice.education.fr/

› Edubases , : Animés au niveau national, les réseaux disciplinaires académiques mettent à la disposition de tous des documents, des contributions d'enseignants, des séquences pédagogiques, des idées de démarches, etc. Accès par discipline http://eduscol.education.fr/cid57544/edu-bases-des-usages-repertories-pour-les-enseignants.html

› Café pédagogique : toute l'actualité pédagogique sur internet http://www.cafepedagogique.net/Pages/Accueil.aspx

Les flux RSS (par exemple ceux de l'éducation nationale pour être informé des dernières mises à jour d'une sélection de sites publics de référence dans le domaine de l'éducation)

› Un site académique intéressant pour la veille qu'il pratique : http://ww2.ac-poitiers.fr/doc/spip.php?article408

› Exemple lu sur ce site « Le site *Educavox* nous signale sur *Youtube* une petite vidéo sur l'utilisation de *Wikipedia* produite par les bibliothèques du réseau de l'Université du Québec. »

› Une veille documentaire peut être effectuée sur « Google alerte » pour recevoir des alertes lorsque du contenu susceptible de vous intéresser est publié sur le Web : https://www.google.com/alerts?hl=fr

Collecter les informations, grâce aux flux RSS par exemple

Un **flux RSS** (*Really Simple Syndication*) est un fichier dont le contenu est produit automatiquement en fonction des mises à jour d'un site web.

Il permet d'afficher les nouveautés mises en ligne sur un site et de les afficher directement sur son navigateur, sur un outil de syndication ou sur son propre site ou sur son blog.

Pour cela, il suffit de trouver une de ces icônes et cliquer !

La lecture d'un flux RSS se fait à l'aide d'un agrégateur.

Il existe différents types d'agrégateurs : les lecteurs en ligne Netvibes et les lecteurs intégrés de certains navigateurs web (dont Opera, Internet Explorer , Safari, et Mozilla Firefox). La plupart des fils d'actualités RSS sont accessibles librement mais certains peuvent être soumis à un abonnement qui doit être souscrit sur le site du flux en question.

Voici une vidéo pédagogique pour comprendre ce qu'est un flux RSS : https://www.youtube.com/watch?v=smdlRrXasjg

En collectant les flux RSS sur des sites comme ceux du Ministère de l'Éducation nationale, Eduscol, le Bulletin Officiel de l'Éducation nationale, Le Café Pédagogique, etc. vous pourrez donc ainsi rester à jours des dernières informations publiées sur ces sites.

Pour cela, télécharger sur « telecharger.com » le logiciel agrégateur de flux RSS « RSS Bandit ». L'installer sur votre disque dur. Le lancer. Créer un dossier au nom de votre discipline. Récupérer un flux... et l'intégrer sur votre page personnelle de l'agrégateur.

Exemple avec NETVIBES

› Pour « dompter » l'outil :

https://goo.gl/y3l3T6

› Exemple de « tableau de bord » crée par le Ministère de l'Éducation nationale avec cet outil :

https://goo.gl/UUbCu5

Traiter et analyser l'information, se poser les bonnes questions (CQQCOQPP : comment, qui, quoi, combien, où, quand, pourquoi, pour quoi)

L'information trouvée peut-être de nature diverse. Elle demande une réflexion critique pour pouvoir juger de sa validité et de son intérêt. Pour cela, une réflexion selon cette boucle d'information peut-être judicieuse.

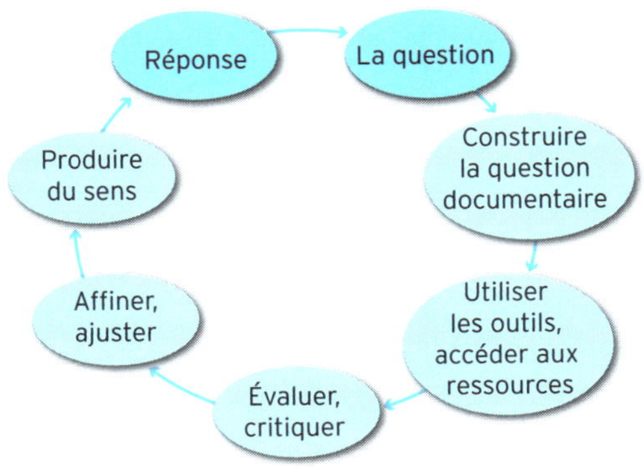

Une fois l'information validée et retenue, celle-ci peut être stockée, dans les favoris de l'ENT par exemple, et diffuser.

OUTIL 59

Réussir son inspection

PRÉPARATION ET OBJECTIFS DE L'INSPECTION

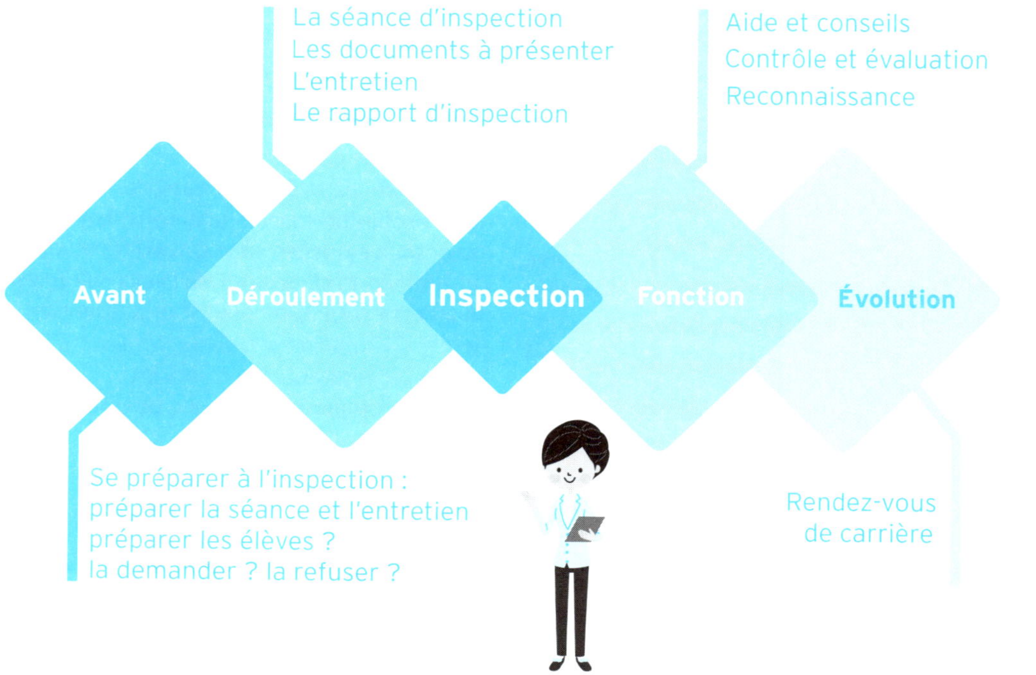

En résumé

Vous venez d'apprendre que vous allez être inspecté(e) cette année. L'inspection génère souvent une petite montée d'adrénaline. Les enseignants comme les autres fonctionnaires font l'objet d'un contrôle de leurs activités. L'IEN (supérieur hiérarchique) est chargé d'inspecter chaque enseignant tout au long de sa carrière (4 fois) : il vaut mieux s'y préparer à l'avance. l'IEN fait le point de manière approfondie et objectivée sur le parcours professionnel (**Contrôle et évaluation**). Il observe comment le maître met en œuvre les programmes et les différents dispositifs institutionnels et évalue ses compétences professionnelles. Il est également attentif aux traces écrites individuelles et collectives des élèves et du maître ainsi qu'aux interrelations dans la classe et dans l'école. Il rend compte au cours de l'entretien qui suit de ses observations, propose des pistes d'amélioration (**Aides et conseils**). Il établit enfin un rapport d'inspection. Sur proposition de l'IEN, une note est attribuée par l'IA-DASEN en se référant à une grille de notation. Des accélérations de carrière permettront de reconnaître et valoriser les parcours et l'engagement professionnel (**Reconnaissance**).

Pourquoi l'utiliser ?

Objectifs

› Organiser son intervention en classe pour mettre toutes les chances de son côté.

› Préparer l'entretien qui s'ensuivra.

› Envisager sereinement l'inspection comme une évaluation en continuité avec une démarche plus large de professionnalisation.

Contexte

Le principe de l'inspection, dialogue qui se voudrait ouvert entre un enseignant et un « ex-pairs expert » a donc pour objectifs généraux :

› l'amélioration de la qualité de l'enseignement, au bénéfice des élèves ;

› la reconnaissance et la valorisation de l'investissement personnel.

Le protocole Parcours Professionnels, Carrières et Rémunérations (PPCR) actuellement mis en place devrait aboutir à la fin de l'inspection pour la remplacer par un rendez-vous de carrière.

Comment l'utiliser ?

Étapes

Avant

› La meilleure prévention contre l'angoisse paralysante est encore le travail !

› Des contacts réguliers avec les inspecteurs, avec des collègues, des participations actives aux animations pédagogiques dans lesquelles interviennent les inspecteurs, tout cela peut contribuer à mieux gérer ces moments.

› Un document préparatoire est souvent proposé afin de donner des pistes pour l'entretien.

Le jour J

Il faut soigner son apparence et être en forme.
Une inspection est organisée selon 3 éléments :

› l'observation de l'intervention en classe, son efficacité, sa qualité en termes pédagogique, relationnel et de gestion du groupe classe ;

› l'analyse du travail habituel de la classe et du professeur : cahiers et productions des élèves, affichages, préparations ;

› l'entretien, réalisé après la séquence de classe destiné à faire apparaître les capacités à mener une réflexion professionnelle constructive. L'entretien peut être collectif.

« [L'inspection]... est un entretien, vous n'êtes pas victime, vous n'êtes même pas suspecté... »

Méthodologie et conseils

Un professeur des écoles est inspecté en moyenne tous les 4 ou 5 ans. Dans la mesure où les choix pédagogiques ne sont plus des initiatives isolées, mais s'inscrivent dans un projet d'école initié par une équipe, la préparation d'une inspection peut être partagée et faire l'objet d'une réflexion collective. On peut aussi se renseigner sur l'inspecteur : Qui est-il ? Un ancien instituteur, Professeur ? de quelle discipline ? A-t-il écrit quelque chose ? Qu'en disent les collègues ? Connaître ses petites « marottes » permet à l'enseignant de les anticiper.
L'IEN doit toujours annoncer sa « visite ».

Avantages

- Être inspecté(e) permet de prendre un peu de recul par rapport au travail quotidien. On accorde généralement plus de temps et de soin à la préparation de son intervention, en planifiant notamment davantage les objectifs et les séquences.
- L'inspection est aussi un moment de formation, d'échanges et de conseils.

Précautions à prendre

- Éviter de tester de nouvelles méthodes le jour J.
- Ne pas attendre d'être inspecté(e) pour se mettre à jour des obligations institutionnelles (administratives et pédagogiques).
- Pensez à avoir recours aux technologies numériques.
- N'oublier personne : durant la séance, il est important de faire participer toute la classe.
- Durant l'entretien, être à l'écoute de l'IEN.

SUITE OUTIL 59 →

OUTIL 59

Réussir son inspection

EXEMPLE - préparer son inspection

Voici un exemple de document préparatoire en vue de l'inspection.

Séance	Points sur lesquels vous serez observés	Commentaires
Votre conduite de la classe	Alternance et rythme des activités Clarté des consignes Attention et adaptation aux réactions des élèves... ; Gestion du temps et de l'espace	
Vos démarches pédagogiques	Pertinence des supports et des stratégies mises en place Vos affichages pédagogiques et les cahiers de vos élèves, Maîtrise des contenus Prise en compte de l'erreur...	
La qualité de la communication dans la classe	Communication : maître - élèves et élèves - élèves votre mode de relation avec vos élèves.	

Entretien	Réfexions à avoir / Infos à récolter	Commentaires
	Éléments de contexte :	
L'enseignant (vous) ?	Poste actuel, parcours professionnel (ancienneté, modalité de service, temps partiel...) Cursus universitaire et compétences particulières.	
L'environnement	**l'école :** ses caractéristiques (nombre d'élèves, de classes, d'enseignants, ses spécificités **La classe :**	Obtenir auprès du directeur les « indicateurs 1er degré » Qu'en est-il dans la classe ? (Profil)
Le projet d'école	**Caractéristiques :** document projet d'école et ses avenants **Axes prioritaires :**	Quelle est votre part dans la mise en œuvre du projet ? (connaître les axes du projet de circonscription)
Le(s) projet(s) de classe / cycle		Quels apprentissages, quelles traces organisez-vous grâce à ces sorties ?
	L'organisation de votre travail et des apprentissages	
Vie de la classe	Climat de la classe / Gestion du temps Les documents supports de votre organisation Le registre d'appel Des documents élèves : quelques cahiers, classeurs, dossiers des élèves (à choisir) individuels ou collectifs Manuels, fichiers utilisés	Principes qui déterminent vos choix ; quels éventuels changements souhaiteriez-vous introduire ?

Organisation pédagogique	Les outils de préparation de la classe ; Emploi du temps, programmations, progressions, référentiels de compétences…	idem
Les documents permettant l'organisation des apprentissages et le suivi des élèves dans le cycle ou dans l'école	Cahier-journal, fiches de préparation, manuels, documents de référence… Livrets scolaires, outils d'évaluation Comptes-rendus des conseils de cycles	Votre capacité à gérer votre classe Vos connaissances en outils didactiques
Organisation de la classe	L'aménagement de la classe : disposition, affichages… Utilisation des ressources de l'école (BCD, informatique, infrastructures sportives…)	Quels choix vous ont guidé ?
Prise en compte des besoins des élèves	Modalités de scolarisation des élèves à besoins éducatifs particuliers Prévention et prise en charge de la difficulté scolaire Activités Pédagogiques Complémentaires	Quelle organisation et outils de suivi ? Projets en cours pour les élèves de votre classe : PAI, PPRE,PPS, PAP (voir Dossier 7).
	Travail en équipe	
Intervenants / Décloisonnement		Dans quels domaines ? quelle périodicité ?
Continuité des apprentissages	Programmations d'école ou de cycle	
Communication avec les parents	Les documents de communication avec les parents et les partenaires de l'école	Quelle fréquence ? Quelles difficultés ?
	Pratique professionnelle	
Perspectives / compétences professionnelles	Voir le référentiel des compétences professionnelles des métiers du professorat et de l'éducation à relire	Quelle est votre identité professionnelle (votre force) ? Et votre faiblesse ? Si vous êtes capable de l'identifier : le plus dur est fait.
Projet professionnel	Projets en cours (formations suivies) Projets à venir (formation, examen, concours)	

Et pour finir

Quelles informations souhaitez vous portez à sa connaissance ?

Quelles questions souhaitez vous lui poser ?

OUTIL 60

Comprendre sa fiche de paie

BULLETIN DE PAIE : DÉCRYPTAGE

En résumé

Salaire brut, net imposable, cotisations, contributions, indemnités, CSG... Pas facile de s'y retrouver quand on lit sa fiche de paie. Les nombreuses lignes, les sigles mystérieux et les abréviations utilisées pour les nombreuses cotisations en font un document parfois difficilement déchiffrable. L'administration ne vous aide pas beaucoup pour le comprendre, d'autant plus que ce document, encore papier vous est parfois adressé avec plusieurs mois de retard !

Même si c'est surtout le chiffre du salaire net qui nous intéresse tous au final, ces informations sont précieuses pour comprendre la structure de la rémunération et vérifier si tout est correct.

Sur le bulletin apparaissent les sommes que votre employeur (l'état) vous doit au titre de la rémunération de votre travail ainsi que celles qui sont ensuite déduites de cette rémunération. Y figurent aussi les sommes qui sont à la charge de l'employeur à titre d'information : vous connaissez ainsi le coût total de votre travail ! En plus de votre bulletin de paye mensuel, vous recevez un récapitulatif annuel du montant net imposable à reporter sur votre déclaration de revenus.

Pourquoi l'utiliser ?

Objectifs

› Comprendre les différents éléments d'un bulletin de paie.

› Repérer à qui s'adresser en cas d'incompréhension ou de problème.

Contexte

Puisque nous faisons le même métier, pourquoi ne touchons nous pas le même salaire ? Si le métier et ses missions peuvent sembler similaires, chacun des professeurs des écoles est différent. De nombreux paramètres entrent en ligne de compte : l'ancienneté, et donc le grade, la quotité de travail (basé sur le temps de travail), les fonctions spécifiques, le lieu de résidence, la structure familiale peuvent faire varier le montant brut à percevoir (du simple au triple). Les salaires des professeurs des écoles sont en train d'évoluer : le Ministère a défini des mesures de modernisation et de revalorisation des métiers de l'Éducation nationale. Elles se traduiront en termes d'amélioration de la rémunération et du déroulement de la carrière.

Comment l'utiliser ?

Étapes

La fiche de paie est composée de plusieurs éléments :

La rémunération de base

Elle est définie selon son corps d'appartenance, son grade et son échelon. Ce montant peut être minoré si l'enseignant travaille à temps partiel.

Les variables

Au traitement brut, peuvent être ajoutés ou déduits différents montants.

› **En plus :** le supplément familial de traitement, les indemnités et primes (nombreuses et diverses).

› **En moins :** les différentes cotisations salariales comme la retraite ou l'assurance maladie (calculées en fonction d'un taux de cotisation), des impôts (CSG, CRDS), la cotisation mutuelle MGEN lorsque l'enseignant est adhérent.

L'ensemble de ces éléments donne le montant net mensuel à payer.

Méthodologie et conseils

Les salaires des agents titulaires de la fonction publique d'état sont versés selon un calendrier précis qui correspond à la date à laquelle votre compte bancaire sera crédité du montant de votre salaire.

Lorsque vous êtes nouvellement nommé ou lors d'une mutation, il arrive souvent qu'il y ait un décalage de 2 à 3 mois entre le moment où vous entrez en poste et celui où vous toucherez votre rémunération. Il est alors possible de demander une avance sur salaire.

Si le salaire arrive sur votre compte de façon régulière, il n'en est pas de même pour le bulletin de paye. De nombreux enseignants se plaignent du délai de réception de ce document important qui est utile pour effectuer sa déclaration de revenus, mais également pour pouvoir obtenir un logement ou un crédit.

« De quand date votre dernière fiche de paie ? »
Forum des enseignants du primaire

Avantages

- Pouvoir suivre et/ou vérifier ses évolutions de salaire.

Précautions à prendre

- Les bulletins de paye sont à conserver sans limitation de durée.
- Certaines retenues ou augmentations interviennent parfois plusieurs mois après leur survenance (ex. : retenues pour grève, changement d'échelon...). Il est donc très important de lire attentivement les montants pour éventuellement les contester ou demander des explications à son gestionnaire.
- Le revenu imposable est supérieur au traitement total net !

SUITE OUTIL 60 →

Comprendre sa fiche de paie

EXEMPLE - une fiche de paie expliquée

La fiche de paye ci-contre nous permet de reprendre les éléments de rémunération assez courants d'un professeur des écoles.

Contexte :

- professeur des écoles classe normale, à l'échelon 10, indice 612 ;
- feuille de paye du mois de novembre 2015 ;
- exercice à temps plein en REP ;
- résidence administrative située en zone 3 (pas d'indemnité) ;
- 1 enfant de moins de 18 ans et conjoint affiliés à la MGEN.

La rémunération de base

Le **salaire de base** (ou traitement brut) d'un enseignant est défini selon son **corps d'appartenance** (professeur des écoles ou professeur certifié par exemple) et son **grade.**

Le **grade** (1) indique le niveau hiérarchique d'un emploi. Le passage d'un grade à un autre se fait à travers un tableau d'avancement qui comporte plusieurs échelons de rémunération et dont le changement est obligatoirement acquis par le passage à l'ancienneté.

Le corps des professeurs des écoles comporte trois **classes** : la classe normale et la « hors-classe » et la classe exceptionnelle (à partir de 2017). Passer de l'une à l'autre permet d'aller plus loin dans l'échelle des rémunérations.

À chaque **échelon** (2) correspond un indice de rémunération. Il augmente périodiquement au cours de sa carrière, à mesure que l'enseignant avance dans les échelons. L'avancement d'échelon est automatique, à l'ancienneté, mais il peut être plus rapide selon la reconnaissance de la valeur professionnelle de l'enseignant évaluée lors des visites d'inspection (prochainement des « rendez-vous de carrière »).

À chaque échelon (pour un niveau de corps, grade, classe) correspond un **indice de rémunération** (3), à partir duquel est calculé le traitement brut mensuel (grille indiciaire) :

Traitement brut mensuel (7) **= indice majoré x valeur mensuelle du point d'indice**

Ce montant peut être minoré si l'enseignant travaille à **temps partiel** (4).

Le montant du traitement brut est indiqué dans la première ligne des éléments du salaire.

Les primes, indemnités et retenues sur salaire

Au traitement brut, peuvent être ajoutés ou déduits différentes montants : en voici les plus courants :

En plus :

- **Supplément Familial de Traitement** (6), calculé en fonction du **nombre d'enfants à charge** (5)
- **Indemnités et primes** (il y en 170 possibles !) :
  - Indemnité de résidence (pas visible ici)
  - Indemnités pour affectation particulière (REP - (9), directeur, CPC...)
  - Indemnité de suivi et accompagnement des élèves(ISAE) (8)
  - Des rappels (ex. une promotion) ou des déductions (ex. retenue pour grève) de l'année courante ou non pour des sommes qui n'ont encore pas été perçues ou prélevées (ici l'indemnité REP de septembre et octobre 2015 - (9))

En moins :

- Les différentes **cotisations salariales** (retraite, retenue pension civile), dues par l'enseignant et qui sont déduites du salaire brut (10). Elles sont calculées en fonction d'un taux de cotisation qui malheureusement n'apparaît pas sur le bulletin : par exemple le taux de cotisation de pension civile (retraite) qui était de 9,54 % en 2015 est de 10,29 % en 2017. La cotisation salariale pour le Régime Additionnel de la Fonction Publique (RAFP) représente 5 % du total des primes ou de certaines indemnités.

› D'autres retenues sont en fait des **impôts** : c'est le cas de la contribution sociale généralisée, (CSG) ou celle au remboursement de la dette sociale (CRDS).

› La cotisation **mutuelle** MGEN lorsque l'enseignant est adhérent (11).

› L'ensemble de ces éléments donne le **montant net mensuel à payer** (13)

La colonne de droite (12) informe des différents montants payés par l'état-employeur(« charges patronales »).

Pour obtenir le revenu mensuel imposable, on additionne le total du traitement net et les cotisations MGEN, CRDS et CSG non déductibles car ces montants sont imposables.

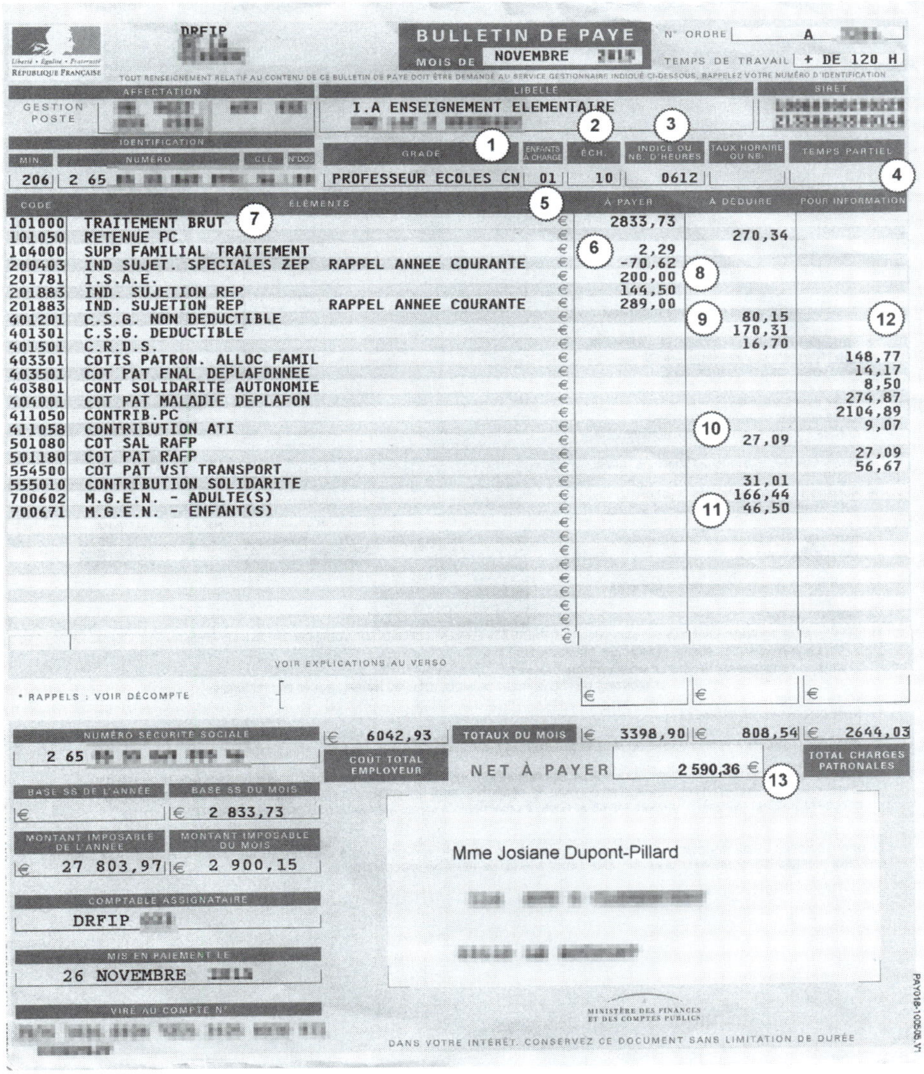

Liberté • Égalité • Fraternité
RÉPUBLIQUE FRANÇAISE

DRFIP [redacted]

BULLETIN DE PAYE
MOIS DE NOVEMBRE [redacted]

N° ORDRE A [redacted]
TEMPS DE TRAVAIL + DE 120 H

TOUT RENSEIGNEMENT RELATIF AU CONTENU DE CE BULLETIN DE PAYE DOIT ÊTRE DEMANDÉ AU SERVICE GESTIONNAIRE INDIQUÉ CI-DESSOUS, RAPPELEZ VOTRE NUMÉRO D'IDENTIFICATION

AFFECTATION: GESTION POSTE [redacted]
LIBELLE: I.A ENSEIGNEMENT ELEMENTAIRE [redacted]
SIRET: [redacted]

IDENTIFICATION MIN.	NUMERO	CLE	N°DOS	GRADE (1)	ENFANTS À CHARGE	ÉCH. (2)	INDICE OU NB. D'HEURES (3)	TAUX HORAIRE OU NBI	TEMPS PARTIEL (4)
206	2 65 [redacted]	[redacted]	[redacted]	PROFESSEUR ECOLES CN	01	10	0612		

CODE	ÉLÉMENTS (5)		À PAYER	À DÉDUIRE	POUR INFORMATION
101000	TRAITEMENT BRUT (7)	€	2833,73		
101050	RETENUE PC	€		270,34	
104000	SUPP FAMILIAL TRAITEMENT	€	(6) 2,29		
200403	IND SUJET. SPECIALES ZEP RAPPEL ANNEE COURANTE	€	-70,62	(8)	
201781	I.S.A.E.	€	200,00		
201883	IND. SUJETION REP	€	144,50		
201883	IND. SUJETION REP RAPPEL ANNEE COURANTE	€	289,00		
401201	C.S.G. NON DEDUCTIBLE	€		(9) 80,15	(12)
401301	C.S.G. DEDUCTIBLE	€		170,31	
401501	C.R.D.S.	€		16,70	
403301	COTIS PATRON. ALLOC FAMIL	€			148,77
403501	COT PAT FNAL DEPLAFONNEE	€			14,17
403801	CONT SOLIDARITE AUTONOMIE	€			8,50
404001	COT PAT MALADIE DEPLAFON	€			274,87
411050	CONTRIB.PC	€			2104,89
411058	CONTRIBUTION ATI	€		(10)	9,07
501080	COT SAL RAFP	€		27,09	
501180	COT PAT RAFP	€			27,09
554500	COT PAT VST TRANSPORT	€			56,67
555010	CONTRIBUTION SOLIDARITE	€		31,01	
700602	M.G.E.N. - ADULTE(S)	€		166,44	
700671	M.G.E.N. - ENFANT(S)	€		(11) 46,50	

VOIR EXPLICATIONS AU VERSO

* RAPPELS : VOIR DÉCOMPTE € € €

NUMÉRO SÉCURITÉ SOCIALE: 2 65 [redacted]

COÛT TOTAL EMPLOYEUR	TOTAUX DU MOIS			TOTAL CHARGES PATRONALES
€ 6042,93		€ 3398,90	€ 808,54	€ 2644,03

NET À PAYER 2 590,36 € (13)

BASE SS DE L'ANNÉE	BASE SS DU MOIS
€	€ 2 833,73

MONTANT IMPOSABLE DE L'ANNÉE	MONTANT IMPOSABLE DU MOIS
€ 27 803,97	€ 2 900,15

COMPTABLE ASSIGNATAIRE: DRFIP [redacted]

MIS EN PAIEMENT LE: 26 NOVEMBRE [redacted]

VIRÉ AU COMPTE N°: [redacted]

Mme Josiane Dupont-Pillard
[redacted]

MINISTÈRE DES FINANCES ET DES COMPTES PUBLICS

DANS VOTRE INTÉRÊT, CONSERVEZ CE DOCUMENT SANS LIMITATION DE DURÉE

PAY018-100505.V1

Gérer sa carrière

LA CARRIÈRE DU PROFESSEUR DES ÉCOLES

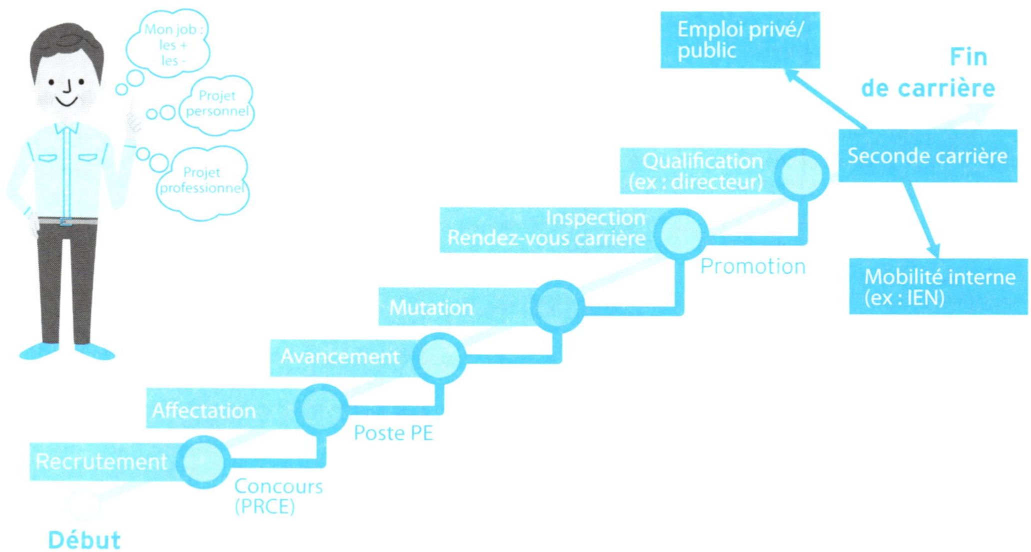

En résumé

Vous venez d'être nommé Professeur des écoles ; vous avez reçu votre première affectation dans un des départements de l'académie dans laquelle vous avez été recruté et puis vous avez été titularisé et affecté sur un poste dans une école. Ceci est le début de votre carrière, que vous ayez choisi ce métier par vocation ou par opportunité. Votre statut vous confère un certain nombre de droits, parmi lesquels le droit à la formation... et des obligations.

En fonction de la relation aux missions qui vous sont confiées, de votre engagement au sein de l'équipe pédagogique et auprès de vos élèves, et de votre situation personnelle et professionnelle, vous pourrez si vous le souhaitez, envisager différentes possibilités d'aménagements de votre activité actuelle (détachement, congés...), des évolutions de carrière (mobilité...).

Et pourquoi pas une seconde carrière ? Il est en tous les cas souhaitable de constituer puis suivre de près et d'enrichir votre dossier administratif professionnel tout au long de votre parcours.

Pourquoi l'utiliser ?

Objectifs

› Exercer son métier en prenant le temps de réfléchir à sa situation professionnelle.
› Gérer sa carrière au mieux de ses aspirations personnelles et professionnelles.
› Être au clair avec ses ambitions et connaitre les aspects administratifs d'une évolution de carrière.

Contexte

De l'instituteur au professeur des écoles, le métier a beaucoup évolué ces dernières années. Si l'élève est toujours au centre des préoccupations, de nouvelles missions ont été ajoutées pour répondre aux besoins de la politique éducative ; les conditions de travail semblent plus diversifiées mais aussi plus difficiles à gérer. Le métier est devenu de plus en plus complexe. Les professeurs aiment pour autant leur métier.

Comment l'utiliser ?

Étapes

Les possibilités d'évoluer dans sa carrière sont multiples.

Dans sa mission et son poste, à travers une nouvelle affectation :
› en changeant de niveau de scolarité ;
› en obtenant une mutation dans une autre école (qui pourra être totalement différente ;
› en enseignant à l'étranger ;
› en demandant un cumul d'activités (ex. : en devenant formateur d'adultes au sein des Greta).

Avec une qualification supplémentaire :
› devenir directeur d'école ;
› devenir professeur des écoles maître-formateur (CAFIPEMF) ;
› devenir conseiller pédagogique ou enseignant spécialisé (ASH, REP).

Il bénéficiera alors d'indemnités complémentaires à son traitement de base.

En souhaitant changer d'activité et en passant d'autres concours (mobilité interne) :
› devenir psychologue scolaire ;
› devenir inspecteur de l'éducation nationale (IEN) ;
› devenir enseignant au collège ou au lycée...

Il peut souhaiter changer totalement de cap et exercer un métier différent tout en ayant la possibilité d'y revenir en cas d'échec : **le détachement, la mise à disposition ou en disponibilité le permettent.**

Méthodologie et conseils

Gérer sa carrière peut se faire dès le début de carrière et tout au long de celle-ci. Il est important de conserver l'ensemble des documents administratifs (arrêtés de nomination, de promotions ...). Il faut également savoir prendre le temps et du recul sur le sens que l'on donne à son métier et la façon dont on le ressent et le vit. Les « vacances » ou le redémarrage d'une année scolaire peuvent être l'occasion de ces « remises en cause ».

L'ensemble des informations concernant le parcours professionnel d'un enseignant est disponible sur **l'application en ligne « i-prof » l'assistant carrière** : s'y trouvent tous les éléments de votre carrière détenus par l'admnisitration ; vous pouvez y ajouter des informations personnelles (formations diplômes, activités professionnelles). Vous obtenez ainsi votre CV !

Être professeur des écoles ne signifie pas nécessairement enseigner toute sa vie, et encore moins enseigner toute sa vie de la même manière.

Avantages

- Bien connaître les évolutions de carrière possibles ; ne pas hésiter à en discuter avec les collègues ou un supérieur hiérarchique (lors d'une inspection).

Précautions à prendre

- Être au clair avec vous-même concernant votre épanouissement dans le métier.
- Travailler en équipe, partager son expérience professionnelle avec ses collègues permet d'éviter le sentiment d'isolement ressenti par les enseignants en difficulté.

OUTIL 62 Enseigner : un métier qui s'apprend tout au long de la vie

L'ENSEIGNANT PROFESSIONNEL

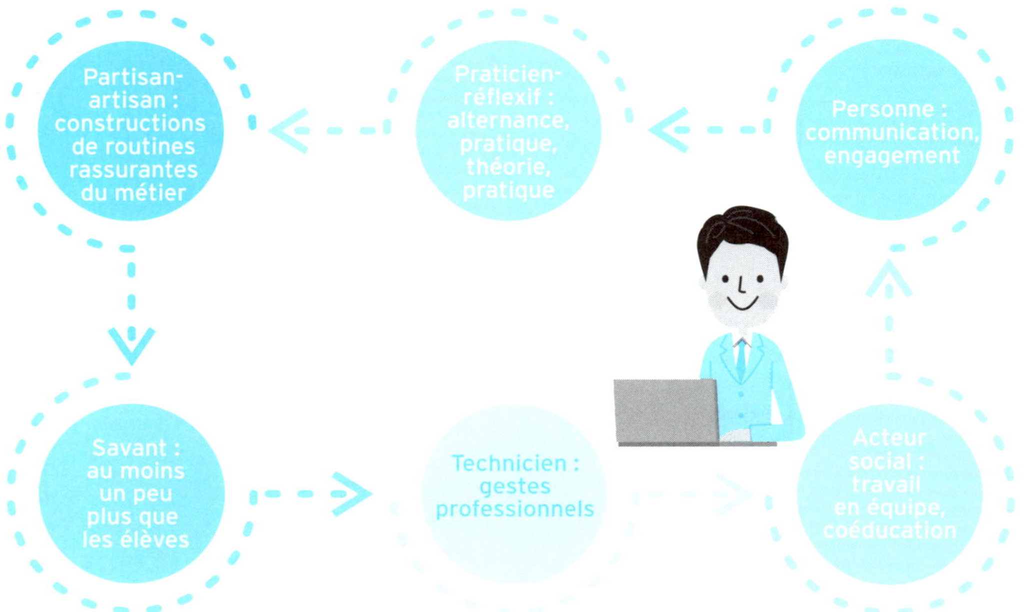

D'après Léopold Paquay, 1994

En résumé

Enseigner est un métier qui s'apprend tout au long de la vie : l'enseignement exige une remise en cause continuelle de ses acquis antérieurs et une mise à niveau permanente des connaissances (contenus, programmes...) et des méthodes d'enseignement. Cela est d'autant plus vrai avec les multiples réformes actuelles. La pratique professionnelle doit être nourrie, par l'appropriation de nouveaux savoirs ou de nouvelles pratiques, par l'actualisation de compétences, par des échanges réguliers avec les collègues et les acteurs de la communauté éducative. D'une simple actualisation de connaissances (ex. : appropriation de nouveaux programmes) à la recherche d'une évolution de carrière (ex. : devenir maître formateur), les objectifs peuvent être variables en fonction du projet professionnel.

Pourquoi l'utiliser ?

Objectifs

› Compléter et actualiser ses connaissances et compétences, scientifiques, didactiques et pédagogiques.

› Actualiser et/ou réfléchir sur ses pratiques pédagogiques, à la lumière de la recherche.

› Comprendre et appliquer les modifications apportées aux programmes et aux objectifs d'enseignement.

› Échanger des informations et des pratiques entre pairs.

Contexte

Le référentiel de compétences professionnelles des métiers du professorat et de l'éducation indique que l'enseignant doit « s'engager dans une démarche individuelle et collective de développement professionnel ». Cette démarche débute en formation initiale et se poursuivant tout au long de la carrière par l'expérience professionnelle accumulée et par l'apport de la formation continue. Un enseignant du premier degré dispose d'un crédit de 36 semaines de formation dans sa carrière. Plus concrètement, il bénéficie chaque année de 9 h d'animations pédagogiques et de 9 h de formation dans le cadre de son activité.

Comment l'utiliser ?

Étapes

› **Les animations pédagogiques** (par séances de 3 heures) sont en général organisées par l'IEN. Leur organisation est variable, certaines sont imposées.

› **L'offre de formation** : elle est proposée chaque année dans le cadre du plan départemental de formation (PAF). Il est nécessaire de s'inscrire pour y participer, sauf pour les formations à candidature désignée (ex. : les enseignants en début de carrière). Les demandes ne sont pas toujours honorées. Certaines formations se font désormais en partie à distance via la plateforme « M@gistère ».

› **Le congé de formation** : (encore plus difficile à obtenir) il est possible de le demander si l'on a un projet de développement professionnel.

À côté de ces dispositifs institutionnels, il existe des **formations davantage « informelles »** ; la plupart des enseignants reconnaissent mettre en place une véritable stratégie **d'auto-formation** (auto-documentation, mais également à partir de leur **propre expérience** (« les premiers formateurs sont nos propres élèves »), ou **solliciter un pair** (souvent un collègue de l'école ou une personne participant à un réseau comme le forum des enseignants du primaire). D'autres s'organisent pour travailler en commun sur un thème précis (**partage de pratiques**).

> « Un enseignant est capable [...] d'analyser ses pratiques et, par cette analyse, de s'auto-former tout au long de sa carrière. »
> L Paquay, M Altet, E Charlier et P Perrenoud

Méthodologie et conseils

S'inscrire pour suivre une formation se fait sur un temps très court sur l'application en ligne GAIA via le portail ARENA.

Mais cela peut sembler insuffisant pour pouvoir appréhender toute la complexité du métier. La formation continue ne peut couvrir tous les champs de compétences et répondre à tous les besoins individuels. C'est pourquoi nombre d'enseignants mettent en place d'autres modalités pour y parvenir, par exemple des Mooc (cours en ligne ouvert à tous) pour les enseignants par des enseignants.

Avantages

- Partir en formation permet de se sortir de son environnement, de rencontrer et échanger avec d'autres collègues en formation. On réintègre ainsi son poste avec plein d'idées.

Précautions à prendre

- Lorsqu'on part en formation, il faut savoir « laisser sa classe » (même si cela est difficile).
- Suivre une formation à distance demande quelques sacrifices et de l'organisation.

SUITE OUTIL 62 →

Enseigner : un métier qui s'apprend tout au long de la vie

EXEMPLE – se donner des repères pour mieux tirer parti d'une formation

Vous avez suivi ou aller suivre une formation : adoptez une attitude réflexive.

Exemple d'une grille d'évaluation

Voici une grille élaborée par un groupe en formation (François Muller : penser sa propre formation http://francois.muller.free.fr/manuel/formation/cadre.htm).

« À part mon niveau de satisfaction, qu'est-ce que je peux **retenir de la formation** ? »

Il me semble...	Cotation				
	1	2	3	4	5
Ma participation à l'organisation et à la réussite du stage					
Avoir adhéré au contenu, à la démarche.					
Avoir contribué efficacement à l'information et au progrès des autres par rapport à mes compétences spécifiques.					
Avoir manifesté une attention et un intérêt réel pour les connaissances apportées par les autres.					
Avoir recherché la confrontation d'expériences personnelles avec les autres ou sein du groupe.					
Avoir en souci à certains moments que soient élucidés et traités les conflits internes au groupe.					
Avoir contribué à instaurer une démarche d'efficacité pour construire des outils					
Avoir favorisé une relation d'aide, faite de confiance, d'écoute et d'échanges avec le plus grand nombre					
Avoir participé effectivement à l'organisation des activités du stage en assumant les différents rôles.					
Avoir recherché des communications avec les enseignants, formateurs, experts					
Méthode personnelle de travail					
Avoir pris conscience de mes modes de lecture d'ouvrages de référence					
Avoir recherché des faits, du concret, des données objectives d'une question ou d'un fait					
M'être efforcé de distinguer dans chaque dossier, étude, ouvrage ou exposé l'essentiel de l'accessoire.					
Avoir su me taire pour laisser les autres s'exprimer.					
M'être attaché à intégrer mes interventions et ma participation dans la progression du travail de séance, de réunion ou d'échange.					

Participation au travail en groupe					
M'être employé à rédiger des rapports précis et fidèles des travaux, des comptes-rendus					
Avoir eu le souci de contribuer à la qualité des relations interpersonnelles					
M'être préoccupé de rencontrer et d'échanger avec de multiples participants					
M'être impliqué dans la production des travaux de groupe					
Avoir intégré la divergence de points de vue dans le fonctionnement ordinaire du groupe.					

Partager ces repères

De retour de formation, prenez le temps de communiquer avec vos collègues. On ne peut se retenir de dire : « C'était sympa ! » ou « j'ai vraiment perdu mon temps ! »…

Il y aura forcément quelque chose qui a retenu votre attention et que vous souhaitez partager, voire même essayer en classe. Que pourriez-vous partager ?

Ce peut être :
- un simple résumé ;
- une idée qui germe ;
- un exemple pratique ;
- un outil pédagogique ou didactique ;
- un schéma, un dessin (une carte heuristique) ;
- une ressource, une lecture, un site web à exploiter.

Bibliographie

Quelques conseils de lecture pour bien se préparer, aller plus loin... ou pour se rassurer !

Ouvrages et revues

M. Altet, *Les pédagogies de l'apprentissage*, éd. PUF, 2013.

N. Anton, *L'art d'enseigner : comment bien enseigner à nos enfants aujourd'hui*, éd. Ixelles, 2012.

B.-M. Barth, *L'apprentissage de l'abstraction et le savoir en construction*, éd. Retz Pédagogie. 2013.

F. Armand, M.H. Hardy, B. Lemay, « Le soutien en langue maternelle : une approche novatrice pour les élèves allophones en difficulté », *Québec français*, n° 172, 2014, p. 23-24.

A. Balay, K. Bonnal, A. Morcillo, C. Durand, *Entretien à partir d'un dossier – Système éducatif – EPS et Santé*, CRPE, éd. Dunod, 2017.

E. Bautier, « Décrochage scolaire. Genèse et logique des parcours. Ville-Ecole-Intégration », *Enjeux*, n° 132, mars 2003.

I. Bordallo et J.-P. Ginestet, *Pour une pédagogie du projet*, éd. Hachette Education 1993.

P. Bourdieu, *Leçon sur la leçon*, éd. de Minuit, 1982.

J. S. Bruner, *Le développement de l'enfant, savoir-faire, savoir dire*, éd. PUF, 2011.

B. Chemouny, *Agir et communiquer avec ses élèves*, éd. Hachette Education, 2011.

B. Chemouny, *Communiquer avec les parents pour la réussite des élèves*, éd. Retz, 2014.

N. Delvolvé, *Mon enfant, cet élève*, éd. Milan, 2004.

A. Corneloup, *100 idées pour gérer sa classe*, éd. Tom Pousse, 2009.

M. Develay, *Donner du sens à l'école*, éd. ESF, 1996.

A. Feyfant, « Enseignement primaire : les élèves à risque (de décrochage) », *Dossier d'actualité Veille et Analyse de l'IFé*, n°8, 2012.

H. Gardner, *Les intelligences multiples*, éd. Retz, 2001.

B. Garnier, *Les grands enjeux du système éducatif français*, éd. Dunod, 2015.

A. Giordan, *Apprendre !*, éd. Belin, 2016.

C. Goulet, « Analyse de stratégies d'enseignement favorisant les apprentissages d'élèves avec troubles du comportement : de l'étayage à la responsabilisation », *La nouvelle revue de l'adaptation et de la scolarisation*, 2015.

J.Y. Lafinestre et Y. Couëdel, *Le guide l'enseignant: gérer sa classe de primaire*, illustré par Cabu, éd. Fabert, 2011

P. Madiot, « Enseignants, Parents, Réussite des élèves, quel partenariat ? »; *Repères pour Agir, Dispositifs, SCEREN/CDDP/Cahiers Pédagogiques*, 2010.

O. Mathon, *Réussir sa première classe*, éd. ESF, 2012.

P. Meirieu, *L'école, mode d'emploi: des méthodes actives à la pédagogie différenciée*, éd. ESF, 2016.

P. Meirieu et M. Develay, *Emile, reviens vite... ils sont devenus fous*, éd. ESF, coll. « Pédagogies », 1994.

P. Meirieu, *La Pédagogie entre le dire et le faire*, éd. ESF, 2007

P. Perrenoud, *Construire des compétences dès l'école*, 6e éd., éd. ESF, 2011.

A. Prost, *Éducation, société et politiques. Une histoire de l'enseignement en France, de 1945 à nos jours, éd. Seuil, coll.* « Points histoire », 1992.

A. et Z. Poudou, *Comment l'enfant devient élève : les apprentissages à l'école maternelle*, éd. Retz, 2007.

L. Vigotski, *Pensée et Langage*, 3e éd., éd. de La Dispute, 1997.

J.-M. Zakhartchouk, *Comprendre les énoncés et les consignes, un point fort du Socle commun*, éd. Réseau Canopé, 2016.

M. Bru, L. Not, *Où va la pédagogie du projet ?*, éd. Universitaires du Sud, 1987.

« L'hygiène et la santé dans les écoles primaires », brochure éditée par CNDP col. « Repères », 2008.

Sites internet

Éduscol : Portail des professionnels de l'éducation - http://eduscol.education.fr/

Institut français de l'Education (IFE-ENS Lyon): des résultats de recherches récentes, des ressources - http://ife.ens-lyon.fr/ife

Prim à bord: portail numérique pour le premier degré - http://eduscol.education.fr/primabord/

PrimTICE : portail TICE du premier degré - Contenus numériques et scénarios d'usages pédagogiques - s'informer et partager - http://primtice.education.fr/

Ensemble de synthèses documentaires sur les gestes professionnels à l'école, Blog de J. Fraschini : http://www.gestesprofessionnels.com/

Les nouveaux rythmes à l'école primaire, Guide pratique ; Ministère de l'Education nationale : http://cache.media.education.gouv.fr/file/02_Fevrier/52/9/2013_rythmesco_guidel_elus_bdef_240529.pdf

Travailler sur les consignes en formations - P. Watrelot, Dossier « Attention aux consignes ! », Les cahiers pédagogiques, n°483. Article en ligne : http://www.cahiers-pedagogiques.com/Travailler-sur-les-consignes-en-formation

Eduscol : Enseigner avec le numérique - http://eduscol.education.fr/pid26435/enseigner-avec-le-numerique.html

Ludovia - Université d'été de la e-education et des applications multimédias Ludiques et Pédagogiques : http://culture.numerique.free.fr/index.php/ludovia/91

Les formations proposées par le réseau CANOPE, par exemple « Découvrir les usages pédagogiques de ressources, d'outils numériques et collaboratifs. » : https://www.reseau-canope.fr/formation-accompagnement.html

L'agence des usages des TICE:

http://www.cndp.fr/agence-usages-tice/

http://www.cndp.fr/agence-usages-tice/que-dit-la-recherche/la-classe-inversee-que-peut-elle-apporter-aux-enseignants-79.htm

Usages, avantages et défis des tablettes tactiles à l'école : http://eduscol.education.fr/numerique/tout-le-numerique/veille-education-numerique/archives/2014/janvier-2014/usages-avantages-defis-tablettes-ecole

Ressources maternelle - La scolarisation des enfants de moins de 3 ans : http://eduscol.education.fr/ressources-maternelle

Élèves à besoins éducatifs particuliers sur Eduscol : http://cache.media.education.gouv.fr/file/Besoins_educatifs_particuliers/66/3/scolariser_les_eleves_a_haut_potentiel_255663.pdf.

ATSEM/ENSEIGNANTS, travailler ensemble ; CANOPE Nantes, Pays de Loire (disponible en ligne sur Ressources Formation)

Les partenaires : http://www.education.gouv.fr/pid24459/les-partenaires.html

Guide de l'enseignant du premier degré réalisé par la DSDEN de la Seine Saint Denis : mis à jour régulièrement, il recense toutes les informations utiles aux enseignants pour leur parcours professionnel : http://www.dsden93.ac-creteil.fr/spip/spip.php?rubrique795

Les pages « secondes carrières » sur le Café pédagogique : http://www.cafepedagogique.net/lemensuel/lesysteme/Pages/2013/Carriere2.aspx

B.O., Lois et rapports

Le Bulletin officiel de l'éducation nationale : http://www.education.gouv.fr/pid285/le-bulletin-officiel.html

Le Code de l'éducation: https://www.legifrance.gouv.fr/affichCode.do?cidTexte=LEGITEXT000006071191

Loi n° 2013-595 du 8 juillet 2013 : Loi d'orientation et de programmation pour la refondation de l'École de la République

BOEN n°30 du 25 juillet 2013 : Référentiel des compétences professionnelles des métiers du professorat et de l'éducation.

BOEN n°17 du 23 avril 2015 : Le socle commun de connaissances, de compétences et de culture

BOEN spécial du 26 mars 2015 : Programmes d'enseignement de l'école maternelle

BOEN spécial du 26 novembre 2015 : Programmes d'enseignement de l'école élémentaire et du collège

Circulaire n° 2014-159 du 24-12-2014 relative à la prévention de l'absentéisme scolaire : http://www.education.gouv.fr/pid25535/bulletin_officiel.html?cid_bo=84375

Obligation scolaire, Code de l'éducation Article L131 : https://www.legifrance.gouv.fr/affichCode.do?idSectionTA=LEGISCTA000006166564&cidTexte=LEGITEXT000006071191

74701 - (II) - OSB 90 - 3115 - BPA - GCO
Dépôt légal : juin 2017
Imprimé en France par Loire Offset Titoulet